Knaur
MensSana

Über die Autorin:

Isabelle Biron ist eine bekannte kanadische Psychotherapeutin. Sie arbeitet als psychologische Beraterin im Fernsehen und in Radiosendungen.

Isabelle Biron

Das
Geburtstags-
orakel

Aus dem Französischen
von Nora Schreiber

Die kanadische Originalausgabe erschien 2006
unter dem Titel »Le langage secret des dates de naissance«
bei Les Éditions Quebecor, Outremont (Québec)

Besuchen Sie uns im Internet: www.droemer-knaur.de
Alle Titel aus dem Bereich MensSana finden Sie im Internet unter
www.knaur-mens-sana.de

Deutsche Erstausgabe Januar 2008
Copyright © 2006 Les Éditions Quebecor,
Bibliothèque et Archives Canada
Copyright © 2007 für die deutschsprachige Ausgabe
Knaur Taschenbuch. Ein Unternehmen der Droemerschen
Verlagsanstalt Th. Knaur Nachf. GmbH & Co. KG, München
Redaktion: Dr. Annalisa Viviani
Umschlaggestaltung: ZERO Werbeagentur, München
Satz: Adobe InDesign im Verlag
Druck und Bindung: Clausen & Bosse, Leck
Printed in Germany
ISBN 978-3-426-87370-0

2   4   5   3   1

Einleitung

Der Tag Ihrer Geburt, durch irgendeine religiöse oder staatliche »Bestimmung« schriftlich festgehalten, bleibt Ihr Leben lang Ihr Geburtstag, den Sie – ebenfalls Ihr Leben lang – an dem Tag feiern, an dem Sie ein Lebensjahr beenden, um ein neues zu beginnen.

Das vorliegende Buch verrät Ihnen das Geheimnis der verschiedenen Persönlichkeiten je nach Geburtsdatum, denn jeder Tag im Jahr bringt eine unterschiedliche und einzigartige Persönlichkeit hervor. Dieses Instrument zur Selbsterkenntnis – und zur Kenntnis der anderen –, das Astrologie, Planetenhäuser und Fixsterne, Numerologie und Tarot berücksichtigt, bietet Ihnen die einzigartige Möglichkeit, bestimmte Züge Ihres Charakters zu erkennen.

Man kann nicht leugnen – auch wenn niemand genau sagen kann, wie und warum –, dass das Geburtsdatum eines Menschen seine Persönlichkeit mit einer ebenso rätselhaften wie erstaunlichen Genauigkeit bestimmt. Einige Astrologen, Propheten und Seher sind der Ansicht, das Leben sei ein großes Rad, das sich nach seinen eigenen Regeln drehe, aber einem universellen Gesetz gehorche, indem es klar umrissene Kreise beschreibt. Somit nehmen die Menschen, die an demselben Tag geboren wurden, unabhängig vom Geburtsjahr, denselben Platz im Lebenszyklus ein und weisen dieselben Eigenschaften auf, zu welchem Sternzeichen sie auch zählen mögen. Zum Beispiel haben diejenigen, die am 31. März im

Widder geboren sind, bestimmte Eigenschaften mit den am 31. Juli im Löwen geborenen Menschen gemeinsam.

Beschrieben werden die Eigenschaften, Stärken und Schwächen, die man in Form von Persönlichkeitsprofilen mit den 366 Tagen des Jahres in Verbindung bringt. Für jeden Tag des Jahres werden Sie die wesentlichen Charakterzüge, die körperliche Verfassung, die geistigen Fähigkeiten, Talente, Motivationen sowie die Ziele kennenlernen, denen die Menschen zustreben, die an jenem Tag geboren sind.

Dieses Buch geht jeden von uns an, denn wir haben alle ein Geburtsdatum. Und wenn Sie erst einmal Ihr persönliches Profil gelesen haben, werden Sie bestimmt darauf brennen, auch das Ihres Partners, Ihrer Familienmitglieder, Freunde, Arbeitskollegen, Chefs, Kunden und möglicherweise auch das Ihrer Lieblingsstars zu lesen.

Außerdem können Sie mit Hilfe der Persönlichkeitsanalyse aufgrund des Geburtsdatums, die Ihnen dieses Buch bietet, sich selbst und die Menschen Ihrer näheren Umgebung besser verstehen. Oft kommt man leichter mit den Verhaltensweisen eines Menschen zurecht, wenn man die psychischen Ursachen seines Handelns und seiner Reaktionen kennt.

Lesen Sie dieses Buch aufmerksam, und verweilen Sie bei den Geburtsdaten der Menschen, mit denen Sie Schwierigkeiten haben oder schlecht umzugehen wissen. Wenn Sie wissen, welche die Unterschiede und Ähnlichkeiten zwischen Ihnen und Ihren Mitmenschen sind, werden Sie zweifellos leichter einsehen, dass es immer ein Gebiet gibt, auf dem man sich verständigen kann – selbst mit Menschen, deren Charakter mit dem unsrigen unvereinbar erscheint.

Januar

1. Januar

Persönlichkeit

Sie sind bodenständig und meistern Ihr Leben. Sie wissen, was Sie wollen, und vor allem, was Sie nicht wollen. Haben Sie sich einmal ein Ziel gesetzt, dann kann nichts und niemand Sie davon abbringen, es beharrlich zu verfolgen. Sie haben ausgesprochene Führungsqualitäten. Sie ziehen leicht andere Menschen an, sowohl um ihnen zu helfen, als auch um sie als Verbündete zur Durchsetzung Ihrer Interessen zu gewinnen. Sie wissen, wie Sie aus Ihren Stärken (und selbst aus Ihren Schwächen) sowie aus allen Mitteln, die Ihnen zur Verfügung stehen, Nutzen ziehen können. Weit davon entfernt, Sie zu entmutigen, geben Ihnen Hindernisse noch mehr Kraft und Willenskraft. Sollten Sie einmal stolpern, so richten Sie sich umso stärker wieder auf und sind umso entschiedener, Ihr Ziel zu erreichen.

Liebe

Auch wenn Sie dazu neigen, immer alles unter Kontrolle haben zu wollen, sind Sie doch ein guter Liebespartner.

Geld/Beruf

Ein makelloser Werdegang! Sie sind in Ihrem Element und wissen, was Sie zu tun haben.

2. Januar

Persönlichkeit

Da Sie gesellig sind, sind Ihnen alle Mittel recht, um Menschen um sich zu scharen. Sie haben das Bedürfnis, sich einer Gruppe anzuschließen, aus deren Energie Sie Kraft schöpfen können. Sie brauchen nur den kleinen Finger zu rühren und setzen Ihre ganze Kraft ein, um in dieser Gruppe die Stellung Ihrer Wahl einzunehmen, ja sogar sich unentbehrlich zu machen. Aufgrund Ihrer ausgeprägten »theatralischen« Begabung sind Sie in der Lage, in jeder Situation, mit der Sie konfrontiert werden, die richtige Rolle einzunehmen. Sie umgeben sich gern mit einer geheimnisvollen Aura und machen aus Ihrem Leben eine Welt, die jegliche Form von Magie aufweist. Sie haben einen Hang zum mondänen Leben und zum Luxus, und Ihre Devise lautet: »Immer höher, immer weiter.«

Liebe

Sie geben, ohne etwas zu erwarten. Zum einen, weil Liebe wichtig ist für Sie, zum anderen weil Sie wissen, dass Sie einen Partner brauchen, der Ihnen zur Entfaltung Ihrer Persönlichkeit verhilft.

Geld/Beruf

Sie kennen den Wert des Geldes und wissen, wie man es mit Besonnenheit ausgibt oder anlegt.

3. Januar

Persönlichkeit

Sie haben das Bedürfnis, ständig in Aktion zu sein, und man trifft Sie immer im Mittelpunkt des Geschehens an. Wenn Ruhe einkehrt, zögern Sie nicht, auf sich aufmerksam zu machen, eine Polemik zu führen, Diskussionen zu eröffnen. Sie können aus allen Situationen einen Vorteil ziehen, um sich zu profilieren und Ihr persönliches und berufliches Fortkommen zu fördern. Sie können es nicht leiden, wenn man Ihnen etwas abschlägt oder Sie nicht das erreichen, was Sie möchten. In diesem Fall zögern Sie nicht, den Finger auf den wunden Punkt der anderen zu legen, um letztendlich an Ihr Ziel zu gelangen. Die Welt ist für Sie ein großer Spielplatz, auf dem Sie sich einen Spaß daraus machen, ständig die Grenzen des Erlaubten und des Möglichen zu verrücken; wer Ihnen folgen will, muss große geistige Offenheit und enorme Energiereserven aufweisen!

Liebe

Ihr Liebespartner muss in der Lage sein, mit den schnellen Änderungen Ihrer Gedanken und Gefühle umzugehen.

Geld/Beruf

Sie mögen es, wenn sich etwas rührt; Sie zögern nicht, sich das zu beschaffen, was das Leben Ihnen Gutes zu bieten hat.

4. Januar

Persönlichkeit

Ihre Erfahrungen haben sich Ihrem Geist tief eingeprägt, und folglich haben Sie eine Einstellung und eine Denkweise, die ziemlich festgefahren ist. In der Überzeugung, recht zu haben, stürzen Sie sich Hals über Kopf auf das, was Ihnen für Ihre Belange am günstigsten erscheint. Es wäre jedoch in vielerlei Hinsicht von Vorteil für Sie, wenn Sie vielmehr die Vorschläge und Argumente anderer beherzigen würden, da sie Ihnen oft ersparen können, Irrwege einzuschlagen oder sich in eine Sackgasse zu verrennen. Sie scheuen keine Anstrengungen, um auf eine bessere Zukunft hinzusteuern, wobei Sie großen Mut, manchmal sogar eine gefährliche Kühnheit an den Tag legen. Sie sind ein unabhängiger Mensch und arbeiten lieber allein als in der Gruppe. Ihre Energien konzentrieren Sie auf die Ziele, die Sie erreichen wollen, und das trägt reiche Früchte.

Liebe

In der Liebe sind Sie auf der Suche nach Stabilität und Dauerhaftigkeit, dennoch brauchen Sie ein gewisses Zeremoniell drum herum.

Geld/Beruf

Ihre analytischen Fähigkeiten und Ihre Detailversessenheit sichern Ihnen einen gut gefüllten Geldbeutel.

5. Januar

Persönlichkeit

Sie wirken zwar sanft wie ein Lamm, sind aber eigentlich ein Wolf im Schafspelz. Diese Seite Ihres Wesens geben Sie nur preis, entweder um Ihr Gegenüber aus der Reserve zu locken, oder wenn Sie mit dem Rücken zur Wand stehen. Bei all Ihren Entscheidungen und Handlungen bewahren Sie sich einen gewissen Handlungsspielraum und haben immer einen »Plan B« im Hinterkopf. Auch wenn Sie lieber das Heft selbst in der Hand haben, wissen Sie, wo Sie im Notfall die entsprechende Hilfe finden können. Das Leben beschert Ihnen Glück, das wiederum in Verbindung mit Ihrer ausgeprägten Phantasie Sie alle Situationen meistern lässt. Ihr Instinkt führt Sie auf den richtigen Weg, lässt Sie die richtigen Türen öffnen und hilft Ihnen, die richtigen Entscheidungen zu treffen. Mit anderen Worten, auch wenn Sie unter einem guten Stern geboren wurden, tun Sie dennoch alles, was nötig ist, damit diese günstige Konstellation möglichst lange erhalten bleibt.

Liebe

Mit Ausdauer und Phantasie begabt, gelingt es Ihnen immer, Ihren Willen durchzusetzen, egal, wie lange es dauern mag.

Geld/Beruf

Sie nehmen gern Herausforderungen an; da Sie trotz allem aber diszipliniert und vorsichtig sind, wägen Sie sorgfältig die Risiken ab.

6. Januar

Persönlichkeit

Sie besitzen eine Charakterstärke, die Sie immer weiter voran-
treibt. Sie räumen Hindernisse aus dem Weg, um Grenzen
neu abzustecken und neue Möglichkeiten zu nutzen. Um so
sicher wie möglich voranzukommen, stellen Sie die entscheidenden Fragen und umgeben sich mit den richtigen Menschen. Das schaffen Sie mit Hilfe Ihres subtilen Humors, der
sowohl Ihr Leben als auch das der anderen würzt. Sie umgeben sich gern mit schönen Dingen, und Sie suchen bei allem
nach Harmonie. Musik und Tiere sind fester Bestandteil Ihres
Umfelds. In der Gemütlichkeit Ihres Heims, allein oder umgeben von Freunden, denen gegenüber Sie sehr loyal sind, blü-
hen Sie erst richtig auf.

Liebe

Sie sind anhänglich, liebevoll und leidenschaftlich, erfreuen
sich großer Beliebtheit und nehmen mit offenen Armen all
das auf, was sich Ihnen bietet.

Geld/Beruf

Sie genießen einen guten Ruf, da Sie Ihre Versprechen halten,
und dies ermöglicht Ihnen, daraus Nutzen zu ziehen.

7. Januar

Persönlichkeit

Sie möchten ein Bild von sich zeichnen, das je nach den Umständen jedem zusagt. Manche halten Sie daher für einen sanften, zurückhaltenden Menschen, andere wiederum für eine Führernatur, wiederum andere für eine gelungene Mischung aus beidem. Sie zeigen nur das, was Sie geben wollen. Gesellig und einfühlsam, sind Sie der Mensch, auf den man zählen kann, wenn es ums Zuhören oder Helfen geht, was Sie oft dazu bringt, sich für alle möglichen Ziele einzusetzen. Leben heißt für Sie Erlernen von Liebe und sozialem Engagement, Wahrnehmen von Chancen für eine bessere Zukunft für alle. Es sollte einen nicht wundern, wenn Sie einen Beruf wählen würden, bei dem Sie gerade diesen Aspekt Ihrer Persönlichkeit frei entfalten könnten, um sich gewissermaßen in den Dienst der Gemeinschaft zu stellen.

Liebe

Sie sind verträumt, um nicht zu sagen unrealistisch in Ihrer Suche nach einer besseren Zukunft, so dass Sie sich in kein Schema pressen lassen.

Geld/Beruf

Hüten Sie sich vor all dem, was zu schön ist, um wahr zu sein, denn Sie neigen oft zur Naivität. Umgeben Sie sich mit zuverlässigen Menschen.

8. Januar

Persönlichkeit

Sie schrecken nicht davor zurück, sich auf ein riskantes Unternehmen einzulassen; dennoch sollten Sie nicht vergessen, dass es große Risiken mit sich bringt. Ihre Logik schützt Sie, aber nur bis zu einem gewissen Punkt – wie Ihre Erfahrungen bezeugen. Sie verschwenden leider zu oft Ihre Energie und verzetteln sich in Einzelheiten. Sie müssen eine bessere Organisation und mehr Ausdauer an den Tag legen, wenn Sie Erfolg haben wollen. Verschlossene Türen und Sackgassen scheinen Sie unwiderstehlich anzuziehen, auch wenn Sie es sich viel leichter machen könnten. Sie schöpfen Ihre Energie und Ihre Motivation aus Ihrem Umfeld sowie aus all dem, was Ihnen noch zu tun, zu entdecken und zu meistern bleibt, vor allem aber aus den Gemütsbewegungen. In Ihrem tiefsten Innern verbirgt sich eine Künstlerseele.

Liebe

Sie sind zwar zurückhaltend und schüchtern in der Liebe, jedoch macht Sie nur eine Paarbeziehung glücklich.

Geld/Beruf

Auch wenn Sie nicht gern die Zügel in der Hand haben, fordern Sie, dass Ihre Handlungen Früchte tragen.

9. Januar

Persönlichkeit

Sie sind ein phantasievoller und intuitiver Mensch, Sie finden stets die richtigen Worte und Gesten, um nicht nur Ihre Interessen durchzusetzen, sondern auch die der anderen. Obwohl Sie über viel Energie verfügen, blicken Sie doch der Zukunft und dem Leben im Allgemeinen eher ruhig und fröhlich entgegen. Sie reagieren sensibel auf Stimmungen, Vibrationen und alles, was Sie mit dem Kosmos verbindet. Sie sind besonnen und wägen die Möglichkeiten ab, die sich Ihnen bieten, wodurch Sie kluge Entscheidungen treffen, die Ihnen sowohl zu finanziellen als auch psychologischen Vorteilen verhelfen können. Wenn Sie auch angebotene Hilfe nicht ablehnen, so behalten Sie sich trotz allem ein Vetorecht vor. Sie mögen es nicht, wenn man sich vollkommen auf Sie stützt, auch wenn Sie allzeit bereit sind, den Menschen in Ihrem Umfeld zu helfen. Sie haben ein gutes Gedächtnis und vergessen nie einen Menschen, der Ihnen etwas Gutes erwiesen hat, übrigens genauso wenig wie jemanden, der Sie verletzt hat.

Liebe

Sie investieren viel in die Liebe und erwarten dasselbe auch von Ihrem Partner.

Geld/Beruf

Sie sind ein unabhängiger Geist und nutzen die guten Gelegenheiten, die sich Ihnen bieten.

10. Januar

Persönlichkeit

Sie können es sich nicht vorstellen, einmal nicht der/die Erste zu sein. Sie sind nur glücklich, wenn Sie einen Sieg, eine Medaille oder eine Trophäe davontragen. Aus diesem Grund setzen Sie sich selbst unter Druck und nehmen nur ungern Niederlagen und Misserfolge hin. Für Sie gibt es nur Schwarz oder Weiß! Grautöne gehen Ihnen auf die Nerven, verärgern Sie sogar. Da Sie dazu neigen, aus einer Mücke einen Elefanten zu machen, wird eine Kleinigkeit bei Ihnen oft zu einem großen Drama. Das Geld zerrinnt Ihnen zwischen den Fingern; Sie täten daher gut daran, wenn Sie lernen würden, besser und sparsamer damit umzugehen. Sie hängen sehr an Ihrer Familie, sie gibt Ihnen den Mut und die Kraft, immer höher hinauszugehen und sich stets selbst zu übertreffen. Wenn Stress und Nervosität überhandnehmen, hilft Ihnen eine Annäherung an die Natur, wieder zu einer gewissen Ausgeglichenheit zurückzufinden.

Liebe

Sie brauchen eine Liebesbeziehung, die ständig Ihre Gefühle anregt.

Geld/Beruf

Sie sind sehr clever, wenn es darum geht, das zu bekommen, was Sie wollen und wann Sie es wollen.

11. Januar

Persönlichkeit

Sie haben eine Persönlichkeit mit doppeltem Boden, die je nach den Umständen Sie als Erwachsenen, als Kind, als Engel, als Teufel, als König oder als Diener auftreten lässt. Sie erlaubt Ihnen, sich veränderten Verhältnissen anzupassen, und Sie fühlen sich wohl, egal wo und mit wem Sie sind. In Ihrem Leben wechseln sich Höhen und Tiefen in einem atemberaubenden Tempo ab; Sie müssen sich streng zur Ordnung rufen, um ein gewisses Gleichgewicht wiederzugewinnen. Da Sie sich zu sehr auf Details konzentrieren, gelingt es Ihnen oft nicht, Probleme in ihrer Gesamtheit zu sehen, was ihre Lösung erschwert. Sie nutzen nicht genug die Hilfe kompetenter Menschen in Ihrem Umfeld und vergessen, dass die, die Sie lieben, immer für Sie da sind.

Liebe

Da Sie sanft und charmant sind, kann man Ihnen kaum etwas abschlagen – Sie brauchen nur zu fragen.

Geld/Beruf

Obwohl Sie zur Verschwendung neigen, ist Ihr Erfolg auf Ihre Disziplin, Ihre Entschlossenheit und eine gewisse Vorsicht zurückzuführen.

12. Januar

Persönlichkeit

Neugierig und fordernd, wie Sie sind, ertragen Sie keine ange-
staubten Ideen oder veralteten Vorstellungen. Sie respektieren
zwar Traditionen und Überzeugungen, befürworten aber den
Fortschritt in jedweder Form, sowohl was Dinge und Menschen als auch Einstellungen und Ideologie betrifft. Für Sie ist
Routine wie stehendes Gewässer, daher sind Sie auch ständig
auf der Suche nach neuen Erfahrungen aller Art. Sie verwenden viel Energie darauf, anderen Ihren Standpunkt zu erklären und nahezubringen, um sie aufzurütteln und zum Handeln zu bewegen. Sie dürsten dermaßen danach, die anderen
an der Verwirklichung Ihres Traums teilhaben zu lassen, dass
Sie manchmal vergessen, sich eine Verschnaufpause zu gönnen, was oft Ihrer Gesundheit abträglich ist. Ruhen Sie sich
aus – der Weg zum Paradies ist lang.

Liebe

Sie analysieren zu sehr die mögliche Zukunft Ihrer Liebesbeziehung; lernen Sie, in der Gegenwart zu leben.

Geld/Beruf

Im Finanzbereich fühlen Sie sich wohl; sie kennen die interes-
santen Adressen und die richtige Vorgehensweise.

13. Januar

Persönlichkeit

Sie sagen sich, dass vier Augen mehr sehen als zwei, dass man lieber zweimal nachprüfen soll, bevor man handelt, dass eine zweite Meinung von Vorteil und dass es wichtig ist, ein Problem von allen Seiten zu betrachten, bevor man eine Entscheidung trifft. Mit dieser Einstellung kommen Sie nur im Schneckentempo voran, und Sie vergeuden unnötig Zeit und Energie. Wenngleich manchmal Vorsicht geboten ist, so sollten Sie sich jedoch nicht in Haarspaltereien verlieren! Sie sind von sich selbst und Ihrer guten Urteilsfähigkeit überzeugt; somit haben andere kaum die Chance, Sie von der Richtigkeit ihres Standpunkts zu überzeugen. Im Übrigen ist Ihr Ego so groß, dass nur wenig Platz bleibt für Einflüsse von außen. Und doch kann man sich nur durch das Anhören verschiedener Standpunkte eine zutreffende Meinung bilden.

Liebe

Unabhängig und individualistisch, wie Sie sind, möchten Sie Ihre Liebesbeziehungen stets unter Kontrolle haben.

Geld/Beruf

Ehrgeizig, gut organisiert und ausgestattet mit einem bemerkenswerten Geschäftssinn, wollen Sie hoch hinaus … vorausgesetzt, dass Sie auch handeln!

14. Januar

Persönlichkeit

Da Sie aufrichtig, integer und nach allen Seiten hin offen sind, schaffen Sie es, in jedem Menschen und in allen Situationen etwas Positives zu sehen. Mit Dingen, die nicht funktionieren, oder mit negativ denkenden, schicksalergebenen oder misstrauischen Menschen halten Sie sich nicht auf. Da gehen Sie lieber Ihres Weges und streben dem Positiven zu. Ihr Takt und Ihr diplomatisches Geschick machen Sie zu einer begehrten Person. Die anderen sind für Sie wie ein offenes Buch, und deshalb fällt es Ihnen leicht, an ihre Gefühle zu appellieren. Dieser Scharfblick und die Richtigkeit Ihrer Worte sind sogar die Grundlage für Ihren guten Ruf. Man kommt ganz selbstverständlich zu Ihnen, um ein Problem zu lösen, nach einer Meinung zu fragen, einen Streit zu schlichten oder sich anzuvertrauen. Die Gefahr dabei ist, dass Sie sich selbst vergessen; vergessen Sie nicht, dass wohldosierte Nächstenliebe immer bei sich selbst anfängt.

Liebe

Aufgrund der tiefen Gefühle, die Liebe auslösen kann, und Ihrer Angst zu leiden halten Sie sich oft eher zurück.

Geld/Beruf

Sie arbeiten hart, um Ihre Ziele zu erreichen, nur der Erfolg ist annehmbar für Sie.

15. Januar

Persönlichkeit

Es ist die Liebe in all ihren Formen, die Ihr Leben bestimmt. Sie lassen sich von ihr leiten, Sie folgen ihren Ratschlägen. Ohne viel Aufheben zu machen, gehen Sie unbeirrt Ihren Weg, und eines schönen Tages stellt Ihr Umfeld plötzlich fest, dass Sie große Dinge vollbracht und die Karriereleiter erklommen haben. Sie werden nun zu einer Quelle der Bewunderung und der Inspiration. Als Visionär/in wissen Sie, wohin Sie gehen, aber manchmal verrücken Sie zu sehr die Grenzen, um Hindernisse zu überwinden oder verschlossene Türen einzurennen. Sie sind nicht unzerstörbar. Sorgen Sie sich um Ihre körperliche, geistige und psychische Gesundheit, um auch wirklich bis zum Ende durchzuhalten und nicht erschöpft zu sein, wenn Sie das erreichen, was Sie anstreben.

Liebe

Sie sind positiv eingestellt, haben immer ein offenes Ohr für andere, suchen nach Stabilität in der Liebe und nach gegenseitigem Respekt.

Geld/Beruf

Konsequent und arbeitsam verfolgen Sie Ihre Ziele mit nicht nachlassender Ausdauer und sichern sich dadurch Ihre Zukunft.

16. Januar

Persönlichkeit

In all Ihren Entscheidungen und Handlungen müssen Sie sich gut aufgehoben und unterstützt fühlen. Wenn Ihr Umfeld stimmig ist, lernen Sie schnell, entfalten eine unschätzbare Vorstellungskraft und sind zu großen Dingen fähig. Leider können Anerkennung und Bewunderung Ihren Elan bremsen, da sie Sie zu sehr unter Druck setzen. Haben Sie keine Angst, die anderen lieben Sie so, wie Sie sind, und wollen nicht, dass Sie sich ändern. Ihre leichte Neigung zum Egoismus veranlasst Sie, niemanden von Ihren plötzlichen Kursänderungen in Kenntnis zu setzen. Geradeaus aber beeinflussbar, lassen Sie sich oft bei Ihren Entscheidungen von der Meinung der anderen leiten. Dennoch wissen Sie, was das Beste für Sie ist. Darum hören Sie auf Ihre innere Stimme und haben Sie mehr Zutrauen zu sich selbst.

Liebe

Unabhängig von Ihrem Alter sind Sie jung im Herzen und glauben fest an die große Liebe.

Geld/Beruf

Routine langweilt Sie, und Sie müssen unbedingt ein zügiges Tempo anschlagen, um Leistung zu erbringen.

17. Januar

Persönlichkeit

Fast alles, was Sie anpacken, gelingt Ihnen; das ruft in Ihrem Umfeld natürlich Neid und Eifersucht hervor. Sie müssen sich deswegen aber nicht schuldig fühlen oder sich für diejenigen, die damit nicht klarkommen, ein Bein ausreißen. Ihre Talente als Neuerer/in, Organisator/in und Anführer/in können Sie am besten in einer leitenden Funktion unter Beweis stellen. Dabei sollten Sie aber immer versuchen, die wahre Natur des Menschen zu beobachten, zu analysieren und zu begreifen, denn erst diese erlaubt Ihnen, sich selbst richtig kennenzulernen. Außerdem ist es für Sie lebensnotwendig, in Frieden und Eintracht zu leben, um energisch zupacken zu können. Richten Sie Ihren Blick ausschließlich auf das, was Ihnen nützt.

Liebe

Sie sind ein großzügiger Partner und wissen die kleinen, einfachen Freuden zu schätzen.

Geld/Beruf

Aus Ihren Fehlern ziehen Sie konstruktive Lehren, um etwas aufzubauen und voranzukommen.

18. Januar

Persönlichkeit

Am liebsten hätten Sie, dass alles nach Ihrem eigenen Gutdünken funktioniert, so wie Sie es geplant haben. So einfach ist das Leben aber nicht! Die Zeit ist ein bestimmender Faktor in Ihrem Leben, und Sie müssen lernen, sie sich gut einzuteilen und sie zu Ihrer Verbündeten zu machen. Man wirft Ihnen oft vor, Sie seien zu ernst, aber Sie glauben, dass Sie ohne diesen Ernst nicht Ihr Ziel erreichen können. Sie sind weder borniert noch dickköpfig und finden sich damit ab, dass Sie die anderen brauchen, um sich zu verwirklichen. Sie haben ein Händchen dafür, sich mit den richtigen Menschen zu umgeben, sie glücklich und fröhlich zu stimmen. Sie besitzen einen ausgeprägten Sinn für Humor; leider trauen Sie sich nicht, ihn voll auszuleben. Schade, denn das wäre in vielerlei Hinsicht von Vorteil für Sie.

Liebe

Sie brauchen eine stabile Beziehung; One-Night-Stands sind nichts für Sie.

Geld/Beruf

Sie haben zahlreiche und vielfältige Interessen; Sie erforschen sie gründlich, bevor Sie Ihre endgültige Wahl treffen.

19. Januar

Persönlichkeit

Sie sollten es vermeiden, alles auf eine Karte zu setzen, ohne sich in Aktionismus oder Hirngespinsten zu verlieren, denn das würde Sie davon abhalten, bestimmte Träume zu verwirklichen oder Projekte zu Ende zu bringen, die Ihnen am Herzen liegen. Sie können große Dinge vollbringen, wenn Sie auf vertrautem Terrain oder in dem Bereich bleiben, der Ihren Fähigkeiten am meisten entspricht. Gemeinschaftsdienste und Wissenschaften könnten interessante Gebiete für Sie sein. Kanalisieren Sie Ihre Energie gut und investieren Sie nur in Unternehmen, die keine oder nur wenige Risiken bergen, und lassen Sie sich natürlich auf keinen Fall auf illegale Geschäfte ein. Auch wenn es Ihnen manchmal schwerfällt – geben Sie nicht auf. Hören Sie anderen gut zu und versuchen Sie, sich einzubringen, ohne sogleich ein Urteil zu fällen.

Liebe

Sie ziehen Innigkeit und Vertraulichkeit dem Menschengewühl vor und sind eine solide Stütze für Ihren Partner.

Geld/Beruf

Sie können sich leicht Veränderungen anpassen, was sich zu Ihren Gunsten auswirkt.

20. Januar

Persönlichkeit

Ein großer Teil Ihres Lebens wird von den Erlebnissen Ihrer frühen Kindheit beeinflusst. Sie müssen positives Denken und Entschlossenheit an den Tag legen, um sich davon zu befreien und zwangloser im Leben voranzuschreiten. Folgen Sie immer der Stimme Ihres Herzens. Das Glück umschwirrt Sie; wenn es Sie noch nicht begünstigt hat, dann wird es nicht länger auf sich warten lassen. Sie haben viele Talente, die aber ein wenig Zeit brauchen, um sich zu offenbaren. Wenn die anderen sich dieser Talente bewusst werden, können Sie einen herausragenden Platz in Ihrem Umfeld einnehmen. Testen Sie immer, ob Sie sich auf solidem Grund bewegen und ob Sie in der Lage sind, die Aufgaben zu erfüllen, die Sie übernehmen. Positives Denken ist das beste Pfand für Erfolg.

Liebe

Sie sind loyal und großzügig, aber ein wenig zu leicht aus dem Gleichgewicht zu bringen und verletzbar.

Geld/Beruf

Zeit ist für Sie Geld: Sie haben alle Trümpfe in der Hand.

21. Januar

Persönlichkeit

Ihre enorme geistige Offenheit und Ihre originellen Ideen können Sie weit bringen. Sie sind sehr intelligent und legen eine einwandfreie Logik an den Tag. Sie besitzen innere wie äußere Schönheit, die Ihnen zu einem gewissen Grad das Leben erleichtern kann. Davon sollten Sie aber nicht übermäßig Gebrauch machen, denn sonst könnte Gleichgültigkeit an die Stelle der Abenteurernatur treten, die Ihnen eigen ist. Sie sind von Grund auf ehrlich und loyal und können sich im Umkreis von Menschen, die Ihnen ähnlich sind, voll entfalten. Nehmen Sie weiterhin die Herausforderungen an, die sich Ihnen stellen; verlieren Sie nie Ihre Fähigkeiten aus den Augen, und Ihre Taten werden eines Tages anerkannt werden und Sie zu ihrem angestrebten Ziel führen.

Liebe

Sie brauchen einen Partner, der Ihnen im Inneren ähnlich ist und der wie Sie alles teilen möchte.

Geld/Beruf

Innerhalb eines Teams verwirklichen Sie sich am besten, entfaltet sich Ihre Kreativität am besten.

22. Januar

Persönlichkeit

Sie sind geistig sehr stark – das ist übrigens Ihre größte Stärke. In Ihrem Gehirn brodelt es ständig; Sie denken, analysieren, organisieren, planen – kurzum, Sie spielen den großen Manitou. Im Gegenzug ist Ihr Stolz manchmal so maßlos, dass Sie Schwierigkeiten haben, damit fertig zu werden! Die Menschen, die Sie lieben, möchten Ihnen gern helfen, aber passen Sie auf, dass Sie sie nicht mit Ihrem Ego erdrücken, sonst kämen sie nicht umhin, sich von Ihnen zu entfernen. Sie müssen lernen, was teilen bedeutet: nicht nur nehmen, sondern auch geben. Statt zu toben, sollten Sie lieber nach Ausgleich streben; so wird sich Harmonie in all Ihren Beziehungen, ein geteiltes Wohlbefinden zwischen Ihnen und Ihrem Umfeld einstellen.

Liebe

Sie sind konventionell, und Ihrer Liebe haftet ein kleiner altmodischer Touch an, der sehr gut ankommt.

Geld/Beruf

Sie haben den Willen und die Macht, die großen Dinge zu realisieren, von denen Sie träumen.

23. Januar

Persönlichkeit

Sie brauchen viel Raum zum Atmen und um sich wohl zu fühlen. Die anderen müssen sich die Zeit nehmen, Sie zu beobachten, Sie kennenzulernen, Ihre Seele zu verstehen, kurzum, Sie zu zähmen, bevor Sie ihnen Einlass in Ihr »Reich« gewähren. Sie haben einen ausgeprägten Beschützerinstinkt und wissen, wie Sie Probleme in den Griff bekommen, ohne sich von den äußeren Umständen beeinflussen zu lassen. Sie scheuen nicht davor zurück, den Gipfel zu erstürmen, den Sie erklimmen wollen; auch wenn der Felsen manchmal Risse aufweist, die Sie stolpern lassen, richten Sie sich schnell wieder auf und nehmen festen Schrittes Ihren Weg erneut auf. Das Leben legt Ihnen Schwierigkeiten in den Weg, aber zum Glück bewahren Sie Ihren unerschütterlichen Optimismus, Ihr positives Denken, das Ihnen ermöglicht, sich auf Ihre Ziele zu konzentrieren und die Mittel zu finden, sie zu realisieren.

Liebe

Sie sind ausdrucksstark und erhellen das Leben Ihres Partners durch Ihre Großzügigkeit und kleine Aufmerksamkeiten.

Geld/Beruf

Sie brauchen die anderen nicht, um dem richtigen Weg zu folgen, denn als Einzelkämpfer sind Sie am erfolgreichsten.

24. Januar

Persönlichkeit

Sie wurden unter einem guten Stern geboren, dem der Könige und Götter! Sie führen ein aktives, von kleinen und großen Glücksmomenten durchsetztes Leben. Sie besitzen außergewöhnliche Eigenschaften und sind imstande, die schwierigsten Probleme meisterhaft zu lösen. Sie schätzen besonders die Dinge, die es Ihnen ermöglichen, sich in Ihre innere Welt voller Farben und Musik zurückzuziehen und in Phantasiewelten voller Rätsel und Zauber zu reisen. Sie pflegen sowohl Ihre Seele als auch Ihr äußeres Erscheinungsbild. Ändern Sie sich nur nicht, um anderen zu gefallen, oder um der Vorstellung zu entsprechen, die man sich von Ihnen macht: Nur indem Sie sich selbst treu bleiben und Ihre Identität bewahren, können Sie glücklich und in Harmonie mit Ihrer Umwelt leben.

Liebe

Sie verfügen über Sensibilität und Intuition; Ihr Partner darf Ihnen nicht die Flügel stutzen, wenn er Sie behalten will.

Geld/Beruf

Sie lernen gern; wenn Sie ein Projekt leiten, ist der Erfolg sicher.

25. Januar

Persönlichkeit

Sie haben eine starke Persönlichkeit und innovative Ideen. Sie erregen teils Verwunderung teils Missfallen, aber Ihnen kommt es nicht darauf an, was andere über Sie denken. Sie haben sehr wohl die Absicht, Ihr Leben in vollen Zügen nach Ihrer Fasson zu leben, und zwar trotz des Drucks, den Ihre Umwelt auf Sie ausübt. Aber Vorsicht, denn auch wenn nichts daran auszusetzen ist, wenn Sie Ihre Kreativität und Ihre Originalität nutzen, vergessen Sie nicht, dass bestimmte Regeln dennoch befolgt werden müssen, wenn Sie Probleme vermeiden wollen. Sie gehen geradewegs auf Ihre Ziele zu, richten Ihre Augen auf das, was vor und nicht hinter Ihnen passiert, nur lassen Sie sich manchmal zu sehr von Emotionen leiten, was Ihnen die Sicht vernebeln könnte. Um die Balance zu halten, sollten Sie lernen, Ihre impulsive und »luftige« Seite mit Organisation und Voraussicht in Einklang zu bringen.

Liebe

Obwohl Sie sehr attraktiv sind, ziehen Sie eine stabile und langfristige Beziehung Liebschaften und Abenteuern vor.

Geld/Beruf

Wenn Sie eine Führungsposition übernehmen, werden Sie sowohl geschäftlich als auch finanziell Erfolg haben.

26. Januar

Persönlichkeit

Dank der ganzen wunderbaren Eigenschaften, die Sie besitzen, sind Sie ein außergewöhnlicher Mensch. Dennoch bewahren Sie sich eine entwaffnende Einfachheit und Bescheidenheit. Sie sollten Ihre Talente pflegen und zumindest eines von ihnen weiter ausbauen, das Sie zu Höchstleistungen bringen wird. Sie sind äußerst sensibel, und in den Künsten, zum Beispiel in der Musik, können Sie Ihre Sensibilität voll ausleben und zum Ausdruck bringen. Sie sind ein/e große/r Redner/in; Ihre Worte wirken auf andere Menschen, Sie ziehen sie regelrecht in Ihren Bann. Daher sollten Sie mit Ihren Ratschlägen und Urteilen sehr vorsichtig sein. Sie können einen Hauch von Zauber in das Leben Ihrer Mitmenschen bringen, was Sie zu einem beliebten, bewunderten Menschen und für manche sogar zu einem Vorbild macht.

Liebe

Sie bevorzugen eine Beziehung, in der es keine Abhängigkeit gibt und der andere Ihre Entscheidungen nicht in Abrede stellt.

Geld/Beruf

Ihre Talente gewährleisten finanzielle Sicherheit, jedoch keinen Reichtum – dieser hängt von Ihren Taten ab.

27. Januar

Persönlichkeit

Es lässt sich nicht leugnen, dass Sie etwas ganz Besonderes an sich haben, eine gewisse Art zu sein oder zu denken. Sie sind von einer rätselhaften Aura umgeben, und das liegt hauptsächlich an Ihrer großen Sensibilität. Darum ist es sehr wichtig, dass Sie sie weder verlieren noch ignorieren. Sie bevorzugen Beziehungen mit Menschen, die Ihnen ähnlich sind oder mit denen Sie die gleiche Wellenlänge haben. Da Sie loyal sind, wissen die Ihren, dass sie auf Sie zählen können, sei es um zuzuhören, ein Problem zu lösen oder eine Veranstaltung zu organisieren – Sie sind eine wichtige Energiequelle für die Personen, die Sie umgeben. Ihre Handlungen sind von Ihrer Empfindsamkeit geleitet; wenn Sie sie gut zügeln und sie im Griff haben, können Sie sich durch sie voll entfalten, Ihre Träume verwirklichen und Ihre Ziele erreichen.

Liebe

Sie vermögen es, anderen zuzuhören, ihre Gemütszustände zu verstehen und ihre Bedürfnisse zu befriedigen.

Geld/Beruf

Wenn Sie den Karrieregipfel erreichen wollen, sollten Sie in der Lage sein, Risiken einzugehen, vor allem wenn sie kalkulierbar sind.

28. Januar

Persönlichkeit

Da Sie immer zur Stelle sind, wenn die Pflicht oder die Freundschaft rufen, und nie zögern, Ihrem Nächsten zu Hilfe zu kommen, vergessen Sie darüber oft Ihre eigenen Bedürfnisse. Vergessen Sie nicht, dass auch Ihnen Grenzen gesetzt sind und Sie nicht die ganze Welt auf Ihren Schultern tragen können. Sie sollten Zeit und Energie für sich zurückbehalten, um Ihr eigenes Schiff in den Hafen zu bringen, das heißt, Ihre Träume zu verwirklichen. Sie sind besonnen und verantwortungsbewusst, treffen die richtigen Entscheidungen und finden die richtigen Lösungen, während die anderen aufgeregt hin und her laufen und improvisieren. Lassen Sie Ihren Emotionen freien Lauf in der Malerei, in der Musik oder in jeder anderen Kunstform. Dadurch können Sie Ihren inneren Frieden finden und Herz und Verstand in der Balance halten.

Liebe

Sie nehmen die Liebe nicht auf die leichte Schulter! Wenn Sie sich festlegen, dann vertrauen Sie sich dem anderen voll und ganz an.

Geld/Beruf

Ihr Respekt vor der Autorität sorgt dafür, dass Sie genau wissen, wo Ihr Platz ist, den Sie perfekt einnehmen.

29. Januar

Persönlichkeit

Sie sind ein wahres Energiebündel! Bei Ihnen muss immer was los sein! Egal, ob die Situation positiv ist oder nicht, wenn es »action« gibt, dann stürzen Sie sich darauf. Sie fühlen sich nur wohl, wenn Sie mitten im Geschehen sind, sozusagen im Auge des Hurrikans. Leider führt das dazu, dass Sie oft Ihre Energie in oberflächlichen oder von vornherein zum Scheitern verurteilten Handlungen verschwenden; da Sie sich auf diese Weise verzetteln, reduzieren Sie Ihre Aussichten auf Erfolg. Peilen Sie Ihre Ziele besser an, bestimmen Sie die Mittel, mit denen Sie sie erreichen wollen, und halten Sie sich daran. Konzentrieren Sie sich auf das Positive und auf das, was Ihnen mittel- und langfristig etwas bringt. Sie stehen unter einem günstigen Stern, aber Sie laufen so schnell, dass er Ihnen kaum folgen kann.

Liebe

Sie sind eher charmant als ein Charmeur und fühlen sich als »Gruppe« wohler denn als »Paar«.

Geld/Beruf

Bei der Arbeit geben Sie anderen viel, bewahren sich dabei aber Ihre Identität und Originalität.

30. Januar

Persönlichkeit

Geheimnisse und Verwicklungen sind für Sie vertrautes Terrain. Entschlüsseln, analysieren und auseinandernehmen, um zu begreifen: das ist Ihre Lieblingsbeschäftigung. Da auch Sie kein offenes Buch sind, schätzen Sie Menschen, die ihre tiefsten Geheimnisse sorgsam hüten. Ihre leicht revolutionäre Veranlagung sorgt leider auch dafür, dass es Ihnen oft an Diplomatie fehlt, die aber nun einmal nötig ist, wenn man gute Beziehungen haben möchte. Kurzum, Sie könnten sich ruhig etwas geschickter verhalten. Wenn Sie Ihre Ziele erreichen und Erfolg haben wollen, sollten Sie trotz allem sich selbst treu bleiben, das heißt, so handeln, wie es Ihrem Wesen gemäß ist. Arbeiten Sie an Ihrer »dunklen« Seite, um Sie in Licht zu verwandeln, und Ihnen wird Positives widerfahren.

Liebe

Sie brauchen Ruhe in Ihrer Liebesbeziehung.

Geld/Beruf

Sie lernen, verstehen und setzen Unterweisungen in die Praxis um; an Geld wird es Ihnen nie fehlen.

31. Januar

Persönlichkeit

Es fällt Ihnen sehr schwer, Ihre Zeit einzuteilen, was dazu führt, dass Sie sich fürchterlich abhetzen, sich überschlagen, oft außer Atem sind und dabei das Gefühl haben, doch nicht **alles** getan zu haben, was Sie sich vorgenommen oder gewünscht hatten. Wenn Sie zufrieden sein wollen, müssen Sie lernen, was Organisation und Disziplin bedeuten. Sie sind eine stattliche Erscheinung und machen immer einen guten ersten Eindruck. Das hilft Ihnen, Türen aufzuschließen und mit Leichtigkeit die Karriereleiter zu erklimmen. Sie sind sozusagen der Gradmesser Ihrer näheren Umgebung: Gehen Sie nach rechts, geht man nach rechts; schauen Sie in die Ferne, schaut man in die Ferne. Sie wissen, dass das Leben aus vielen kleinen Kämpfen besteht, aber Sie sind gut ausgerüstet, um sie zu bestehen. Ihr Humor ist Ihnen dabei behilflich. Pflegen Sie ihn.

Liebe

Sind Sie möglicherweise etwas zu wählerisch? Idealisieren Sie nicht zu sehr das Leben zu zweit? Es fällt Ihnen schwer, eine dauerhafte Beziehung einzugehen.

Geld/Beruf

Sie haben große Zukunftspläne und besitzen das Erfolgsrezept!

Februar

1. Februar

Persönlichkeit

Obwohl Sie mit beiden Beinen fest auf dem Boden stehen, träumen Sie von einer idealen Welt und den notwendigen Taten, um dorthin zu gelangen. Das Erstaunlichste ist, dass es Ihnen sehr gut gelingt, diese beiden Seiten Ihrer Persönlichkeit in Übereinstimmung zu bringen, und zwar ohne Konflikte oder Infragestellungen. Sie lassen Ihr Innen- und Privatleben gern ein wenig im Dunkeln. Als gute/r Beobachter/in und Analytiker/in gelingt es Ihnen, die sich Ihnen bietenden günstigen Gelegenheiten wahrzunehmen und gleich aufs Ganze zu gehen, um nach oben zu kommen. Obwohl Sie moderne technische Spielereien mögen, tauchen Sie auch gern in die Vergangenheit ein, entweder in die Lektüre von Geschichtswerken oder indem Sie in einem Antiquitätengeschäft zwischen alten Möbeln und anderen geschichtsträchtigen Gegenständen stöbern.

Liebe

Sie ziehen eine freundschaftliche Liebesbeziehung vor, die Rücksicht auf die Bedürfnisse des Partners nimmt.

Geld/Beruf

Sie wissen, wo Sie hinwollen, und auch, wie Sie dorthin kommen, und Sie beschaffen sich die Mittel, mit denen Sie Ihre Ziele erreichen.

2. Februar

Persönlichkeit

Kompetent, ausdauernd und mit gutem Urteilsvermögen versehen, sind Sie Meister in der Kunst der Vorsicht, ohne jedoch ängstlich zu sein. Sie sind in der Lage, Risiken abzuwägen, wodurch Sie aus allen Situationen, selbst aus den brenzligsten, als Sieger hervorgehen. Sie sind eine Führernatur und wissen sich jeder Herausforderung des Lebens zu stellen. Ihr recht persönlicher Stil macht Sie zu einem sehr beliebten Menschen, den man gern um Rat fragt und auf den man hört. Sie haben keine Angst vor Veränderungen; Sie nehmen sie gern wahr, um Ihre Lage zu verbessern, mehr Komfort oder Ausgeglichenheit zu erlangen. Auch wenn es sich für Sie nicht um ein Grundbedürfnis handelt, haben Sie nichts dagegen, im Mittelpunkt zu stehen, durch Ihre Worte zu erstaunen, zu brillieren oder einfach nur aus der Masse hervorzustechen.

Liebe

Da Sie empfindsam und loyal sind, muss Ihre Liebesbeziehung auf Freiwilligkeit beruhen und darf Sie nicht an die Kette legen.

Geld/Beruf

Aufgrund Ihres analytischen Sinns und Ihrer Vorsicht machen Sie vernünftige Investitionen.

3. Februar

Persönlichkeit

Sie sind sehr empfindsam und ständig auf der Suche nach Antworten auf die Fragen, die Sie sich in Ihrem Inneren stellen. Sie sind sehr menschlich und empfänglich für alles, was Sie umgibt, Menschen wie Stimmungen. Sie versuchen stets, Leid zu lindern, Konflikte oder Streitigkeiten beizulegen, auszugleichen und Harmonie im Leben der Ihren herbeizuführen. Das ist eine große, verantwortungsvolle Aufgabe, die dazu führt, dass Sie oft Ihre eigenen Bedürfnisse aus den Augen verlieren und manchmal sogar Ihre Anhaltspunkte verlieren. Sie handeln, als würden Sie ständig Ihre Grenzen ausloten, um zu sehen, wie weit Sie gehen können. Zugegeben, Sie sind ein/e Überlebenskämpfer/in, aber seien Sie dennoch vorsichtig, denn Sie sind nicht unzerstörbar. Und außerdem … wohldosierte Nächstenliebe beginnt bei einem selbst, vergessen Sie das nicht!

Liebe

Ihre Liebesbeziehung muss unter allen Gesichtspunkten von Integrität und Respekt geprägt sein.

Geld/Beruf

Sie sind vielseitig und ständig auf der Suche nach dem »Besten«. Für Sie ist Zeit Geld!

4. Februar

Persönlichkeit

Ihre innere Welt ist magisch; das lassen Sie in all Ihren Worten, Taten, Ideen und in der Art, wie Sie mit anderen umgehen und kommunizieren, durchscheinen. Immer offen für neue Abenteuer, führen Sie ein Leben wie im Märchen; so gelingt es Ihnen, Türen aufzustoßen und Ihren Horizont zu erweitern. Für Sie ist die Welt eine riesige Spielwiese, und ihre Bewohner sind eine unversiegbare Quelle der Analyse, des Hinterfragens, aber auch des Entzückens. Sie haben große Willensstärke und zugleich Macht; diese Eigenschaften verleihen Ihnen eine immense Kraft, gewähren Ihnen einen großen Handlungsspielraum und einen gewissen Einfluss auf Ihr Umfeld, was Ihnen zugutekommt, um Ihre Träume zu verwirklichen.

Liebe

Sie lieben zwar, aber bei überschäumenden Liebesbezeigungen fühlen Sie sich unbehaglich.

Geld/Beruf

Hin- und hergerissen zwischen Ihrer Rationalität und Ihrem Gefühl, fällt es Ihnen ein wenig schwer, das Gleichgewicht zu finden.

5. Februar

Persönlichkeit

Um Sie herum ist immer etwas los, aber manchmal fällt es Ihnen schwer, den rechten Zugang zu finden, um mitmachen zu können. Das Schlüsselwort heißt ganz einfach Motivation. Sie müssen Ihr Leitmotiv erkennen, und alles andere wird sich automatisch ergeben. Sie sollten sich von Irrtümern oder Niederlagen nicht entmutigen lassen. Auf ruhige Entschlossenheit gestützt, kann Ihnen Ihre ausgeprägte Persönlichkeit sämtliche Türen öffnen, Sie brauchen nur aufzustehen und die Ärmel hochzukrempeln. Ihre vielfältigen Talente ermöglichen Ihnen, sich in mehreren Bereichen auszuzeichnen, aber konzentrieren Sie sich dennoch lieber auf eines oder zwei davon, damit Sie nicht Ihre Energie und Ihre Zeit verschwenden. Peilen Sie Ihre Ziele gut an.

Liebe

In der Freundschaft wie in der Liebe sind Sie imstande, die richtigen Entscheidungen zu treffen, um sich mit den richtigen Menschen zu umgeben.

Geld/Beruf

Diszipliniert und vorsichtig, haben Sie die nötigen Eigenschaften, um Glück zu haben.

6. Februar

Persönlichkeit

Sie springen von einer Tätigkeit zur anderen, von einer Situation zur anderen, von einem Ort zum anderen. Sie begeistern sich leicht für ein Projekt oder eine Sache, aber die Motivation lässt schnell nach … und schon sind Sie wieder auf dem Weg zu etwas Neuem! Das ist am Ende weder besonders produktiv noch aufwertend, da Sie nur sehr selten das Ergebnis Ihrer Bemühungen erleben. Sie müssen Ihr ungestümes Wesen zügeln und daran arbeiten, das zu Ende zu bringen, was Sie angefangen haben. Sie müssen unbedingt Ihre Zeit und Ihre Projekte besser einteilen und organisieren. Ihr Bedürfnis nach Betriebsamkeit und ständiger Bewegung in Rekordgeschwindigkeit können Sie am besten in Ihren Freizeitbeschäftigungen und Hobbys ausleben. Auf diese Weise finden Sie einen Ausgleich zwischen einem strukturierten Leben und aufregenden Erlebnissen.

Liebe

Sie brauchen einen verliebten Partner, der Ihren Schwung mäßigt, Sie aber nicht davon abhält, draufloszurennen.

Geld/Beruf

Sie müssen einen festen Rahmen haben, damit Sie Ihre Interessen optimal verfolgen können.

7. Februar

Persönlichkeit

Sie leben in der Gegenwart, Sie konzentrieren sich auf das, was Ihr Leben in diesem Augenblick ausmacht, ohne sich besonders darum zu kümmern, was langfristig passieren könnte. Das macht aus Ihnen dennoch keine leichtsinnige Person, weit gefehlt, aber Sie sind in der Lage, die kleinen täglichen Glücksmomente zu genießen, die das Leben Ihnen bietet – und das ist gut so! Zweifellos sind Sie sehr mit Ihrer Familie, mit der Gruppe verbunden. Die Ihren nehmen einen großen Platz in Ihrem Leben ein, und Sie handeln oft im Hinblick auf diesen Aspekt Ihrer Persönlichkeit. Sie sind ein/e treue/r Freund/in, immer für andere da, ein/e gute/r Zuhörer/in, Sie können Geheimnisse, die man Ihnen anvertraut, wahren. Das, was in der Welt passiert – Krieg, Hungersnot, Naturkatastrophen –, macht Sie sehr betroffen beziehungsweise verstört Sie, denn Sie stellen fest, dass Sie nur sehr wenig bewirken können.

Liebe

Es ist schwer, Ihr Liebes- und Sexualideal zu verwirklichen! Wie wäre es, wenn Sie es etwas einfacher angingen?

Geld/Beruf

Sie müssen ein Gleichgewicht herstellen zwischen Ihren reellen Möglichkeiten und Ihren ein wenig utopischen Idealen.

8. Februar

Persönlichkeit

Sie haben eine ausgeprägte Vorstellungskraft, sind kreativ und verträumt zugleich und für Ihre Umwelt eher unberechenbar. Sie handeln aus dem Gefühl heraus und verstehen oft als Einzige/r, was Sie zu bestimmten Handlungen bewogen hat. Sie sind attraktiv und fröhlich, Sie vertreten Ihre Überzeugungen sanft und mit diplomatischem Geschick. Sie lieben das Leben und die Menschen. Sie gehen mit entzückten Augen, offenem Geist und mit dem Herzen eines Kindes durch die Welt. Für Sie sind die geleisteten Bemühungen genauso wichtig, wenn nicht wichtiger als die erzielten Ergebnisse. Ohne nach Perfektion zu streben, arbeiten Sie an der Verbesserung Ihrer Welt, sowohl was Ihre als auch die Schwächen Ihres Umfelds betrifft. Bei Ihren Angehörigen finden Sie inneren Frieden und die Kraft, Ihren Weg weiterzugehen.

Liebe

Sie gehen respektvoll mit der Liebe um und binden sich niemals leichtfertig.

Geld/Beruf

Ihre Geduld und Ihre Lust am Lernen lassen Sie sämtliche Herausforderungen annehmen.

9. Februar

Persönlichkeit

Sie wollen aus der Masse hervorstechen, aus dem Schatten heraustreten, anders sein, und dafür sind Sie bereit, alles zu betonen, was Ihre Persönlichkeit ausmacht. In der Regel haben Sie Ihre Emotionen voll unter Kontrolle, Sie verteidigen lebhaft Ihre Ideen und Urteile. Sie sind humorvoll, wissen dennoch, wann eine Situation mehr Ernsthaftigkeit erfordert, und passen sich schnell den geänderten Umständen an. Es heißt, dass man das ist, was man isst – das trifft in Ihrem Fall zu, denn Ihre Ernährung spielt für Sie sowohl in körperlicher als auch in psychologischer Hinsicht eine wichtige Rolle. Sie sollten daher auf Ausgewogenheit achten. Das Schreiben bietet Ihnen eine reizvolle Möglichkeit, einige innere Konflikte beizulegen oder Ordnung in Ihre zwar originellen, aber schlecht strukturierten Ideen zu bringen.

Liebe

Sie täten gut daran, Ihre Träume und Ihre Handlungen mit Ihrem Partner zu teilen.

Geld/Beruf

Es wäre ratsam, wenn Sie gemeinsam mit einem Partner arbeiten würden, mit dessen Eigenschaften Sie sich ergänzen.

10. Februar

Persönlichkeit

Sie sind zwar nicht perfekt, aber es fehlt Ihnen nicht viel! Sie haben sehr gute Eigenschaften sowohl in moralischer und psychologischer als auch in intellektueller Hinsicht. Sie weisen eine glückliche Mischung aus Sanftheit und Entschlossenheit, Innerlichkeit und Ausdrucksstärke auf. Mit einem starken Willen und einem Minimum an Anstrengung kann Ihnen alles gelingen. Indem Sie Ihre innere Stärke mit Ihrer Überzeugungskraft verbinden, sind Sie in der Lage, die Menschen um sich herum zu scharen, die den Ablauf Ihrer Unternehmungen beeinflussen, Ihnen die richtigen Türen öffnen oder Sie in Ihren Entscheidungen leiten können. Sie wurden zwar unter einem günstigen Stern geboren, dennoch müssen Sie Ernsthaftigkeit und eine gewisse Zurückhaltung an den Tag legen, wenn die Situation es erfordert. Zum Glück wissen Sie, wann es angebracht ist und wann nicht.

Liebe

Für Sie ist Liebe gleichbedeutend mit Austausch, sowohl hinsichtlich der Gefühle als auch der Prüfungen des Lebens.

Geld/Beruf

Sie haben zwar das Zeug dazu, aber manchmal fehlt es Ihnen an Motivation. Sie sollten an diesem Aspekt Ihrer Persönlichkeit arbeiten, bevor Sie daran denken, die Dividenden Ihrer Aktien zu kassieren.

11. Februar

Persönlichkeit

Sie verdanken nur sich selbst Ihre guten Eigenschaften und all Ihre Leistungen, kleine wie große. Sie sind intelligent, stolz und beharrlich, und es gelingt Ihnen, die richtigen Antworten auf Ihre Fragen zu finden. Herausforderungen spornen Ihre Tatkraft an, denn Ihre Stärke liegt gerade in Ihrem Bedürfnis zu kämpfen, eine Sache oder … Ihre Interessen zu verteidigen. Sie ziehen die Menschen an, die in Ihnen eine Kämpfernatur und in gewisser Weise eine Konkurrenz sehen, was Sie nur noch stärker motiviert. Leider vergessen Sie über Ihre Kämpfe oft Ihr Familien- und Sozialleben. Die anderen können Ihnen aber mehr geben, als Sie sich vorstellen können, zum Beispiel anregende Gespräche und menschliche Wärme oder ganz einfach Entspannung und Abwechslung.

Liebe

Sie nehmen sich die Zeit, Ihren Partner sorgfältig auszuwählen: Sie werden selten enttäuscht.

Geld/Beruf

Mit Ihrem stark ausgeprägten Urteilsvermögen erreichen Sie alles, was Sie möchten.

12. Februar

Persönlichkeit

Sie brauchen anregende Beziehungen auf intellektueller Ebene, und gewöhnlich geben Sie sich mit Menschen, die dieses Bedürfnis nicht befriedigen, nicht einmal ab. Engstirnige Geister und borierte Menschen enttäuschen Sie zutiefst. Sie studieren die Natur der Menschen, um zu einer Verbesserung dieser Welt beizutragen. Wenn Sie trösten, helfen, Lösungen finden, haben Sie wirklich das Gefühl, dabei mitzuhelfen. Hören Sie immer auf Ihre innere Stimme, behalten Sie Ihren Kurs bei und verhindern Sie, dass irgendjemand diesen ändert. Ihre Kraft besteht in Ihrer Fähigkeit, stehen zu bleiben, um in den »Sternen« zu lesen, den Stand der Dinge zu überprüfen oder Ihre Prioritäten neu zu setzen. Selbst wenn Sie manchmal den gegenteiligen Eindruck haben, sind Ihre Handlungen wichtig und werden geschätzt.

Liebe

Ihr Partner muss reif sein und Ihre Entscheidungen und Bedürfnisse respektieren.

Geld/Beruf

Langsam, aber sicher: Diese Devise wird Sie weit bringen.

13. Februar

Persönlichkeit

Charmant und mit einer ausgeprägten Persönlichkeit ausgestattet, strahlen Sie eine innere Ruhe aus, die beruhigend auf die Menschen Ihrer Umgebung wirkt. Sie sind zwar gesellig, ziehen aber Qualität der Quantität vor. Sie haben das Bedürfnis, mit klugen, bereichernden Menschen zu verkehren. Ebenso bevorzugen Sie schöne Gegenstände und klare Linien – der künstlerische Ausdruck kann für Sie eine Art Ausbruch sein. Sie blicken nach vorn und lassen die Vergangenheit hinter sich, da Sie die Gegenwart schätzen und schöne Augenblicke und Erlebnisse genießen, die lange auf Sie nachwirken. Sie sind immer bereit, Ihr Wissen mit anderen zu teilen, deshalb sind Sie eine Energiequelle für Ihre Umgebung. Sie haben einen Hang zur Perfektion und üben alle Tätigkeiten mit großer Leidenschaft und einem ausgeprägten Sinn fürs Detail aus.

Liebe

Sie sind großzügig, vermeiden es aber, sich den Träumen Ihres Partners anzupassen.

Geld/Beruf

Die Kombination von Vorstellungskraft und Realismus sorgt für Ihren Erfolg.

14. Februar

Persönlichkeit

Sie sind zwar am Valentinstag, dem Tag der Liebenden, geboren, sind aber nicht besonders romantisch. Sie sind ordnungsliebend und legen Wert darauf, dass die Dinge nach Plan ablaufen; darum organisieren Sie alles mit Meisterhand. Ihre Vorliebe für schöne Dinge bewirkt, dass Sie recht kritisch gegenüber allem sind, was nicht »gepflegt« ist, und das gilt sowohl für Gegenstände als auch für Menschen. Manchmal werden Sie von Ihren Leidenschaften geblendet und vernachlässigen die Ihren und deren Bedürfnisse, was oft Kummer bereitet und manchmal sogar Groll hervorruft. Ihr gutes Urteilsvermögen zieht Menschen an, die auf der Suche nach Antworten sind. Sie nehmen zwar gern an Partys und gesellschaftlichen Ereignissen teil und genießen es, gelegentlich sogar im Mittelpunkt zu stehen, ziehen aber ruhige, gemütliche Abende zu Hause vor.

Liebe

Damit Ihre Beziehung klappt, muss Ihr Partner Ihre Höhen und Tiefen verstehen.

Geld/Beruf

Da Sie Materialist sind, bemühen Sie sich, den Lebensstandard zu erreichen, der es Ihnen ermöglicht, sich die schönen Dinge des Lebens zu leisten.

15. Februar

Persönlichkeit

Alles läuft bestens, solange nicht Ihre extravaganten Ideen die Oberhand gewinnen und Sie auf unsichere und holprige Wege führen. Sie sollen zwar Ihrem Instinkt folgen, aber dabei immer ein Minimum an Realismus an den Tag legen. Auch wenn Sie Ihre Zeit und Ihre Handlungen gut zu planen wissen, so werden Sie manchmal von Äußerlichkeiten oder Oberflächlichkeit abgelenkt – Vorsicht, nicht alles was glänzt, ist unbedingt aus Gold! Da Sie es unbedingt zu etwas bringen wollen, wenden Sie viel Zeit und Energie darauf, um Ihre Ziele zu erreichen. Vergessen Sie aber nicht, dass die schönsten Ereignisse sich in der Familie oder im Freundeskreis abspielen! Vernachlässigen Sie sie nicht zugunsten von Geld oder künstlichen Paradiesen. In Gesellschaft brillieren Sie gern und neigen dazu, auf allen Partys im Vordergrund zu stehen.

Liebe

Sie brauchen einen liebevollen Partner, der sich an Ihre Regeln und Ihren Rhythmus hält.

Geld/Beruf

Sie sind entschlossen und ehrgeizig und können Großes vollbringen, wenn Sie sich mit den richtigen Menschen umgeben.

16. Februar

Persönlichkeit

Sie versuchen, sich auf Ihrem Platz zu behaupten und Ihre Rolle gut zu spielen, was Ihnen die meiste Zeit aber kaum gelingt. Zu oft wechseln Sie den Kurs Ihres Handelns oder führen Entscheidungen herbei, nur damit die anderen eine vorteilhafte Meinung von Ihnen haben; dabei verlieren Sie Ihre wahre Motivation und Ihre reellen Bedürfnisse aus dem Blick. Schade, denn Sie haben Talent und verfügen über ein großes Potenzial, es fehlt Ihnen allerdings an Selbstvertrauen und manchmal auch an Mut, um Ihre Fähigkeit voll zu nutzen. Sie lassen sich aber durchaus vom Wettstreit sowohl im Berufs- als auch im Privatleben anstacheln. Dann arbeiten Sie sich mit Ellbogen hoch. Es wäre daher positiv für Sie, in Ihrer eigenen Firma zu arbeiten, was Ihre Entschlossenheit steigern, Ihr Handlungsvermögen verstärken und Sie dazu verleiten würde, sich in Ihren Leistungen selbst zu übertreffen.

Liebe

Sie sind realistisch, was das Leben als Paar betrifft, und Ihre Erwartungen sind bescheiden, aber durchaus konkret.

Geld/Beruf

Wenn Sie es wollen, sind Sie zu großen Dingen fähig. Es liegt an Ihnen, Ihre Fähigkeiten zu nutzen.

17. Februar

Persönlichkeit

Auch wenn es nicht unbedingt dem Bild entspricht, das Sie von sich zeigen, so besitzen Sie doch viel innere Stärke. Manchmal mucken Sie auf und bedauern, dass die Menschen sich auf Äußerlichkeiten verlassen, und das bringen Sie zum Ausdruck, indem Sie Ihren Wert unter unauffälliger Kleidung verstecken oder sich ungezwungen verhalten. Sie haben eine Vorliebe sowohl für Geschichten aus der Vergangenheit eines Landes oder eines Volkes als auch für solche aus der jüngsten Gegenwart, die Sie anrühren. Kommunikation spielt eine große Rolle in Ihrem Leben; sie ist sozusagen der Schlüssel, der Ihnen sämtliche Türen öffnet. Darum sind Sie in der Rolle des Referenten in Ihrem Element. Sie würden sich hervorragend eignen als Nachrichtensprecher/in, Redner/in oder Sänger/in.

Liebe

Sie sind liebevoll, aufmerksam und überschwänglich und schätzen es, dass Ihr Partner sich wirklich einbringt.

Geld/Beruf

Sie sind undiszipliniert und ungeduldig, oft kommen Sie nur zögerlich voran und riskieren dadurch eher eine Niederlage.

18. Februar

Persönlichkeit

Für Ihr Umfeld sind Sie ein wahres Unikum. Sie haben Ihre Gefühle und Ihr Verhalten immer voll unter Kontrolle, für Ordnung und Disziplin haben Sie viel übrig. Als Politiker/in, Berufssportler/in in einem Mannschaftssport oder in jedem anderen Beruf, der ein kämpferisches Talent erfordert, würden Sie Ihre Erfüllung finden. Sie haben eine hohe Konzentrationsfähigkeit, wodurch Sie schnell lernen – Sie sind übrigens sehr stolz auf diese geistige Stärke, die Sie kennzeichnet. Das Leben ist allerdings nicht immer sehr lustig, vor allem wenn man Gesetze und Konventionen so ernst nimmt wie Sie. Und doch sind Lachen, Spiel, Spaß und Entspannung nicht unvereinbar mit Redlichkeit. Im Gegenteil, sie verjagen die Dämonen aus unserer Seele und unserem Herzen.

Liebe

Sie haben ein großes Bedürfnis nach Liebe und Aufmerksamkeit, um in guter seelischer Verfassung zu bleiben.

Geld/Beruf

Sie nehmen gern Herausforderungen an und schrecken vor Anstrengungen nicht zurück, wenn es darum geht, sie zu bewältigen.

19. Februar

Persönlichkeit

Sie sind derart kreativ, dass Sie beim Beobachten des Himmels nicht nur die Sterne sehen, sondern auch ihre Geschichte, das Rätsel der Schöpfung, die Hoffnung auf eine bessere Welt. Sie sind in perfektem Einklang mit sich selbst, wenn Sie Ihrem Rhythmus folgen können. Sie preschen immer vor, und Ihre Handlungen passen immer zu Ihnen. Man schätzt Ihre weisen Ratschläge, und oft kommt man zu Ihnen, um Probleme oder Konflikte zu lösen. Wenn das Leben für Sie zur Last wird, gelingt es Ihnen mühelos, in Ihre Träume abzugleiten und sich von einer sanften Welle davontragen zu lassen, die Sie selbst nach Ihren momentanen Bedürfnissen und Wünschen in Bewegung setzen. Ihre psychologische Stärke ist zwar unleugbar, doch oft vernachlässigen Sie Ihre Gesundheit – gute Ernährung und Bewegung sind ebenfalls wichtig.

Liebe

Sie nutzen nicht alles aus, was Ihnen Ihre Liebesbeziehung bietet.

Geld/Beruf

Sie sind neugierig und suchen geduldig nach Lösungen; Ihre Maßnahmen sind gewöhnlich von Erfolg gekrönt.

20. Februar

Persönlichkeit

Eigentlich sind Sie eine große Träumernatur. So sind Sie innerlich zerrissen: Zum einen versuchen Sie, die Rätsel des Lebens zu begreifen, was zwar Ihren Beziehungen zugutekommt, Sie aber oft verwirrt, zum andern bemühen Sie sich, Geld zu verdienen. Sie sollten weniger denken und mehr handeln. Sie verfügen über große geistige Offenheit und vermögen es durchaus, vom Träumen zum Handeln überzuwechseln. Es liegt an Ihnen, das Nötige zu tun, um das zu bekommen, was Sie wollen, oder um Ihre Errungenschaften zu behalten. Indem Sie Ihre Zeit richtig einteilen, wird es Ihnen möglich sein zu handeln, ohne das Träumen aufzugeben.

Liebe

Sie sind witzig, offen und großzügig und bringen sich restlos in Ihre Liebesbeziehung ein.

Geld/Beruf

Ihre verträumte Seite gerät in Konflikt mit Ihrer rationalen Seite; Sie müssen Ihre jeweilige Rolle bestimmen.

21. Februar

Persönlichkeit

Jeden Morgen stehen Sie auf mit der festen Absicht, die Dinge voranzutreiben und Ihren Ehrgeiz zu befriedigen, bis eine gewisse Nachlässigkeit die Oberhand gewinnt. Ist es vielleicht Angst, übertriebene Vorsicht oder einfach nur Faulheit, die Ihnen die Flügel stutzt? Sie werden daraufhin von großer Unzufriedenheit heimgesucht, die bestehen bleibt, bis Sie sich endlich entscheiden – wahrscheinlich erst um die dreißig –, zur Tat zu schreiten. Da Sie auf Ansehen Wert legen und Sie über alle erforderlichen Eigenschaften verfügen, um es sich zu verschaffen, zudem charmant sind und eine gute Ausstrahlung haben, werden Sie bestimmt wissen, wie Sie handeln müssen, um Erfolg zu haben, was für Sie oft mit schöner Kleidung, einem schicken Auto, einem großen Haus und erlesenen Gäste gleichbedeutend ist. Es liegt nur an Ihnen, durch Ihre Handlungen den entscheidenden Moment für Ihren Erfolg zu wählen.

Liebe

Sie wissen, was Sie wollen: einen verständnis- und phantasievollen Menschen mit guten Eigenschaften.

Geld/Beruf

Sie sind eigensinnig, wenden den Blick nicht von Ihrem Ziel ab und beharren auf Ihren Standpunkten. Es ist nicht einfach, mit Ihnen zu arbeiten!

22. Februar

Persönlichkeit

Sie sind altruistisch veranlagt, geheimnisvoll und spirituell und erkennen mühelos die Zeichen des Schicksals sowie die seltsamen Zufälle. Oft nehmen Sie das wahr, was andere nicht zu verstehen vermögen. Daraus ziehen Sie zu jeder Zeit und an jedem Ort einen großen Vorteil. Sie sammeln Pluspunkte, indem Sie Ihre Sensibilität und Ihre Kommunikationsfähigkeit nutzen. Sie sind intelligent, haben Führungsqualitäten und führen alles zu einem guten Ende. Sie sind organisiert und haben einen untrüglichen Instinkt, um den richtigen Weg einzuschlagen oder die richtigen Entscheidungen zu treffen. Sie sind eine wichtige Energiequelle für Ihre Mitmenschen. Sie haben einen außergewöhnlichen Familiensinn, und im Schoß Ihrer Familie sind Sie wirklich glücklich.

Liebe

Sie brauchen eine Beziehung, bei der die Verantwortung und die Rolle eines jeden gut definiert sind.

Geld/Beruf

Sie sind eigensinnig und neigen dazu, die Meinung der anderen nicht ausreichend zu berücksichtigen.

23. Februar

Persönlichkeit

Man kann zumindest sagen, dass Sie jemand sind, der auf-
fällt! Sie haben einen Lebensstil und eine Schönheit, die nicht
unbemerkt bleiben. Das löst selbstverständlich Neid in Ihrer
Umgebung aus sowohl bei der Arbeit als auch im Freundes-
und Bekanntenkreis. Obwohl Sie sich dessen bewusst sind,
treiben Ihre Unkompliziertheit und Ihre Großzügigkeit Sie
eher dazu an, zu lächeln und zu helfen, als aufgrund der Vorurteile und der bösen Zungen, die Sie beneiden, die Zähne zu
zeigen. Sie lernen schnell und sind immer da, wenn es darum
geht, Ihr Wissen und Ihre Erfahrungen mit denen zu teilen,
die daraus Nutzen ziehen wollen. Sie profitieren vom gegenwärtigen Augenblick, von den guten Gelegenheiten und Freuden, die er Ihnen bietet. Auch wenn Sie gesellig sind, tanken
Sie in der Ruhe eines Sonnenuntergangs neue Energie auf, sowohl fürs Herz als auch für den Geist.

Liebe

Leidenschaftlich und phantasievoll, tragen Sie den Stimmungen und Ihrer momentanen Laune Rechnung.

Geld/Beruf

Vor lauter Ungeduld, Ihr Ziel zu erreichen, überspringen Sie
manchmal wichtige Etappen. Ihr Erfolg kommt Ihren Neidern
ungelegen.

24. Februar

Persönlichkeit

Sie verfügen über eine bemerkenswerte Anpassungsfähigkeit. Ihr Weg ist durch Tiefen und Höhen gekennzeichnet, aber Sie schreiten dennoch unbeirrt voran und versuchen, alle Probleme nacheinander zu lösen. Sie müssen auf alle Fälle verhindern, dass pessimistisch veranlagte oder ausbeuterische Menschen mit negativer Ausstrahlung in Ihren Bereich eindringen. Sie sind gut organisiert, diszipliniert und beharrlich, daher sind Ihre Unternehmungen gewöhnlich von Erfolg gekrönt. Sie sind zwar ein wenig beeinflussbar, aber Sie behalten durchaus den Überblick und nutzen die Möglichkeiten, die Ihnen am besten entsprechen. Leider schöpfen Sie die Ressourcen, die Ihnen zur Verfügung stehen, nicht voll aus, denn sonst könnten Sie noch schneller vorankommen. Sie sind sensibel und haben immer ein offenes Ohr für die Ihren. Freundschaft ist für Sie ein hohes Gut, und Sie werden von Ihrer Umwelt sehr geschätzt.

Liebe

Bevor Sie sich festlegen, muss der andere Ihnen beweisen, dass Sie ihm rückhaltlos vertrauen können.

Geld/Beruf

Als Realist und Visionär zugleich verwalten Sie Ihre Finanzen mit Meisterhand.

25. Februar

Persönlichkeit

Damit alles gut läuft, müssen Sie Ihren Ehrgeiz mit ein wenig
Sanftmut paaren. Dann sind Sie gerüstet, um sowohl Türen
als auch die Herzen der Menschen zu öffnen. Obwohl Sie eigentlich von Natur aus ungeduldig sind, beherrschen Sie sich
bei den Menschen, die Sie bedrängt haben. Da Sie zugleich
demütig und ehrgeizig sind, löst der Erfolg in Ihnen sehr zwie-
spältige Gefühle aus, was zu erstaunlichen Hochs und Tiefs
führt. Sie sind sich dieser paradoxen Seite Ihrer Persönlichkeit
bewusst und arbeiten daran, innere Ausgeglichenheit und Ruhe zu erlangen. Sie sollten in der Tat den Bereich anpeilen, in
dem Sie sich am wohlsten fühlen, statt eine Perfektion anzu-
streben, die bekanntlich nicht von dieser Welt ist. Versuchen
Sie, weniger zu denken und sich mehr zu amüsieren; ist Ihr
Geist einmal frei von Zwängen, werden ihm auch Lösungen
und gute Ideen einfallen.

Liebe

Eine auf Vernunft basierende Liebe macht Sie glücklicher als
eine stürmische Leidenschaft.

Geld/Beruf

Arbeit hat für Sie Priorität, und mit einem Minimum an Feingefühl sichern Sie sich Ihren Erfolg.

26. Februar

Persönlichkeit

Aufgrund Ihres Charmes sind Sie ein sehr attraktiver Mensch. Sie sind in Ihrem Element, wenn es darum geht, zu verführen, zu gefallen, einen Menschen oder eine Zuhörerschaft in Ihren Bann zu ziehen. Solange alles läuft, wie Sie es wollen, gibt es kein Problem; andernfalls toben Sie, empören Sie sich, meckern Sie herum. Sie müssen auf jeden Fall lernen, Ihre Gefühle besser unter Kontrolle zu halten. Die Ihren lieben Sie und sind sehr loyal Ihnen gegenüber, aber auch ihre Duldsamkeit hat Grenzen. Aufgrund Ihrer Kommunikationsfreudigkeit eignen Sie sich gut für einen Schreibberuf. Ihre originellen Ideen können Sie in diesem Bereich weit bringen, wenn Sie in der Lage sind, Gesetze und Regeln zu beachten. Vergessen Sie nicht, dass alles nur eine Frage der Einstellung ist.

Liebe

Ein gewisses Drumherum und bedingungslose Hingabe haben Vorrang in Ihrer Beziehung.

Geld/Beruf

Sie erfassen Sachverhalte intuitiv, sind perfektionistisch und ein/e Meister/in der unbegrenzten Möglichkeiten – kurzum, Sie haben alles, was man zum Erfolg braucht.

27. Februar

Persönlichkeit

Sie haben eine zärtliche Seite, sind verliebt in das Leben und in die Menschen im Allgemeinen, was Sie attraktiv und liebenswert macht. Dennoch sind Sie in der Lage, bei Bedarf auch ein anderes Bild von sich abzugeben und den Löwen, der in Ihnen steckt, zum Vorschein kommen zu lassen. Alles, was Sie anpacken, verdient gut gemacht zu werden, ganz gleich, worum es sich handelt. Sie gelangen ans Ziel Ihrer Wünsche, Träume und Pläne und scheuen keine Mühe. Bis zu einem gewissen Grad verstehen Sie die menschliche Natur mit ihren Stärken und Schwächen, ihrer hellen und ihrer dunklen Seite, und Sie wissen instinktiv, welche Rolle Sie dabei zu spielen haben. Ihre Handlungen werden von Ihrem Wunsch geleitet, sich mit den richtigen Menschen zu umgeben, eine gute Lebensqualität zu erzielen, Ihr Hab und Gut zu bewahren und die Welt zu verbessern, die Sie umgibt. Sie sind ein beherzter, mutiger Mensch.

Liebe

Ihr Partner muss liebenswürdig und imstande sein, stets Ihre Neugier anzustacheln.

Geld/Beruf

Sie sind verantwortungsvoll und zu allen Opfern bereit, um nach oben zu gelangen.

28. Februar

Persönlichkeit

Sie sind ein/e Abenteurer/in, Sie gehen mit großen Schritten durch die Welt und möchten alles sehen, alles ausprobieren, alles lernen. Als Idealist/in und in der Überzeugung, mit einer besonderen Mission betraut zu sein, machen Sie sich zu einem Kreuzzug auf und lassen all das hinter sich, was Sie bereits erworben haben. Daher ist es schwierig für Sie, eine gewisse Stabilität zu finden. Aber hinter was laufen Sie eigentlich her? Könnten Sie denn nicht Ausgeglichenheit und innere Ruhe in Aktivitäten finden, die nicht so weit weg sind? Große Wege bringen unweigerlich Risiken und Enttäuschungen mit sich. Je älter Sie werden, umso mehr Vorsicht ist geboten. Sie können eine Referenz, ein Beispiel, eine wichtige Energiequelle und sozusagen ein Botschafter für alle Menschen in Ihrer Umgebung sein, wenn Sie in der Lage sind, innezuhalten, um Ihr Wissen und Ihre Ideen mit den anderen zu teilen.

Liebe

Es fällt Ihnen schwer, innezuhalten, um sich in eine Liebesbeziehung tiefer einzubringen.

Geld/Beruf

Verantwortungsvoll und diszipliniert, lernen Sie Ihre Lektionen gut und wissen Sie zu nutzen.

29. Februar

Persönlichkeit

Liegt es daran, dass Ihr Geburtstag nur alle vier Jahre stattfindet, dass Sie an Körper und Geist so jung bleiben? Jedenfalls bewahren Sie sich das Herz eines Kindes, die Fähigkeit zu staunen und das lebensnotwendige Bedürfnis, sich zu amüsieren. Sie sind in der Lage, das Glück herauszufordern und aus allem einen Vorteil zu ziehen. Sie sind gesellig, nehmen gern an Gruppenaktivitäten teil und zögern nicht, auf sich aufmerksam zu machen, wenn sich nichts rührt. Da Sie sensibel sind, leiden Sie mit Ihren Mitmenschen, wenn ihnen ein Missgeschick widerfährt, aber achten Sie darauf, dass nicht das ganze Unglück der anderen auf Ihren Schultern lastet. Mit Ihrem sonnigen Gemüt und Ihrer Fähigkeit, alles, was Sie anpacken, in tausend Farben erstrahlen zu lassen, wird es Ihnen gelingen, den Menschen Ihrer Umgebung zu helfen.

Liebe

Sie sind konservativ und fühlen sich wohl in einer konventionellen Liebesbeziehung.

Geld/Beruf

Sie schmieden Pläne, spielen Ihre Trümpfe aus und schreiten zur Tat: Das ist Ihr Erfolgsrezept.

März

1. März

Persönlichkeit

Da die männliche und die weibliche Seite in Ihnen gleich stark sind, führen diese oft einen erbitterten Kampf. Dieser Konflikt verstört Sie und gefährdet das Gleichgewicht, das Sie sich zu halten bemühen. Hören Sie auf, gegen das eigentliche Wesen Ihrer Persönlichkeit zu kämpfen und versuchen Sie eher, den Weg Ihres Herzens zu finden. Wenn Sie Ihre Einstellung zu diesem inneren Wettstreit ändern, werden Sie sich nicht nur selbst wohler fühlen, sondern auch im Umgang mit den anderen. Suchen Sie die Gesellschaft von Menschen, die Ihre Interessengebiete teilen. Sie sind allein verantwortlich für Ihr Wohlbefinden, Ihr Schicksal, und Sie können große Dinge verwirklichen, wenn Sie sowohl Ihre Stärken als auch Ihre Schwächen nutzen.

Liebe

Ihr Partner muss das Heute genießen und den Blick nach vorn gerichtet haben.

Geld/Beruf

Da Sie nicht nach Ruhm streben, gehen Sie Ihren Weg, ohne großes Aufsehen zu erregen, aber wirkungsvoll.

2. März

Persönlichkeit

Da Sie über Intuition verfügen und mit beiden Beinen im Leben stehen, können Sie Situationen gut einschätzen. Allerdings haben Sie nicht unbedingt jederzeit ein besonders ausgeprägtes Selbstbewusstsein – Sie fühlen sich den Dingen nicht immer gewachsen. Das hemmt manchmal Ihr Streben und kann Ihrer Motivation im Wege stehen. Vielleicht befinden Sie sich ganz einfach nicht am richtigen Platz oder nicht in der richtigen Berufssparte. Sie haben ein fast lebensnotwendiges Bedürfnis, Witwen und Waisen zu verteidigen, den Armen zu helfen, sich um hoffnungslose Fälle zu kümmern. Das vermittelt Ihnen ein positives Bild von sich selbst und macht Sie stolz auf sich. In Ihrem tiefsten Innern wissen Sie, was Sie glücklich macht, was Sie anspornt, voranzukommen, sich einzubringen; hören Sie auf die Stimme Ihres Herzens und folgen Sie dem Weg, den sie Ihnen vorschreibt.

Liebe

Sie mögen es, sich zu amüsieren, zu flirten und der Phantasie freien Lauf zu lassen, ohne an das Morgen zu denken.

Geld/Beruf

Da Sie zu beträchtlichen Anstrengungen fähig sind und gut haushalten können, sind Ihre Finanzen im grünen Bereich.

3. März

Persönlichkeit

Dank den verschiedenen Seiten Ihrer Persönlichkeit sind Sie ein besonderer Mensch. Sie haben gute Umgangsformen, haben eine Vorliebe für die schönen Dinge, für die Kunst und alles, was eine Gemütsbewegung oder ein Gefühl in Ihnen auslöst. Sie machen einen guten Eindruck; daher fällt es Ihnen leicht, das zu bekommen, was Sie wollen. Sie wissen nicht immer genau, wo Ihr Platz ist und welche Rolle Sie auf der Welt spielen sollen, aber Sie sind ständig auf der Suche danach. Um die richtigen Antworten zu finden, müssen Sie sich die richtigen Fragen stellen, weniger träumen und den Schwerpunkt auf etwas bodenständigere Handlungen legen. Einen Ausgleich können Sie beim Aufschreiben Ihrer Erfahrungen und Ziele oder all dessen, was Sie fasziniert, anzieht oder verstört, finden.

Liebe

Sie möchten gern sämtliche Spielregeln kennen, bevor Sie sich dem anderen anvertrauen.

Geld/Beruf

Da Sie weder an Zeit noch an Anstrengungen sparen, kommen Sie dorthin, wo Sie hinwollen.

4. März

Persönlichkeit

Sie gehen stets voran, indem Sie der Stimme Ihres Herzens folgen; auch wenn Sie sich Mühe geben, Ihre Mitmenschen nicht zu bedrängen oder durcheinanderzubringen, zögern Sie nicht, bei Bedarf Ihre Ellbogen einzusetzen. Sie kennen ganz genau die Richtung, die Ihr Leben einschlagen soll, und Ihre Anstrengungen werden mit zahlreichen Erfolgen belohnt, wenn Sie sich von zwielichtigen oder illegalen Situationen fernhalten. Sie brauchen die Ihren zur Anregung, aber Sie nehmen nur widerwillig Ihre Ratschläge an, wenn sie mit einer Ihrer Handlungen oder Entscheidungen nicht einer Meinung sind. Nehmen Sie sich mehr Zeit, um das anzuhören, was die anderen zu sagen oder vorzuschlagen haben, und urteilen Sie nicht über einen Menschen, wenn Sie nicht in seiner Haut stecken.

Liebe

Um eine harmonische Liebesbeziehung zu haben, sollten Sie lernen, zuzuhören und Rücksicht auf die Bedürfnisse des anderen zu nehmen.

Geld/Beruf

Wettstreit spornt Sie an, aber am erfolgreichsten sind Sie, wenn Sie anderen helfen können.

5. März

Persönlichkeit

Fortwährend durch Emotionen beschwingt, nehmen Sie wichtige Herausforderungen an, laden sich viel Verantwortung auf, bieten dem Wettstreit die Stirn und haben so das Gefühl, intensiv zu leben. Die Ergebnisse Ihrer Anstrengungen heitern Ihren Alltag auf, fördern Ihr Selbstbewusstsein und erfüllen Sie mit Stolz. Das lässt nur wenig Platz für Freizeit, Entspannung, Gesellschaftsleben oder gar Liebe; Einsamkeit bedroht Sie. Vergessen Sie nicht, dass Beziehungen zu Menschen Ihnen wesentlich mehr bringen können als jedwede Selbstverwirklichung. Greifen Sie zum Telefon, laden Sie Leute ein, treffen Sie die Ihren, gehen Sie in guter Gesellschaft aus, öffnen Sie die Augen für die Schönheiten dieser Welt und profitieren Sie von zwischenmenschlichen Beziehungen.

Liebe

Der geliebte Mensch muss reif, ausgeglichen und unabhängig sein.

Geld/Beruf

Geben Sie nie wegen Frust oder schlechter Laune auf.

6. März

Persönlichkeit

Entscheidungen oder Handlungen verschieben Sie gern auf morgen. Das verlangsamt beträchtlich Ihren Aufstieg zu den Zielen, die Sie sich gesteckt haben. Sie halten es nur schwer aus, eine Nebenrolle zu spielen, darum ziehen Sie es vor, überhaupt nicht mitzuspielen. Und doch kommt man nur Stufe für Stufe am oberen Ende der Treppe an. Sie haben eine erstaunliche Lernfähigkeit, die Sie weit bringen kann, wenn Sie ein wenig guten Willen und Energie mit einbringen. Sie haben gute Umgangsformen, man schätzt Ihr Lächeln, Ihre Art, das Leben bunt zu gestalten sowie Ihre innovativen und originellen Ideen. Wenn das Ihrem Ego schmeichelt, umso besser, aber das wird Sie nicht weiter nach oben bringen, wie Sie es sich wünschen. Das gelingt Ihnen nur durch Arbeit und durch tägliches Bemühen.

Liebe

Da Sie positiv eingestellt und zuversichtlich sind, zeichnet sich Ihre Liebesbeziehung durch Respekt und Harmonie aus.

Geld/Beruf

Lernen und daran arbeiten, Ihre Talente zu entwickeln: das ist Ihr Schlüssel zum Erfolg.

7. März

Persönlichkeit

Ihre wahre Persönlichkeit kann man nur schwer einschätzen. Sie wählen sich in aller Ruhe die Menschen aus, die Ihrem Umfeld zusagen. Sie verhalten sich mal wie ein Kind, mal wie eine erwachsene Person, mal liebevoll, mal unversöhnlich, und zweifellos mögen Sie es, die Aufmerksamkeit auf sich zu ziehen und den Spaßvogel vom Dienst zu spielen. Niemand kann daher sagen, wer Sie wirklich sind. Wissen Sie selbst das überhaupt? Legen Sie Ihre Masken und Kostüme ab; Sie sind ein guter Mensch, und man wird Sie lieben, so wie Sie sind, ohne jegliche Kunstgriffe. Streben Sie lieber Ihrem Ideal, der Verwirklichung Ihrer Träume und Ziele nach. Sprechen Sie mit den Ihren darüber, was wirklich in Ihrem Innern vor sich geht, was Sie bewegt, was Sie glücklich macht, und Sie werden sehen, dass Einfachheit stets belohnt wird.

Liebe

Seien Sie ehrlich, damit der andere Ihre Träume und Bedürfnisse versteht.

Geld/Beruf

Da Sie zur Perfektion neigen, bremsen Sie Ihren Elan, indem Sie sich zu sehr mit den Details aufhalten.

8. März

Persönlichkeit

Sie sind sanft, verantwortungsbewusst und vernünftig und wissen immer und an jedem Ort, wo Ihr Platz ist. Dennoch erregen Sie Aufmerksamkeit durch das, was Sie zu Papier bringen, durch Ihre Worte oder Geschichten – und das schüchtert Sie oft ein wenig ein. Sie haben verschiedene Leidenschaften, die sich in diversen Formen offenbaren; allerdings leben Sie sie lieber alleine aus, auch wenn Wettstreit Ihnen nicht immer missfällt. Sie wollen immer etwas entdecken, erforschen, neue Erfahrungen machen, Neues über Dinge und Menschen erfahren. Sie sind ernsthaft, bringen sich immer sehr in all Ihre Unternehmungen ein und stellen sich allen Herausforderungen. Das ist zwar gut, es fehlt Ihnen aber ein wenig an Humor, Entspannung, Spaß. Geben Sie dem Amüsement, der Phantasie, dem Spiel eine Chance – Ihr Ruf wird darunter keineswegs leiden!

Liebe

Sie sind sensibel, romantisch und ein bemerkenswerter Liebespartner.

Geld/Beruf

Da Sie vorsichtig sind, verlassen Sie sich nicht auf den Zufall, um Erfolg zu haben, was übrigens eine sehr gute Einstellung ist.

9. März

Persönlichkeit

Sie gehen sowohl mit Ihrer Zeit als auch mit Ihrer Liebe großzügig um, Sie können ausgesprochen gut zuhören und haben
eine bemerkenswerte Fähigkeit zur Empathie. Sie trösten, helfen und unterstützen, ohne jemals zu urteilen oder Rücksicht
auf Zeit und Mühen zu nehmen; Ihr Ansehen wird dadurch
aufgewertet. Sie wissen sich stets zu helfen und lassen sich nie
von einem Hindernis oder einem Problem aus der Fassung
bringen. Mit einem unerschütterlichen Optimismus ausgestattet, machen Sie mit einer erstaunlichen inneren Ruhe auch
schlechte Zeiten durch. Sie sind eine wunderbare Energiequelle, ein leuchtendes Beispiel, ein Leitstern für die Ihren. Da Sie
ständig auf der Suche nach Harmonie und Ausgleich sind, gelingt es Ihnen, in Ihrem Umfeld eine Oase des Friedens und
der Entspannung zu schaffen. Sie sind eine köstliche Mischung
aus Traum und Logik.

Liebe

Sie sind sehr liebevoll und geben sich voll und ganz Ihrem
Partner hin, aber er darf Ihr Vertrauen nicht missbrauchen.

Geld/Beruf

Ihre Motivation besteht darin zu helfen; statt zu nehmen, geben Sie lieber.

10. März

Persönlichkeit

Sie haben eine Künstlerseele und eine sehr persönliche Art, das auszudrücken, was in Ihnen vorgeht, was Sie motiviert, was Sie bewegt. Sie verschönern das Leben der Menschen in Ihrer Umgebung, indem Sie mit Ihren originellen Ideen, Ihrem Lächeln und Ihrem Streben nach Harmonie einfach da sind. Ihr sehr persönlicher Stil und das heilige Feuer, das in Ihnen lodert, lösen Bewunderung aus, manchmal sogar Neid. Sie sind ein Vorbild für Ihr Umfeld; Ihren Ratschlägen und Urteilen hört man aufmerksam zu. Sie vermitteln einem eine Ideologie, eine Vision, eine Erfahrung; man wird es nicht leid, Ihnen zuzuhören und mit Ihnen eine philosophische Auffassung oder eine Erfahrung zu teilen. Mit Ihnen ist immer etwas los, Sie sind ein Trendsetter, Sie entscheiden, was in und was out ist.

Liebe

Da Sie loyal sind, haben Sie den Anspruch auf Ausschließlichkeit in der Liebesbeziehung und verlangen dasselbe auch von Ihrem Partner.

Geld/Beruf

Um glücklich zu sein, müssen Sie in einem Bereich arbeiten, in dem Sie nach Herzenslust kreativ sein können.

11. März

Persönlichkeit

Es ist zwar gut, dass Sie vorausschauend und vorsichtig sind, aber das darf Ihren Handlungsspielraum nicht schmälern. Sie haben zahlreiche Talente, aber wegen Ihrer Ängste und Befürchtungen, schöpfen Sie sie nicht voll aus. Seien Sie optimistisch, vertrauen Sie mehr auf das Leben, glauben Sie an ihre Möglichkeiten, sehen Sie die gute Seite der Dinge, und holen Sie aus allen Situationen das Positive heraus, auch aus denen, die Ihnen heikel erscheinen. Aus mehreren Gründen schränken Sie Ihren Freundes- und Bekanntenkreis ein und reduzieren damit Ihre Chancen, Menschen kennenzulernen, die Ihnen bei Ihren Vorhaben und Projekten helfen oder Sie beraten könnten. Dennoch sind Sie umgänglich, und man kommt gern auf Sie zu, um Ihre Bekanntschaft zu machen. Sie haben gute Ideen – sprechen Sie darüber und setzen Sie sie in die Tat um!

Liebe

Achten Sie darauf, nicht das Opfer Ihres Hangs zur Romantik oder Ihrer Naivität zu werden; halten Sie die Augen offen.

Geld/Beruf

Sie haben die richtige Formel, um eine Rücklage anzusparen und Sie gewinnbringend anzulegen.

12. März

Persönlichkeit

Sie sind mit dem zufrieden, was Sie haben, dabei könnten Sie viel mehr haben, wenn Sie Ihre Ideen und Talente besser nutzen würden. Sie geben sich mit dem Minimum zufrieden, dabei stehen Ihnen sämtliche Möglichkeiten und Türen offen. Sie ziehen es vor, zu philosophieren die Welt mit Worten zu verbessern; Sie übernehmen sogar manchmal die Rolle des Opfers, statt zu handeln und etwas zu unternehmen, damit die Dinge sich ändern. Sie sind ein/e Träumer/in, und Ihre Wirklichkeit stimmt nicht immer mit derjenigen der anderen überein; das müssen Sie verstehen und akzeptieren. Es fällt Ihnen leicht, Ihre unmittelbare Umwelt durch einen Art Zauber, der Ihrer Persönlichkeit eigen ist, durch Ihre Worte und Ihr Lächeln glücklich zu machen. Wenngleich Beschaulichkeit positiv ist, so ist in einem ausgeglichenen Lebensrhythmus auch Handeln durchaus berechtigt.

Liebe

Sie sind phantasievoll und kreativ und suchen nach Respekt, Verständnis und Gleichheit.

Geld/Beruf

Da Sie sich schnell einschüchtern lassen, halten Sie sich mit Ihrer Kreativität zurück, die doch Ihre Stärke ist.

13. März

Persönlichkeit

Sie haben ein Rettersyndrom und möchten von Ihrem Umfeld anerkannt und geschätzt werden. Dafür sind Sie bereit, Zugeständnisse zu machen, Ihre Ideale aufzugeben, Ihre Überzeugungen und sogar Ihre Urteile zu ändern. Dabei brauchen Sie gar nicht alles auf den Kopf zu stellen, um geliebt und bewundert zu werden, denn Sie besitzen bereits alles, was Sie brauchen, um zum selben Ergebnis zu kommen. Sie müssten sich einfach nur auf Ihre wahre Persönlichkeit zurückbesinnen, auch wenn das manchen missfällt. Ihre Rolle im Leben ist es nicht, sich den anderen anzupassen, sondern den anderen Ihre Stärken, Talente und Ihre wahre Natur zu zeigen und sie mit ihnen zu teilen. Glauben Sie an sich und investieren Sie in Ihr eigenes Potenzial. Denken Sie über Ihre eigene Motivation nach und gehen Sie keine Kompromisse ein.

Liebe

Ihr mangelndes Selbstbewusstsein und Ihr Bedürfnis nach Sicherheit stehen der richtigen Partnerwahl im Weg.

Geld/Beruf

Sie haben viel Glück im Berufsleben, vor allem wenn Sie eine leitende Funktion in einer Firma haben.

14. März

Persönlichkeit

Für Sie ist das Leben gleichbedeutend mit Liebe in all ihren Formen, sowohl in einer Paarbeziehung als auch im Beruf oder in der Freundschaft. Sie glauben, dass sich mit viel Liebe alle Probleme lösen lassen, dass jeder Kummer getröstet, jeder Schmerz gelindert und jede Verletzung geheilt werden kann. Diese Auffassung ist ein wenig naiv, aber sie bewirkt viel Gutes in Ihrer Umgebung. Um gut anzukommen, ziehen Sie sich manchmal einen fremden Schuh an. Aber Vorsicht! Sie können nicht davon ausgehen, dass Kleider Leute machen. Wenn Sie den richtigen Eindruck von sich geben wollen, so zeigen Sie sich von Ihrer natürlichen Seite. Sie sind in der Lage, eine entspannte Stimmung, eine Atmosphäre des Vertrauens zu schaffen. Sie haben eine Menge guter Eigenschaften, halten Sie damit nicht hinterm Berg.

Liebe

Sie sind vorsichtig und bedacht und wissen, wie Sie den Menschen finden, der am besten zu Ihnen passt.

Geld/Beruf

Ihr Perfektionismus und Ihre Liebe zum Detail drosseln oft das Tempo Ihres Vorwärtskommens.

15. März

Persönlichkeit

Sie verfügen über Talent und Kreativität und haben originelle, ja sogar extravagante Ideen, zu denen Sie meistens stehen, aber manchmal fällt es Ihnen schwer, sie zu kommunizieren, zu erklären, auszudrücken. Ihre Interessen sind vielfältig: Sie probieren gern neue Wege aus, Sie leben die verschiedensten Empfindungen aus, erweitern Ihren Freundes- und Bekanntenkreis, kurzum, Sie verlassen gern ausgetretene Wege. Da die Ergebnisse Ihrer Handlungen nicht immer überzeugend sind, neigen Sie leider dazu, die Schuld dafür anderen in die Schuhe zu schieben. Versuchen Sie nicht, die Welt zu verändern; konzentrieren Sie Ihre Energie darauf, Ihre Kreativität zu entwickeln und unter Beweis zu stellen, wobei Sie trotz allem darauf achten sollten, zumindest mit einem Fuß auf dem Boden der Tatsachen zu stehen!

Liebe

Lassen Sie die Vergangenheit hinter sich; kümmern Sie sich um die Gegenwart und den Menschen an Ihrer Seite.

Geld/Beruf

Routinearbeit ist nichts für Sie; Ihre Talente müssen gefördert werden.

16. März

Persönlichkeit

Ihr guter Stern hat Ihnen einen wunderbaren Weg vorgezeichnet, auf dem Sie all das bekommen, was Sie wünschen; Ihnen sind keine Schranken gesetzt, wenn Sie an sich und Ihren Erfolg glauben, wenn Sie positiv denken und handeln und Ihrer schöpferischen Veranlagung freien Lauf lassen. Ihre Umwelt hat einen ungeheuer großen Einfluss auf Ihre Gedanken und Ihre Motivation; darum ist es wichtig, dass Sie an einem Ort leben, der perfekt zu Ihnen passt, und dass Sie eine hohe Lebensqualität haben. Sie helfen anderen gern, bedenken Sie aber, dass der Mensch nicht die volle Kontrolle über alles, was ihm widerfährt, haben kann. Seien Sie also nicht enttäuscht oder traurig, wenn es Ihnen nicht gelingt, sämtliche Probleme der Menschheit zu regeln! Mit Hilfe der Meditation gelingt es Ihnen, Ihre Sorgen zu vertreiben.

Liebe

Sie sind verantwortungsbewusst, zurückhaltend und unabhängig und verwenden große Sorgfalt darauf, Ihren Partner auszusuchen.

Geld/Beruf

Am besten schöpfen Sie Ihre Fähigkeiten und Möglichkeiten voll aus, wenn Sie alleine arbeiten.

17. März

Persönlichkeit

Sie scheinen unerschöpflich zu sein! Sie widmen sich voll Ihren Unternehmungen und haben immer einige Projekte am Laufen. Da Sie imstande sind, sich über größere Zeiträume einen hohen Einsatz abzuverlangen, stoßen Sie manchmal an Ihre Grenzen. Vergessen Sie nicht, dass Ihre Energiereserven nicht unbegrenzt sind – sie müssen von Zeit zu Zeit aufgefüllt werden. Sie verfügen über eine gewisse Leichtigkeit, um mit den Menschen in Ihrem Umfeld gute Beziehungen aufzubauen, zu pflegen und aufrechtzuerhalten. Sie haben diplomatisches Geschick und sind höflich; man schätzt Ihre Umgangsformen, Ihre Worte und Ihr Wesen allgemein. Man kommt selbstverständlich zu Ihnen, um Trost oder einen Rat zu suchen, aber auch nur aus Freude an einem Gespräch mit Ihnen. Sie sind zurückhaltend und sensibel und haben immer ein offenes Ohr für Ihre Mitmenschen, für die Sie oft eine außergewöhnliche Hilfe sind.

Liebe

Sie gehen mit Ihrem Partner zunächst wie mit einem Freund um, und Sie verlangen von ihm die gleiche geistige Offenheit.

Geld/Beruf

Sie bevorzugen klare Regeln und möchten, dass die Arbeit gut gemacht wird.

18. März

Persönlichkeit

Sie wurden an einem Tag großer Andacht geboren. Die Sterne verlangen von Ihnen, dass Sie stets wachsam sind, sich rückversichern und so wenig Risiken wie möglich eingehen, vor allem bei Ihren Geldanlagen. Halten Sie sich von politischen Aktivitäten und allem fern, was damit zu tun hat. Sie haben eine robuste Seele, und die Zukunft macht Ihnen keine Angst. Sie blicken mit den Augen eines Weisen in die Welt, wohl wissend, dass Ihre Fragen eine Antwort und die Probleme eine Lösung finden werden. Mit innerer Gelassenheit lernen Sie die Lektionen des Lebens und sind sich durchaus bewusst, dass Regeln nicht übertreten werden dürfen. Große Dinge stehen Ihnen bevor; alles, was Sie sich wünschen, ist, genügend Zeit zu haben, um sie zu Ende zu bringen. Sie haben vielseitige Talente, und Sie lassen sie nicht brachliegen.

Liebe

Ihre Liebesbeziehung muss ruhig, ausgeglichen und ohne Schattenseiten sein.

Geld/Beruf

Aus erhaltenen Informationen und sich Ihnen bietenden guten Gelegenheiten vermögen Sie Nutzen zu ziehen.

19. März

Persönlichkeit

Sie sind durch und durch ein Löwe, aber ohne Krallen und ohne Gebrüll. Da Sie in Ihren Beziehungen eher besitzergreifend sind, fordern Sie viel von den Menschen Ihres unmittelbaren Umfelds und verlangen beständige Loyalität und Anwesenheit von ihnen. Sie müssen bei Ihren Kämpfen an Ihrer Seite sein, Ihnen in schwierigen Situationen beistehen und Ihnen bei Ihren Unternehmungen unter die Arme greifen. Das erinnert bisweilen an eine Diktatur! Sie müssen den Platz finden, der Ihnen in dieser Welt zukommt, tief in Ihrem Innern kramen, um Ihre wahre Natur zu finden, sich von Ihren Gefühlen leiten lassen, von alten Ängsten Abschied nehmen, kurzum, dafür sorgen, dass Ruhe und Frieden in sie einkehren. Die Einstellung der anderen zählt nicht, wichtig für Sie ist nur Ihr inneres Gleichgewicht.

Liebe

Sie haben eine sehr klare Vorstellung von einer Liebesbeziehung.

Geld/Beruf

Lassen Sie nicht zu, dass Ihr Frust Ihrem Vorankommen schadet; manchmal muss man Kompromisse schließen.

20. März

Persönlichkeit

Mit einem eisernen Willen ausgestattet, setzen Sie Ihre Ideen, Träume und Ziele konsequent durch. Sie legen eine ausgeprägte Menschlichkeit an den Tag, die Sie für die Probleme Ihrer Mitmenschen leicht zugänglich macht und Sie für die Lösung schwieriger Angelegenheiten prädestiniert. Sie gelten als höflich und hilfsbereit, aber auch als draufgängerisch, wenn sich Ihnen ein Hindernis in den Weg stellt. Lassen Sie sich von Lobreden oder Danksagungen, die man an Sie richtet, nicht in Verlegenheit bringen; Sie verdienen sie durchaus! Im Lehren und Führen finden Sie Erfüllung. Die Rätsel des Lebens fesseln Sie; Sie analysieren sie und vertiefen sich in sie. In der Gemütlichkeit Ihres Heims tanken Sie neue Kräfte auf; dort finden Sie aber auch Ihre Ausgeglichenheit und innere Ruhe wieder.

Liebe

Sie fühlen sich wohl in einer Beziehung ohne Geheimnisse und ohne Schattenseiten; Transparenz ist für Sie unerlässlich.

Geld/Beruf

Damit Sie in Ihrem Beruf glücklich sind, muss er unbedingt mit Ihren Vorlieben zusammenhängen.

21. März

Persönlichkeit

Ihre Zuvorkommenheit und Ihre Lebensart spiegeln sich in dem Raffinement wider, mit dem Sie sich gern umgeben. Sie schätzen schöne Dinge und gute Umgangsformen und verwenden die größte Sorgfalt auch auf die kleinsten Details. Ihr Perfektionismus gereicht Ihnen zur Ehre, aber Sie sollten das Wesentliche nicht zugunsten unwichtiger Kleinigkeiten aus den Augen verlieren. Sie besitzen eine große Charakterstärke; wenn Sie etwas anpacken, dann tun Sie das in dem Bestreben, erfolgreich zu sein und Ihre Ziele zu erreichen. Dennoch sollten Sie Ihre Neigung, Hindernissen, die Sie aus dem Weg räumen müssen, überaus große Wichtigkeit beizumessen, etwas zügeln und sich vielmehr an die Arbeit machen und nach Lösungen suchen. Von Ehrgeiz und dem Bedürfnis nach Anerkennung beseelt, haben Sie eine Vorliebe für Ehrenerweisungen, und Sie gieren nach Ruhm und Bestätigung.

Liebe

Ungeachtet Ihrer leidenschaftlichen Natur legen Sie in der Liebe viel Feingefühl an den Tag.

Geld/Beruf

Sie wissen nicht nur, wie man zu viel Geld kommt, sondern auch, wie man es schnell ausgibt.

22. März

Persönlichkeit

Sie haben ein ausgeprägtes Verantwortungsbewusstsein, und aus diesem Grund tendieren Sie dazu, sich für alle Probleme und Sünden der Menschen, die Ihnen lieb sind, schuldig zu fühlen. Sie sind ein wenig »verrückt« und gehen im Leben munter drauflos, wobei Sie sich über Ihre Ängste hinwegsetzen, indem Sie sich mit dem Unbekannten messen und ständig an Ihre Grenzen stoßen. Da Sie ein/e Antikonformist/in sind, ziehen esoterische Erfahrungen Sie in ihren Bann und machen Sie gelegentlich zu einer leichten Beute für Scharlatane. Ihre Eigenständigkeit und Ihr Individualismus stoßen manchmal die Leute vor den Kopf. Sie möchten niemandem etwas schuldig sein und organisieren Ihr Leben dementsprechend. Sie lieben alles Neue und haben das Bedürfnis, Dinge zu erleben, die aus dem Rahmen des Gewöhnlichen fallen, um den Alltag zu würzen, der Ihnen oft fade und langweilig vorkommt.

Liebe

Sie fordern Ausschließlichkeit von Ihrem Partner, aber uneingeschränkte Freiheit für sich selbst.

Geld/Beruf

Sie wissen sich immer zu helfen, um Ihren Geldbeutel wieder aufzufüllen.

23. März

Persönlichkeit

Als geborene/r Philosoph/in diskutieren Sie gern, vorausgesetzt, Ihre Gesprächspartner haben dieselben Wertvorstellungen wie Sie. Wenn Sie nicht den Moralapostel spielen, suchen
die Menschen Ihre Gesellschaft und zögern nicht, die Ratschläge zu befolgen, die Sie ihnen, ob sie wollen oder nicht,
offen und aufrichtig geben. Traditionen und Bräuche halten
Sie in Ehren und lassen nicht zu, dass die anderen nicht mehr
daran festhalten. Mal sind Sie sehr tolerant, mal erschrecken
Sie Ihre Mitmenschen mit maßloser Strenge. Sie haben eine
patriarchalische Ader und schwanken zwischen Unnachgiebigkeit und Nachsicht. Die Menschen, die Ihre Definition von
Anstand nicht respektieren, müssen sofort das Feld räumen.

Liebe

Sie sind großzügig und befolgen bei Ihren Handlungen eine
eigene Moral; Sie neigen zur Schüchternheit.

Geld/Beruf

Mit ein wenig mehr Methode und Geduld kommen Sie zu
wesentlich besseren Ergebnissen.

24. März

Persönlichkeit

Sie sind überaus neugierig und wissensdurstig und haben sich von Kindheit an die Fähigkeit zum Staunen bewahrt. Wenn Sie einen Ort betreten, weht ein Hauch von Frühling durch den Raum. Ihre Lebenslust, gepaart mit Ihrem eisernen Willen, macht Sie zu einem Menschen, mit dem man gern zusammen ist. Dennoch lösen Sie gern Debatten aus, die Sie manchmal mit etwas übertriebener Leidenschaft und Offenheit führen, was Ihren Gesprächspartnern nicht immer zu gefallen scheint. Sie sind ein/e große/ Träumer/in, und der Alltag kommt Ihnen im Vergleich zu dem, was sich in Ihrer Phantasie abspielt, doch oft enttäuschend vor. Sie leben in der Gegenwart, lieben Überraschungen und legen eine bewundernswerte Entschlossenheit an den Tag.

Liebe

Sie verführen und erobern gern, aber Ihre Unbeständigkeit erschwert eine dauerhafte Liebesbeziehung.

Geld/Beruf

Sie verfügen über eine große Anpassungsfähigkeit an Ihre berufliche Situation.

25. März

Persönlichkeit

Sie sind ausgesprochen unabhängig und völlig eigenständig, führen Ihr Leben ganz nach der eigenen Vorstellung und scheuen sich nicht, den Menschen in Ihrem Umfeld klarzumachen, dass nur Sie das Sagen haben. In vernünftigem Maße ehrgeizig und entschlossen, Ihre Ziele zu erreichen, werden Sie kampflustig, wenn es darum geht, Hindernisse, die sich Ihnen entgegenstellen, aus dem Weg zu räumen. Sie sind geistig flexibel, diplomatisch, ein perfekter Schiedsrichter in Konfliktsituationen und ein geborener Vermittler bei Geschäften. Ihre Gemütszustände haben Sie immer unter Kontrolle. Sie wollen die Karriereleiter erklimmen, und zwar ausschließlich mit Hilfe Ihrer Talente und Fähigkeiten. Vorsicht vor der Überanstrengung, die Ihnen Ihr ständiges Streben nach Erfolg bescheren könnte.

Liebe

In der Liebe sind Sie, wie auch sonst, integer und streben nach Vollkommenheit.

Geld/Beruf

Sie verwalten Ihre Finanzen auf verantwortungsvolle Art und haben einen wahren Riecher für Investitionen.

26. März

Persönlichkeit

Sie lassen sich von Vernunft und Disziplin leiten und verwalten Ihr Leben wie andere eine Firma, das heißt mit großer Strenge. Sie handeln nie aus dem Bauch heraus; all Ihre Entscheidungen sind durchdacht und vorsichtig. Wenn Sie sich allerdings für ein Projekt engagieren, dann geben Sie nicht auf, egal, was passiert. Wenn Sie auf Schwierigkeiten stoßen, strecken Sie Ihre Feinde nieder und verfolgen Ihren Weg bis zum Ende. Sie haben gern die Zügel in der Hand, denn die Position des Chefs ermöglicht es Ihnen, Ihre Führungsqualitäten auszuleben und zu zeigen, was Ihr überaus gut strukturiertes Gehirn alles kann. Als Perfektionist hassen Sie Unordnung sowohl im Berufs-, als auch im Sozial- oder Familienleben. Sie verabscheuen es, wenn man Sie warten lässt, und Sie meiden Menschen, deren Leidenschaft an Überspanntheit grenzt.

Liebe

Sie werden gern geliebt und sind ehrlich, wenn Sie sich in der Liebe engagieren.

Geld/Beruf

Da Sie Überraschungen in Ihrem Budget hassen, verwalten Sie Ihre Geschäfte mit besonderem Geschick.

27. März

Persönlichkeit

Ungeachtet Ihrer natürlichen Neigung zu jeder Form von Aktivität und Bewegung haben Sie häufig das Bedürfnis, sich von der Außenwelt abzuschirmen. Diese zyklischen Rückzüge ermöglichen es Ihnen, über den Sinn des Lebens nachzudenken, zu meditieren und eine gewisse Stufe von Weisheit zu erlangen. Da Sie eher reserviert sind, drängen Sie sich niemandem auf, Sie warten lieber geduldig darauf, dass die Menschen auf Sie zukommen. Bei Diskussionen mit den Personen Ihres Umfelds philosophieren Sie gern über die großen existenziellen Fragen. Sie sind zwar sehr lebhaft, sind aber dennoch in der Lage, Ihre Impulse zu zügeln und jede Situation zu analysieren, bevor Sie sich sowohl im Berufs- als auch im Liebesleben engagieren. Wenn man Sie näher kennenlernt, gewinnen Sie durchaus: Hinter Ihrer Distanziertheit verbirgt sich eine großartige, tiefgründige Persönlichkeit.

Liebe

Sie sind spröde und vorsichtig und wählen Ihren Partner mit Umsicht.

Geld/Beruf

Da Sie vorausschauend und genügsam sind, wirtschaften Sie sparsam auch im Berufsleben.

28. März

Persönlichkeit

In Ihrem Kopf wimmelt es ununterbrochen von Projekten und neuen Ideen, und Sie gehen ihnen mit viel Schwung und Vitalität nach. Ihre Kreativität und Ihr Einfallsreichtum ermöglichen es Ihnen, wieder auf die Füße zu fallen, wenn Sie einmal in der Klemme stecken. Sie sind spontan und impulsiv und nehmen das Leben, wie es kommt, indem Sie sich jeweils den Umständen anpassen. Sie sind energisch und unternehmungslustig; gern spielen, spekulieren und gehen Sie Risiken ein. Sie wissen sich in jeder Situation selbst zu helfen: Sie kennen Tausende von Tricks und Kniffen, und Sie wenden sie ohne Zögern an, um sich das Leben leichter zu machen. Veränderung in jeder erdenklichen Form, unvorhergesehene Ereignisse und Gefahr – weit davon entfernt, Ihnen Angst zu machen – stacheln Ihren Hunger nach Neuem an und stimulieren Ihren Scharfsinn.

Liebe

Als einfallsreicher Liebespartner versuchen Sie, die Liebe nicht allzu ernst zu nehmen.

Geld/Beruf

Ihre Begeisterung und Ihre Impulsivität bringen Sie manchmal unversehens ins Schlittern.

29. März

Persönlichkeit

Sie haben ein ungestümes Temperament und sind sowohl psychisch als auch physisch und sexuell mit einer furchterregenden Energie ausgestattet. Wenn Sie ausgeglichen und in Harmonie leben möchten, müssen Sie diese Energie kanalisieren, sie im Zaum halten und in der Lage sein, ihren Überschuss regelmäßig herauszulassen, denn sonst besteht die Gefahr, dass Sie aggressiv und bösartig werden, sowohl sich selbst als auch den anderen gegenüber. Sie vertrauen rückhaltlos auf sich selbst und gehen Ihren Weg mit Entschlossenheit und Mut, immer auf der Suche nach neuen Abenteuern, neuen Plänen, neuen Herausforderungen. Mit Sanftmut kann man bei Ihnen alles erreichen, aber sobald man sich untersteht, Ihnen etwas zu befehlen oder von Ihnen ein bestimmtes Verhalten zu fordern, lehnen Sie sich auf.

Liebe

Sie legen viel Großzügigkeit und Begeisterung an den Tag.

Geld/Beruf

Man sollte lieber warten, bis man gewonnen hat, bevor man ans Feiern denkt.

30. März

Persönlichkeit

Sie sind äußerst charismatisch und haben die Gabe, die Menschen in Ihren Bann zu ziehen, besonders durch Ihren Blick. Für Sie sind die innere Schönheit eines Menschen sowie seine Art zu denken und zu urteilen weit wichtigere Kriterien als die äußere Erscheinung, der Sie übrigens nur geringe Bedeutung beimessen. Von Neugier angetrieben, wollen Sie immer alles wissen, und zwar sofort. Geistesarbeit ist Ihr Terrain, und Ihr Wissensdurst wird von einer stets wachsamen Kampflust genährt. Sie sind ein intelligenter und intuitiver Mensch, zugleich rational und scharfsichtig; Ihre Mitmenschen holen gern Ihre Meinung ein, bevor sie eine Entscheidung fällen.

Liebe

Sie sollten mehr auf die Schwingungen Ihres Körpers hören.

Geld/Beruf

Sie investieren immer all Ihre Energie und all Ihre Lebenskräfte.

31. März

Persönlichkeit

Sie sind robust und zäh und für Ihre Umwelt wie ein Fels in der Brandung. Man kann Sie kaum aus der Fassung bringen, da Sie für ein Problem immer mehrere Ersatzlösungen parat haben. Sie sind eigensinnig und beharrlich, fassen ein Ziel ins Auge und setzen alles daran, um es zu erreichen. Sie sind bodenständig und besitzen ausgesprochene Führungsqualitäten. Aufgrund Ihrer Entschlossenheit und Ihres unerschütterlichen Erfolgshungers sucht man Sie gern auf, um Energie und Mut zu tanken. Dickköpfig bis hin zur Halsstarrigkeit, ist es fast unmöglich, Sie dazu zu bewegen, Ihre Meinung zu ändern. Sie sind ehrlich, direkt, loyal und integer und verabscheuen Lügen, Scheinheiligkeit und Hintergedanken.

Liebe

Sie sind stürmisch, feurig und draufgängerisch und lieben alles Neue. Routine ist für Sie ein Greuel.

Geld/Beruf

Wenn Sie genauso viel Reflexionsfähigkeit aufbieten wie Energie, wird alles bestens laufen.

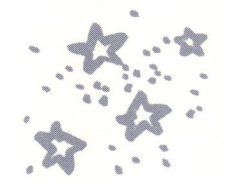

April

1. April

Persönlichkeit

Sie gehen gern Risiken ein, aber Ihre Impulsivität lässt Sie manchmal über das Ziel hinausschießen. Folglich müssen Sie sich dann mit Problemen aller Art herumschlagen, die Sie lösen, indem Sie sich sagen, dass morgen alles anders aussehen wird. Sie bekommen gern Komplimente, lassen sich auch für Ihre Siege gern loben, die Sie großzügig mit den anderen teilen. Sie sind immer auf der Suche nach neuen Herausforderungen und verabscheuen regelrecht Untätigkeit und Faulenzerei. Aufgrund Ihrer Vielseitigkeit fällt es Ihnen nicht leicht, einen bestimmten Berufszweig auszuwählen, denn Sie werden unwiderstehlich von zahlreichen Tätigkeitsbereichen angezogen. Sie haben viele Fähigkeiten, die Sie ständig weiterentwickeln.

Liebe

Sie haben eine Vorliebe für intensive Beziehungen, die Ihr Bedürfnis nach starken Empfindungen stillen.

Geld/Beruf

Ihr Credo lautet unbestritten: »Geld macht man mit Geld.«

2. April

Persönlichkeit

Bei Ihnen sind Körper und Geist im Gleichgewicht, und dieses Gleichgewicht äußert sich auch auf finanzieller Ebene. Sie haben ein liebenswürdiges Wesen, sind offen und aufmerksam. Sie können gut zuhören, schweigen wie ein Grab, wenn man Ihnen etwas anvertraut, geben ausgezeichnete Ratschläge, geben jedoch nicht gern etwas von sich preis. Sie sind introvertiert und ziehen es vor, zu beobachten und zuzuschauen, statt sich selbst zu beteiligen. Sie haben das Bedürfnis, sich gelegentlich zurückzuziehen, in der Stille neue Kraft zu schöpfen und über das Leben und die Menschen zu meditieren. Wenn es darum geht, eine Entscheidung zu fällen, verlassen Sie sich auf Ihre Intuition, und meistens irren Sie sich nicht. Von den okkulten Wissenschaften werden Sie stark angezogen und zugleich verwirrt.

Liebe

Sie offenbaren sich nur selten, aber wenn Sie es tun, dann voller Offenheit und Vertrauen.

Geld/Beruf

Sie verwalten Ihr Geld gut, auch wenn Sie manchmal kleine Einbußen hinnehmen müssen.

3. April

Persönlichkeit

Sie haben sozusagen das zweite Gesicht und können über das Sichtbare hinaussehen; Ihr Einfallsreichtum in allen Bereichen des Lebens befähigt Sie, Ideen zu entwickeln oder zu verbessern. Sie ziehen gern die Aufmerksamkeit auf sich, besonders indem Sie Diskussionen über brisante Themen auslösen. Sie sind sehr kreativ, haben einen ausgeprägten Sinn für Kunst, sind bemüht, in allem was Sie tun, Schönheit zum Ausdruck zu bringen, und zeichnen sich durch Eleganz und Anmut aus. Im Allgemeinen streben Sie nach Harmonie, wenn sie schnell hergestellt werden kann, denn Geduld ist bei weitem nicht Ihre größte Tugend. Sie mögen Bewegung, Lebhaftigkeit und sogar Hindernisse, denn letztere stacheln Ihre Vorliebe für Herausforderungen an.

Liebe

Sie schrecken wirklich vor nichts zurück, wenn es darum geht, Eroberungen zu machen.

Geld/Beruf

Um leistungsfähig zu sein, ist es unabdingbar, dass man Ihren Wert und Ihre Fähigkeiten anerkennt.

4. April

Persönlichkeit

Sie sind äußerst praktisch veranlagt, pragmatisch und bodenständig und gehören nicht zu denen, die sich Träumereien
oder Utopien hingeben; Sie glauben nur das, was Sie sehen.
Sie arbeiten unermüdlich, sind stark wie ein Bär und stur wie
ein Esel. Sie sind integer und zuverlässig und haben ein außergewöhnliches Verantwortungsbewusstsein. Sie sind eine
»Gründernatur«, Sie führen gern Projekte von der Planung bis
zur Realisierung durch, und je größer die Herausforderung ist,
umso motivierter sind Sie. Egal, mit welchen Hindernissen Sie
konfrontiert werden, Sie geben nie auf. Durch Ausdauer, Willen, Geduld und Hartnäckigkeit gelangen Sie immer an Ihr
Ziel. Energisches Auftreten und Entschlossenheit zeichnen Sie
aus: Selten fallen Sie Trübsinn und Pessimismus anheim.

Liebe

Sie haben die Gabe, heftige Leidenschaften zu erregen, die Ihrem Ungestüm Nahrung geben.

Geld/Beruf

Sie besitzen alle Vorzüge des perfekten Verwalters und wissen,
wo und wann investiert werden sollte.

5. April

Persönlichkeit

Sie gehören zu den Menschen, die in einem eher strengen Rahmen leben. Dieser gibt Ihnen Sicherheit vor der Außenwelt, die Ihnen oft unstet und anarchisch erscheint. Ihr Sinn für Ehre und Verantwortung ist außergewöhnlich gut ausgeprägt, und Sie schätzen Menschen nicht, die zugunsten ihrer sogenannten Freiheit egoistisch ihre Pflichten vernachlässigen. Sie haben einen festen Wertekanon, nach dem Sie Ihre Handlungen ausrichten – wehe denen, die sich nicht daran halten. Sie sind ein loyaler und ehrlicher Mensch, auf den man sich verlassen kann. Mit psychologischem Feingefühl ausgestattet, mischen Sie sich gern in die Angelegenheiten anderer ein und überschütten sie gutmütig mit Ihren Empfehlungen und Ihrem Trost.

Liebe

Sie sind zurückhaltend und schüchtern und gehen keine leichtfertigen Liebschaften und keine One-Night-Stands ein.

Geld/Beruf

Da Sie sowohl großzügig als auch sparsam sind, wissen Sie, wann Geben und wann Haushalten angesagt ist.

6. April

Persönlichkeit

Sie sind ständig auf der Lauer nach neuen Gelegenheiten und bewahren sich einen jungen Geist, indem Sie ihn mit Begeisterung und Träumen »nähren«. Sie fühlen sich wie im siebten Himmel, wenn Sie Herausforderungen meistern müssen, denn diese unterstützen Ihre Neigung, etwas erobern zu wollen. Verliebt in das Leben, würzen Sie es gern mit Entscheidungen, die Sie aus dem Bauch heraus treffen. Sie lieben alles Schöne, sowohl Menschen als auch Gegenstände. Ihrer analytischen Veranlagung gemäß, nehmen Sie gern die Sachverhalte auseinander, um sie besser zu verstehen. Was die Beziehungen zu Ihren Mitmenschen anbelangt, so legen Sie Wert darauf, dass man Sie richtig einschätzt. Sie haben ein ungestümes Temperament und lassen sich oft auf Verführungsspiele ein.

Liebe

Ihre Fähigkeit, die anderen hinzureißen, verbunden mit Ihrer romantischen Ader macht aus Ihnen einen wunderbaren Partner.

Geld/Beruf

Ihr finanzielles Glück ist auf Ihren unerschütterlichen Optimismus und nicht auf das Schicksal zurückzuführen.

7. April

Persönlichkeit

Sie sind sehr eigenständig, wenn nicht gar individualistisch und weigern sich, dass man auch nur irgendetwas an Ihrer Stelle tut. Sie gehen unbeirrt Ihren Weg und halten dabei die Zügel Ihres Lebens fest in der Hand. Der Chef sind Sie, und Sie erwarten, dass die Menschen in Ihrem Umfeld es wissen und respektieren. Wer nicht mit Ihnen einverstanden ist, kann seines Weges gehen; Sie brauchen ihn nicht. Von Ehrgeiz und Perfektionismus geleitet, gestalten Sie Ihr Leben mit der Härte und Unnachgiebigkeit, Sensibilität und Menschenfreundlichkeit eines Staatsoberhauptes. Mutig bis hin zur Tollkühnheit, tun Sie alles mit Kraft und Leidenschaft. Um Ihre Ziele zu erreichen, müssen Sie eine große Menge Energie aufwenden, aber Vorsicht vor Überarbeitung!

Liebe

Sie sind ein wenig dominant, und Sie ziehen Ihr Vergnügen aus der Zufriedenheit Ihres Partners.

Geld/Beruf

Als geschickter Verhandlungspartner wissen Sie genau, wann Sie sich durchsetzen und wann Sie sich zurückziehen müssen.

8. April

Persönlichkeit

Sie sind ein integrer, überaus logisch denkender Mensch und nehmen sich stets die Zeit, um ein Problem sorgfältig abzuwägen, bevor Sie eine Lösung vorschlagen. Sie haben einen ausgeprägten Gerechtigkeitssinn und respektieren Gesetz und Moral; aber Vorsicht, denn die Unparteilichkeit, die Sie unter allen Umständen an den Tag legen, grenzt manchmal an Kühle und verletzt die Sensibilität anderer. Niemand kann es mit Ihnen aufnehmen, wenn es darum geht, irgendwelche Ereignisse zu planen, zu organisieren, zu koordinieren und zu leiten, sei es ein einfaches Abendessen unter Freunden oder ein Meeting wichtiger Persönlichkeiten. In welchem Bereich auch immer, Sie überschreiten selten die Grenzen des Vernünftigen und verhalten sich eher konformistisch bei Ihren Entscheidungen. Sie haben jedenfalls das Bedürfnis, Ihre Gefühle immer unter Kontrolle zu haben.

Liebe

Sie wählen Ihre Partner eher mit Logik und Verstand aus als mit Instinkt und Leidenschaft.

Geld/Beruf

Wie ein eigensinniger Entdecker weichen Sie nie von dem Weg ab, den Sie sich vorgenommen haben.

9. April

Persönlichkeit

In Ihren Augen ist die Erde eine große Bühne, und alle Menschen, die sich auf ihr bewegen, sind Figuren, die ihre Rolle zu spielen haben. Menschliche Dramen, Kriminalgeschichten oder komische Situationen – jedes Ereignis des Alltags ist in Ihren Augen eine Bühnenbild oder ein Akt im Theaterstück des Lebens. Aufgrund Ihrer Tiefgründigkeit befassen Sie sich oft mit den großen existenziellen Fragen und versuchen, Sie mittels einer beinahe unablässigen Analyse der menschlichen Natur zu beantworten. Wenn es um Ihre Gemütsbewegungen und Ihr Privatleben geht, sind Sie eher verschwiegen, aber Sie sind immer bereit, denen zu helfen, die sich um Rat an Sie wenden. Im Allgemeinen sind Sie gesellig, dennoch haben Sie von Zeit zu Zeit das Bedürfnis, sich zurückzuziehen, um über Ihr eigenes Leben nachzudenken.

Liebe

Sie sind treu, zärtlich, aufopferungsbereit und loyal und erwarten das Gleiche von Ihrem/r Partner/in.

Geld/Beruf

Sie sparen nicht aus Geiz, sondern weil Sie keine großen Bedürfnisse haben.

10. April

Persönlichkeit

Sie zeichnen sich durch Freundlichkeit, Spontaneität und Schalkhaftigkeit aus und haben eine positive, humorvolle Vision des Lebens. Es ist Ihnen unbegreiflich, warum viele Menschen so viel Zeit auf die eigene Nabelschau verwenden, wo das Leben doch so prickelnd und abwechslungsreich ist. Ihr Sinn für Humor und eine gewisse Veranlagung zur Komik bewirken, dass man gern Ihre Gesellschaft sucht, auch wenn Ihr Humor manchmal in Ironie und Sarkasmus umschlägt. Da Sie eher ein Aussteigertyp sind, lehnen Sie zu starre Zwänge und einen zu strengen Rahmen ab; Sie ziehen Freiheit, Abenteuer und unvorhergesehene Ereignisse vor. Wenn Sie überraschend auf Hindernisse stoßen, die Ihre Pläne auf den Kopf stellen, oder wenn Sie eine Niederlage erleiden, fühlen Sie sich verwirrt und hilflos, aber dieser Zustand ist nur von kurzer Dauer: Sie packen sofort den Stier bei den Hörnern.

Liebe

Sie brauchen Veränderung und Abenteuer; Sie verabscheuen komplizierte Beziehungen.

Geld/Beruf

Da Sie unkompliziert sind, passen Sie sich mühelos an jede Situation an.

11. April

Persönlichkeit

Sie sind mit außerordentlichen Fähigkeiten ausgestattet und in der Lage, zugleich sanft und standhaft, dynamisch und unaufgeregt, ehrgeizig und ohne Heimtücke zu sein. Sie haben ein derartiges Charisma, dass man Ihnen kaum widerstehen kann. Die starke Energie, die Sie beseelt, führt Sie dazu, Ihren Idealen nachzustreben und immer neue Herausforderungen anzunehmen. Die Wörter »verlieren« und »Niederlage« gehören nicht zu Ihrem Wortschatz, sie lassen Sie vielmehr die Geduld verlieren, wenn man sie vor Ihnen gebraucht. Ihre große Anziehungskraft ermöglicht es Ihnen, fast immer die Kontrolle über Situationen und Menschen zu übernehmen. Sie erobern gern, es ist Ihnen sogar ein Bedürfnis; aufgrund Ihrer Entschlossenheit, die durch Ihre verblüffende Energie gefördert wird, können Sie jede Art von Siegen anhäufen.

Liebe

Für Sie gibt es die ideale Liebe; Sie tun alles, was in Ihrer Macht steht, um ihr zu begegnen.

Geld/Beruf

Ihre Energie und Ihre Ausdauer garantieren Ihnen sowohl beruflichen als auch finanziellen Erfolg.

12. April

Persönlichkeit

Für die Menschen in Ihrer Umgebung symbolisieren Sie wie der Regenbogen die Hoffnung auf Veränderung, auf etwas Positives, Harmonisches. Sowohl auf familiärer als auch auf beruflicher und sozialer Ebene sind Sie immer bereit, anderen zu helfen, ihnen einen Gefallen zu tun, Ihnen zuzuhören und Mut zu machen. Man könnte sogar fast sagen, dass Sie nur für das Glück und das Wohlbefinden der anderen leben. Übrigens räumen Sie ihm Priorität vor den eigenen Bedürfnissen und Wünschen ein. Da Sie sich gegen Ausbeuter und Opportunisten nicht energisch genug zur Wehr setzen können, leiden Sie oft unter Ängstlichkeit. Sie sind großzügig und wohlwollend und gehören zu denjenigen, die sich für große Ideale einsetzen und einen Teil ihres Lebens damit verbringen, die Menschen zu verteidigen, die unfähig sind, es selbst zu tun.

Liebe

Sie sind zuvorkommend, großzügig und umgänglich; Sie geben gern und machen einem bereitwillig eine Freude.

Geld/Beruf

Da Sie anderen helfen wollen, befinden Sie sich manchmal in finanziellen Schwierigkeiten.

13. April

Persönlichkeit

Bei Ihnen ist immer etwas los, und meistens geht es dabei auch noch schnell zu. Sie gehören zu den unternehmungslustigen Menschen, für die ein Leben ohne irgendeine Tätigkeit und Bewegung völlig unvorstellbar ist. In Ihrem Fall ist Veränderung wirklich die Würze Ihres Lebens, der Motor, der Sie antreibt. Tätigkeit inspiriert Sie, regt Ihre Entschlossenheit an und fördert Ihre Neigung, Herausforderungen anzunehmen. In keinem Bereich Ihres Lebens haben Sie Angst, Entscheidungen zu treffen, und sobald Sie diese getroffen haben, kann man Sie kaum noch umstimmen. Sie haben ständig das Bedürfnis, gegen Regeln zu verstoßen, um neue zu schaffen, aber Sie nehmen durchaus auch die Trauer auf sich, die mit solchen Veränderungen einhergeht, selbst wenn sie Sie manchmal durcheinanderbringt.

Liebe

Sie nehmen sich Zeit, um einen Partner auszuwählen, der Ihnen dann allerdings lange erhalten bleibt.

Geld/Beruf

Wie die Ameise in La Fontaines Fabel, sparen Sie in guten Zeiten, um die schlechten besser überstehen zu können.

14. April

Persönlichkeit

»Leben und leben lassen«, lautet Ihre Devise. Sie wissen, dass Sie nur einmal leben, und Sie haben vor, Ihr Leben mit den kleinen und den großen Freuden, die es Ihnen bietet, in vollen Zügen zu genießen. Sie meiden instinktiv Menschen, die irgendwie Gefallen daran finden, sich sämtliche Probleme dieser Welt aufzubürden. Sie sind zwar immer bereit, denen zu helfen, die gesundheitliche oder psychische Schwierigkeiten haben, aber Sie dulden auf keinen Fall Selbstmitleid. Da Kommunikationsfähigkeit eine Ihrer Stärken ist, haben Sie kein Problem damit, private, gesellschaftliche oder berufliche Beziehungen aufzubauen. Sie sind versöhnlich und nachsichtig, leben gern in Frieden, Harmonie und Ausgeglichenheit und träumen von einer Spiel- und Vergnügungsgesellschaft.

Liebe

Als angenehmer Zeitgenosse sind Sie liebenswert, aber Ihre Unstetigkeit schadet Ihren Beziehungen.

Geld/Beruf

Sie sind zwar versöhnlich, vertrauen aber auf Ihre Fähigkeiten und stoßen gern die festgefügte Ordnung um.

15. April

Persönlichkeit

Sie haben eine faszinierende Aura und lenken die Aufmerksamkeit auf sich, egal wo Sie gehen. Sie haben eine ungeheuer charismatische Ausstrahlung und ziehen alle Menschen in Ihren Bann, die Ihnen über den Weg laufen. Sie wissen ganz genau, wie Sie Ihre Anziehungskraft einzusetzen haben, um von den anderen das zu bekommen, was Sie möchten, in welchem Bereich auch immer. Sie sind ein ausgesprochen sinnlicher Mensch, handeln instinktiv und folgen immer Ihren Impulsen. Dieses unüberlegte Verhalten kann manchmal Wunden aufreißen, die aber durch den Balsam neuer Leidenschaften schnell vernarben. Sie sind spontan, bauen zwischenmenschliche Beziehungen in Rekordzeit auf und möchten gern Ihren Einfluss auf die anderen ständig unter Beweis stellen. Seien Sie trotzdem vorsichtig: Ihre Unstetigkeit könnte Ihnen ein Schnippchen schlagen.

Liebe

Aufgrund Ihrer ausgeprägten Erotik sind Sie ein/e leidenschaftliche/r, sehr sinnliche/r Liebhaber/in.

Geld/Beruf

Ihr Ungestüm verführt Sie zu extravaganten und unnützen Geldausgaben.

16. April

Persönlichkeit

Fieberhafte Tätigkeit, Kampf, Engagement, Herausforderungen und Leistungsdruck sind zwar Verhaltensweisen, die absolut zulässig und löblich sind, die jedoch überdacht und überprüft werden sollten, bevor sie in Angriff genommen werden, wenn sie zu einem positiven Ergebnis führen sollen. Sie mögen Herausforderungen, verfügen über eine gewisse Risikofreudigkeit, über Weitblick und einen fast maßlosen Ehrgeiz. Stolz wie ein Pfau schreiten Sie einher, Sie weigern sich, eine Niederlage in Betracht zu ziehen, und es fällt Ihnen wahnsinnig schwer, einzugestehen, dass Sie unrecht haben. Große, unüberwindliche Hindernisse, die sich Ihnen entgegenstellen, spornen in der Regel nur Ihren glühenden Ehrgeiz an, zu erobern, zu besitzen und zu besiegen.

Liebe

Die Gefühle und Empfindungen Ihres Partners sind Ihnen sehr wichtig.

Geld/Beruf

Wenn Sie vor dem Geldausgeben etwas mehr überlegen würden, könnten Sie reicher sein.

17. April

Persönlichkeit

Unter den Menschen, die Sie gut kennen, gibt es bestimmt viele, die denken, Sie seien ein Engel, der vom Himmel gekommen ist, um seine Hand auszustrecken, zu helfen, zu unterstützen, zuzuhören und diejenigen zu lieben, die sich in Schwierigkeiten befinden, denen es an Zuneigung fehlt, oder die das Bedürfnis haben, ihr Herz auszuschütten. Als Idealist, Altruist und Optimist sind Sie der Sonnenschein für die Menschen in Ihrem Umfeld. Auch wenn Sie oft feststellen müssen, dass das Leben nicht immer rosig ist und die Menschen nicht immer nett sind, träumen Sie weiterhin von gegenseitiger Hilfe, allseitiger Liebe und menschlicher Güte. Von Freunden umringt gehen Sie mit guter Laune, positiver Einstellung, Humor und Wohlgefühl durchs Leben. Sie sind ein loyaler, zuverlässiger Mensch, auf den man wirklich zählen kann.

Liebe

Ihr/e Partner/in sollte die gleichen Werte und Tugenden wie Sie haben.

Geld/Beruf

Sie haben eine gleichgültige, wenngleich nicht ganz uneigennützige Einstellung zum Geld.

18. April

Persönlichkeit

Sie haben eine ausgesprochene künstlerische Ader, gestalten gern Gegenstände und das Leben und realisieren bereitwillig Projekte. Ihre überschäumende Phantasie lässt Sie ständig zwischen Vergangenheit, Gegenwart und Zukunft hin und her pendeln. Sie sind zwar konservativ in allem, was mit traditionellen familiären Werten zu tun hat, aber Sie kommen trotzdem nicht umhin, die Zukunft auf Ihre ganz persönliche Art aufzubauen. Die Gegenwart, Ihr Alltag sind der Anker, der Sie am Abtreiben hindert und Ihnen ein unentbehrliches Sicherheitsgefühl verleiht. Sie hängen sehr an Ihren Gewohnheiten und mögen es überhaupt nicht, wenn man Ihren Tagesablauf durcheinanderbringt. Sie umsorgen und verwöhnen gern die Menschen in Ihrem Umfeld und neigen manchmal dazu, sie überzubehüten.

Liebe

Sie sind liebevoll, binden sich leicht und überraschen und verwöhnen gern Ihre Bezugsperson.

Geld/Beruf

Für Sie gibt es nur einzige Art, um zu Geld zu kommen: durch harte Arbeit.

19. April

Persönlichkeit

Sie sind großzügig und gutmütig, opfern sich gern für andere auf und gehen dabei sogar so weit, dass Sie Ihre eigenen Wünsche und Bedürfnisse vernachlässigen. Sie sind begeisterungsfähig und nehmen Ihr Leben mit Schwung und Leidenschaft in die Hand. Sie streben weder nach Reichtum noch nach Ruhm, sondern eher nach einem harmonischen Leben, das von Frieden und innerer Ruhe geprägt ist. Da Ihr Hauptziel im Leben darin besteht, das Glück in all seinen Formen zu finden und festzuhalten, meiden Sie aggressive, komplizierte und negative Menschen, allerdings nicht ohne zuvor versucht zu haben, Ihnen die schönen Dingen des Lebens nahezubringen. Sie sind spontan und offen: Für Ihre Mitmenschen sind Sie ein offenes Buch. Oft leiden Sie unter Ihrer eigenen Sensibilität. Sie sind heiter und sind oft der Sonnenschein im Leben Ihrer Mitmenschen.

Liebe

Sie sind romantisch veranlagt und haben die Seele eines Eroberers; als Pazifist/in suchen Sie Harmonie.

Geld/Beruf

Um Ihre Höchstleistung zu erbringen, sind Sie auf die Wertschätzung Ihrer Mitarbeiter angewiesen.

20. April

Persönlichkeit

Von Natur aus sind Sie optimistisch, neigen ein wenig zur Theatralik und haben gern Publikum. Darum sind Sie ständig von bekannten und unbekannten Menschen umgeben, die Sie durch Ihre Spontaneität und Ihren feurigen Charakter in Ihren Bann ziehen. Sie leben mit großer Intensität und genießen jeden Augenblick; wenn Ihre Handlungen und Reaktionen manchmal etwas übertrieben sind, so drückt man gern ein Auge zu. Ihre Phasen der Niedergeschlagenheit und der Depression entsprechen Ihren Phasen der Überschwänglichkeit und der Leidenschaft, das heißt, sie werden im Übermaß ausgelebt. Wenn Sie sich an die Menschen wenden, vermitteln Sie ihnen stets den Eindruck, sie seien für Sie das Wichtigste auf dieser Welt, und Sie versuchen, das Beste aus ihnen hervorzuholen.

Liebe

Sie sind gesellig und neugierig, flattern gern von Blume zu Blume und legen sich nur ungern fest.

Geld/Beruf

Da Sie Herausforderungen und Wettstreit mögen, eignen Sie sich besonders gut für eine Anstellung in einem Unternehmen.

21. April

Persönlichkeit

Sie sind verliebt in alles, was schön, edel und harmonisch ist, Sie streben nach nichts Geringerem als Vortrefflichkeit und Perfektion. Sie sind stolz auf Ihre Stärken und Fähigkeiten und sind sich Ihrer Schwächen bewusst. Sie engagieren sich erst dann für ein Projekt oder nehmen erst dann eine Herausforderung an, wenn Sie sich sicher sind, dass Sie Erfolg haben werden. Wie jedermann ärgern Sie sich über Niederlagen, aber wenn Sie verlieren, was immerhin gelegentlich vorkommt, dann tun Sie das mit ruhigem Gewissen und Souveränität. Im Alltag stellen Sie eine bemerkenswerte Seelengröße unter Beweis gegenüber Menschen, die schwächer und ärmer sind als Sie selbst. Beharrlich und entschlossen, sich von der Masse abzuheben, arbeiten Sie hart und verlieren nie Ihre bisweilen kühnen Ziele aus den Augen.

Liebe

Sie sind sehr empfänglich für Liebesbezeigungen und wissen, wie man sich rar macht.

Geld/Beruf

Sie sind arbeitsam und ausdauernd, Sie mögen den Luxus, aber Sie überschreiten nicht Ihr Budget.

22. April

Persönlichkeit

Sie sind auf alles neugierig, wissbegierig, bestrebt, die Welt in all ihren Facetten kennenzulernen und träumen ständig von Reisen und Entdeckungen. Wenn Sie nicht tatsächlich reisen können, dann reisen Sie in Gedanken und durchqueren dabei die unbekannten Länder, die Sie faszinieren. Da Sie ein Draufgänger sind, neigen Sie zum Abenteuer, brauchen jedoch einen Zufluchtsort des Friedens, an den Sie sich zurückziehen können, wenn Sie das Bedürfnis nach Ruhe verspüren. Von allem fasziniert, was vom Alltäglichen abweicht, lassen Sie sich manchmal auf holprige Wege fortreißen, da Sie vor allem bestrebt sind, Ihren Alltag zu würzen, auch wenn Sie anschließend den Preis dafür zahlen müssen. Meistens lassen Sie sich im Leben von Ihrem Instinkt leiten.

Liebe

Instinktiv wissen Sie, wie Sie gut ankommen, wie Sie jemanden verführen und um den Finger wickeln können, und mit diesem Instinkt gehen Sie verschwenderisch um.

Geld/Beruf

Sie geben gern Geld aus, aber Sie besitzen einen ausgeprägten Sinn fürs Sparen und Planen.

23. April

Persönlichkeit

Sie sind realistisch und bodenständig und glauben nur an das, was Sie sehen. Sie lassen im Leben Ihre Vernunft sprechen und reagieren eher skeptisch, wenn nicht gar mit Ironie auf kitschige Liebesfilme oder -romane. Ein schönes, gutes Leben ist für Sie wie ein Haus, das auf soliden Fundamenten, mit Geduld, Beharrlichkeit und Entschlossenheit gebaut wird. Ebenso glauben Sie, dass jeder seines Glückes Schmied ist und dass glückliche Zufälle letztlich nur das Ergebnis harter Arbeit sind. Sie sind zwar gesellig, haben aber nicht das Bedürfnis, sich ständig mit Menschen zu umgeben, um glücklich und zufrieden zu sein. Bis zu einem gewissen Grad sind Sie tolerant und im Allgemeinen bereit, Fehler zu verzeihen, solange sie nicht Ihren unantastbaren Wertekodex verletzen.

Liebe

Eine Liebesbeziehung schätzen Sie sowohl unter ihrem materiellen als auch unter ihrem gefühlsmäßigen Aspekt ein.

Geld/Beruf

Sie sollten stets wissen, wie Sie Ihre Überzeugungskraft anderen gegenüber am besten nutzen können, ohne dabei ihre Werte zu verletzen.

24. April

Persönlichkeit

Ihre Jugendfrische und Entschlossenheit treiben Sie auch dann an, wenn Sie von innerer Unruhe gepackt sind. Diese Flamme der Begeisterung lodert dank Ihrem neugierigen Geist und Ihrer Liebe für die Vielfalt des Lebens. Angst ist für Sie ein beinahe unbekanntes Gefühl. Sie vertrauen auf Ihr Schicksal und beschäftigen sich begeistert mit Sinnfragen. Sie haben alle wichtigen Trümpfe in der Hand, um sich den Erfolg in allen Lebensbereichen zu sichern. Ihre Energie, Ihr Eroberungsdrang sowie Ihr Glaube an das Leben sind Ihre wertvollsten Hilfen: Sie ermöglichen Ihnen, gefährliche Klippen geschickt zu umschiffen und den Fallen des Alltags auszuweichen.

Liebe

Für Sie ist Liebe die Essenz des Lebens und Ihre absolute Priorität.

Geld/Beruf

Wenn Sie Ihren Sinn für globale Zusammenhänge schärfen, werden sich Ihnen die Türen öffnen.

25. April

Persönlichkeit

Sie wissen, dass Sie immer alles haben können, was Sie brauchen, und zwar genau in dem Moment, in dem Sie es brauchen, denn Sie setzen alles daran, um sich durchzusetzen. Sie sind sich Ihrer selbst und Ihrer Fähigkeiten sicher, Sie lieben innere und äußere Ruhe. Sie freuen sich sehr, die Früchte Ihres Erfolgs zu ernten, denn Sie wissen, dass sie sie Ihren Leistungen und Ihrer Beharrlichkeit verdanken. Veränderungen machen Ihnen keine Angst; dennoch fragen Sie die Menschen, die Ihnen am nächsten stehen, um Rat, bevor Sie wichtige Entscheidungen treffen. Im Allgemeinen suchen Sie in Ihren Beziehungen nach der Harmonie, die alle dazu anregt, einmütig in dieselbe Richtung zu schauen. Sie verabscheuen Konflikte, Missverständnisse und schlechte Laune.

Liebe

Aus dem Bedürfnis heraus, zu lieben und geliebt zu werden, verzetteln Sie sich manchmal in der Liebe.

Geld/Beruf

Obwohl Sie teamfähig sind, ziehen Sie es gewöhnlich vor, allein zu arbeiten.

26. April

Persönlichkeit

Sie haben einen starken, energischen Charakter und scheinen unnachgiebig zu sein; aber hinter dem bisweilen etwas schroffen Gehabe versteckt sich Ihr ausgeprägter Gerechtigkeitssinn. Sie haben Selbstvertrauen und große innere Stärke, Sie lassen sich selten zu emotionalen Ausbrüchen hinreißen, denn Sie versuchen immer, eine Situation rational zu analysieren, bevor Sie sich entmutigen lassen. Sie sind bemüht, sich klar und eindeutig auszudrücken, damit Ihre Mitteilungen nicht missverstanden werden. Sie gehen systematisch und logisch vor und mögen Ordnung und Disziplin. Es fällt Ihnen sehr schwer zuzugeben, dass Sie im Unrecht sind; Sie haben den Eindruck, dass Sie damit Ihre Führungsposition beeinträchtigen.

Liebe

Sie sind realistisch und spötteln über Leidenschaft und Liebe auf den ersten Blick.

Geld/Beruf

Ihre Vorliebe für Luxus und materiellen Besitz ist die Triebkraft Ihres Erfolges.

27. April

Persönlichkeit

Sie haben ein aufrichtiges, loyales Wesen, sind jedoch ziemlich dickköpfig. Sie können es nicht leiden, wenn man Ihnen sagt, was Sie zu tun haben, und noch weniger, wie Sie es zu tun haben. Sie sind gesellig und umgänglich, schätzen dennoch die Einsamkeit und die Stille, die es Ihnen ermöglichen, über den Sinn des Lebens nachzudenken und Ihre Projekte reifen zu lassen. Sie träumen davon, mehr Weisheit zu erlangen, um in der Lage zu sein, die menschliche Natur besser zu verstehen. Geduldig und beharrlich verfolgen Sie Ihre Ziele – langsam, aber bestimmt. Sie treffen nicht gern Entscheidungen, denn Sie befürchten, nicht wiedergutzumachende Fehler zu machen. Sie sind redegewandt und schätzen Diskussionen unter Freunden, solange Sie nicht in erbitterten Streit ausarten. Als wahrheitsliebender Mensch sind Ihnen Lügner und Heuchler zuwider.

Liebe

Sie flirten zwar gern, messen aber der Liebe einen großen Wert bei.

Geld/Beruf

Ihre Neigung, verschwenderisch mit Geld umzugehen, ist oft der Grund für die Unausgeglichenheit Ihres Budgets.

28. April

Persönlichkeit

Sie sind dynamisch, schelmisch, witzig und sehr erfinderisch und eine ausgesprochene Führernatur. Als vielseitiger Mensch besitzen Sie zahlreiche Talente, die es Ihnen ermöglichen, sich an sämtliche Situationen anzupassen und Veränderungen positiv ins Auge zu fassen. Sie sind immer von zahlreichen Freunden umgeben und interessieren sich für jeden so intensiv, als wäre er der Einzige. Sie sind aber auch ziemlich gerissen und opportunistisch und haben das Talent, oft zur richtigen Zeit am richtigen Ort zu sein. Ihre vielschichtige Persönlichkeit und Ihr Widerwillen gegen Monotonie lassen Sie oft mehrere Projekte gleichzeitig in Angriff nehmen. Sie sind überaus dickköpfig, hassen es, im Unrecht zu sein, und verabscheuen es, wenn man Ihnen Ratschläge gibt. Da Sie zu Wankelmut und Undiszipliniertheit neigen, fällt es Ihnen schwer, sich zu fügen und an Regeln zu halten. Wenn Sie mit dem Herzen nicht dabei sind, ziehen Sie ein Bohemeleben vor.

Liebe

Für Sie sind Raffinesse, Sanftheit, Sinnlichkeit und Erotik absolute Notwendigkeiten.

Geld/Beruf

Ihre Flexibilität ist der höchste Trumpf für Ihren Aufstieg.

29. April

Persönlichkeit

Sie sind eigenständig und unabhängig und laufen nicht mit der Herde. Sie haben Ihre eigenen Ideen und Arbeitsmethoden. Sie sind sehr aktiv, um nicht zu sagen hyperaktiv, und verspüren ständig das Bedürfnis, sich zu bewegen, zu kämpfen, sich selbst und die anderen herauszufordern. Ihre Wünsche und Ambitionen erscheinen oft unrealistisch, aber wider Erwarten gelingt es Ihnen meistens, sie zu verwirklichen – dank Ihrem grenzenlosen Selbstvertrauen und Ihrer erstaunlichen Kühnheit. Sie sind sehr ungeduldig und finden es entsetzlich, wenn Sie, aus welchem Grund auch immer, warten müssen. Sie verfügen über Intuition und Impulsivität und neigen manchmal dazu, das Pferd von hinten aufzuzäumen und Resultate vorweisen zu wollen, bevor Sie überhaupt die nötigen Anstrengungen unternommen haben.

Liebe

Ihre Fähigkeit, die anderen für sich einzunehmen, und Ihr Charme sichern Ihnen den Erfolg in der Liebe.

Geld/Beruf

Da Sie unabhängig sind und sich durchsetzen können, eignen Sie sich für eine Führungsposition.

30. April

Persönlichkeit

Sie bringen allem, was sich um Sie herum ereignet, Aufmerksamkeit und Interesse entgegen; dank Ihrem Scharfblick erraten Sie, was die Menschen zu verbergen versuchen. Da Sie ein wenig manipulatorisches Geschick haben, bedienen Sie sich manchmal dieser Fähigkeit, um sich den richtigen Menschen im richtigen Moment zu präsentieren und somit das zu bekommen, was Sie wollen. Sie sind sehr flexibel und intelligent und immer bestrebt, Ihre Allgemeinbildung zu vertiefen und Ihre maßlose Neugier zu stillen. Wenn Sie ein Projekt in Angriff nehmen, ziehen Sie es unbeirrt durch und scheuen keine Mühen, allerdings erst nachdem Sie den Weg erkundet haben, dem Sie folgen wollen. Mit Ihrem freundlichen Wesen wickeln Sie aufgrund Ihrer vielfältigen Talente die anderen um den Finger.

Liebe

Sie sind bodenständig und mögen die Spiele der Liebe, auch wenn Sie keine besonders ausgeprägte romantische Ader haben.

Geld/Beruf

Sie sollten Ihre Intelligenz nutzen, um Brücken zwischen Ihnen und den anderen zu schlagen.

Mai

1. Mai

Persönlichkeit

Da Sie aufgeweckt, geistreich, pfiffig, gewöhnlich sehr kultiviert, verführerisch, taktvoll, schlau und gewitzt sind, haben Sie sämtliche Trümpfe in der Hand, um Ihr Leben zu meistern. Sie sind neugierig und wissensdurstig, interessieren sich für alles und spüren, dass Ihre Fähigkeiten und Möglichkeiten unbegrenzt sind. Ihre größte Schwäche ist wahrscheinlich die Unfähigkeit, den Dingen auf den Grund zu gehen; gewöhnlich begnügen Sie sich mit einer oberflächlichen Kenntnis. Sie sind immer da für Ihre Freunde, hören Ihnen zu und erteilen Ihnen gute Ratschläge; Sie scheuen sich auch nicht, etwas zu kritisieren oder eine abweichende Meinung zu äußern. Sie sind freundlich und gesellig, mögen es allerdings nicht, wenn man Ihnen ins Gehege kommt oder sich in Ihre Angelegenheiten einmischt.

Liebe

Sie sind sensibel, ja sogar verletzbar. Sie brauchen einen Partner, der Ihnen Kraft gibt.

Geld/Beruf

Investitionen, besonders im Immobilienbereich, sind Ihr Steckenpferd.

2. Mai

Persönlichkeit

Sie sind ruhig und besonnen, ein/e große/r Denker/in und ein/e Anhänger/in der Meditation und haben eine geheimnisvolle Aura. Sie verfügen über eine ausgezeichnete Intuition und haben die Gabe, Dinge vorauszusehen, wobei Sie sich selten irren. Entschlossen und geduldig warten Sie immer auf den richtigen Moment, um zu handeln. Sie sind diskret und zurückhaltend, und das, was Sie sagen, hat Hand und Fuß. Stets sind Sie bereit, den anderen zuzuhören oder ihnen Ratschläge zu erteilen. In Stille und Ruhe lassen Sie Ihre Ambitionen heranreifen und vollenden Ihre Projekte. Sie sind ein methodischer Mensch und teilen sich Ihre Energie ein; aber wenn Sie handeln, dann mit viel Entschlossenheit, Bestimmtheit und Selbstvertrauen. Sie sind gründlich und hassen Unordnung; da Sie selbst pünktlich sind, ertragen Sie es nicht, wenn sich jemand verspätet. Niederlagen entmutigen Sie nur vorübergehend.

Liebe

Sie sind ein sinnlicher Mensch und haben ein enormes Bedürfnis nach Aufmerksamkeit, Zärtlichkeit und Schmuseeinheiten.

Geld/Beruf

Sie geben nur selten Geld aus und wenn, dann nur nach gründlicher Überlegung; Sie kennen den Wert des Geldes.

3. Mai

Persönlichkeit

Da Sie entschieden eher ein rationaler als ein leidenschaftlicher und eher ein intellektueller als ein sinnlicher Mensch sind, trifft man Sie oft in Bibliotheken oder beim Surfen im Internet an. Sie interessieren sich für alles, und meistens genügt nur ein Funke, um Ihre Neugier anzustacheln. Sie sind phantasievoll und erfinderisch und besitzen eine gute Auffassungsgabe für globale Zusammenhänge. Sie hassen es, im Unrecht zu sein; Sie sorgen sich viel zu sehr darum, was andere über Sie denken und sagen könnten. In einer Diskussion, über welches Thema auch immer, müssen Sie immer das letzte Wort haben, um sich darin zu bestärken, den anderen intellektuell überlegen zu sein. Diese Haltung ist allerdings überflüssig, da man um Sie herum Ihre Klugheit und Ihre manchmal verblüffende Intuition ohnehin anerkennt.

Liebe

Um Sie zu verführen und zu halten, muss Ihr Partner sowohl im Bett als auch im Alltag kreativ sein.

Geld/Beruf

Da Sie nur schwer die Rolle eines Untergebenen ertragen, ist selbständige Arbeit für Sie das Beste.

4. Mai

Persönlichkeit

Als Realist/in und Pragmatiker/in geben Sie sich lieber mit der Wirklichkeit und konkreten Dingen ab als mit Schimären, Träumen oder Phantasien. Sie sind zuverlässig und solide; man kann immer auf Sie zählen, denn Sie sind nicht nur ein ausgezeichnete/r Anführer/in und ein weise/r Ratgeber/in, sondern Sie halten auch Ihr Wort, Ihre Versprechen und Engagements ein. Sie gehen systematisch vor, sind hartnäckig, wenn nicht gar dickköpfig und bauen stets auf Konkretes auf. Wenn Sie sich zu etwas entschlossen haben, kann man Sie nicht mehr von Ihrem Weg abbringen, es sei denn, dass sich Ihr gesunder Menschenverstand zu Wort meldet. Wenn Sie etwas beginnen, führen Sie Ihre Aufgabe stets bis zum Ende durch. Geduld, Arbeit und Beharrlichkeit sind für Sie wichtige Werte. Sie flößen Respekt und Vertrauen ein.

Liebe

Wenn Sie sich festlegen, dann für gute wie für schlechte Zeiten, und zwar mit einer gewissen Selbstlosigkeit.

Geld/Beruf

Sie verzichten lieber auf Schnickschnack, um sich solide und dauerhafte Güter leisten zu können.

5. Mai

Persönlichkeit

Sie sind unbestechlich, gerecht und großmütig, solange man Ihnen gegenüber den Anstand wahrt. Ihre perfekten Manieren hindern Sie allerdings nicht daran, sich gelegentlich skrupellos in das Leben der anderen einzumischen. Das nimmt Ihnen aber keiner übel, da diese Einmischung stets mit dem Ziel zu helfen erfolgt. Eher widerspenstig in Bezug auf Veränderungen, setzen Sie sich misstrauisch mit der modernen Technologie auseinander, gegen die Sie oft einen gewissen Groll hegen. Sie diskutieren gern über philosophische Fragen und die großen Geheimnisse des Lebens. Da Sie aber festgefügte Vorstellungen haben, empfiehlt es sich, mit Ihnen einer Meinung zu sein!

Liebe

Sie haben das Bedürfnis, dass Ihr Partner Sie kräftig unterstützt und ermutigt.

Geld/Beruf

Man wird Sie mehr schätzen, wenn Sie lernen, Ihre Worte mit ein paar Vorbehalten einzuschränken.

6. Mai

Persönlichkeit

Aufgrund Ihrer Begeisterung, Ihres analytischen Geistes und Ihres kritischen Verstands können Sie sich in jeder Firma um jeden Posten bewerben. Mit einem einzigen Blick sind Sie in der Lage, mit großem Unterscheidungsvermögen eine Situation und ein Problem einzuschätzen oder eine Person zu beurteilen. Sie haben ein ausgeprägtes Intuitionsvermögen und erahnen sofort jede Bedrohung und jede Gefahr, als hätten Sie dafür eine besondere Antenne. Aufgrund dieser Fähigkeit können Sie Niederlagen vorbeugen oder zumindest Lösungen parat haben, wenn sich eine Gefahr abzeichnet. Sie sind friedliebend, ruhig und sehr sensibel und meiden aggressive, neurotische oder zu autoritäre Menschen. Sie sind nicht besonders ehrgeizig und verfolgen Ihre Ziele, solange Sie nicht kämpfen, sich verteidigen oder angreifen müssen, um sie zu erreichen.

Liebe

Sie sind ehrlich und standhaft, legen sich nie leichtfertig fest und erwarten Treue und Anteilnahme vom Partner.

Geld/Beruf

Scheuen Sie sich nicht, Ihre Kreativität und Ihre Phantasie bei der Arbeit zu nutzen, man wird Ihnen dafür dankbar sein.

7. Mai

Persönlichkeit

Sie gehen methodisch vor, sind gewissenhaft, eigenständig, unabhängig, bisweilen sogar individualistisch, haben eine gute Beobachtungsgabe und das Bedürfnis, sich zu verwirklichen, Verantwortung zu tragen und manchmal sogar mit den anderen in Wettstreit zu treten. Sie beherrschen die Kunst zu planen und zu organisieren. Sie gehen immer mit Methode vor, sowohl im Berufs-, als auch im Sozial- oder Liebesleben. Da Sie nicht auf den Mund gefallen sind, sagen Sie immer sehr direkt, was Sie denken. Ihre Worte mögen oft schockieren, aber niemand nimmt es Ihnen lange übel, denn Sie sind immer ehrlich und absolut nicht böswillig. Erstaunlicherweise flößt Ihr offenes Verhalten Vertrauen ein, selbst wenn es manchmal verletzend wirken kann.

Liebe

Die Liebe geht für Sie mit Gefühlsstärke und Tiefgründigkeit einher.

Geld/Beruf

Die Geschäftswelt ist Ihre Domäne.

8. Mai

Persönlichkeit

Sie zeichnen sich durch logisches Denken aus. Davon überzeugt, dass Gefühlsbezeigungen nicht dazu beitragen, Probleme zu lösen, appellieren Sie in konfliktreichen Situationen an Ihren Verstand, sogar in Liebesangelegenheiten. Sie sind besonnen und loyal und in der Lage, Ihr Unrecht einzugestehen und Ihre Fehler anzuerkennen. Da die Vernunft bei Ihnen den Vorrang hat, folgen Sie nur selten Ihren Instinkten. Sie sind eher konservativ, und man kann nicht gerade sagen, dass Sie Veränderungen mögen, aber wenn man Sie von deren Notwendigkeit überzeugt, dann lassen Sie sich darauf ein. Sie sind mit einer ausgeprägten Beobachtungsgabe ausgestattet und bemühen sich, die komplexe menschliche Natur zu verstehen.

Liebe

Sie brauchen eine Beziehung, in der Zärtlichkeit, Leidenschaft, Behaglichkeit und Wohlbefinden vereint sind.

Geld/Beruf

Sie sind ordnungsliebend und objektiv und dafür geschaffen, Teams zu leiten.

9. Mai

Persönlichkeit

Sie sind eher eigenbrötlerisch, vorsichtig, zurückhaltend, nicht gerade sehr gesprächig und hassen es, zu reden, nur um etwas zu sagen. Sie ziehen es vor, zuzuhören und zu beobachten, was um Sie herum passiert. Weise und nachdenklich, wägen Sie lange das Für und Wider ab, bevor Sie eine Entscheidung treffen. Was Freunde und Bekannte betrifft, ziehen Sie längerfristige Beziehungen – solche, die sich langsam aufbauen, dafür aber länger halten – oberflächlichen Verbindungen vor, die schnell eingegangen werden und sich nicht bewähren. Um glücklich zu sein, brauchen Sie lediglich Ruhe, Frieden und echte Freunde. Sie verbergen sich hinter keiner Maske und lieben diejenigen, die es genauso handhaben. Sie sind mitfühlend, nehmen Anteil an den Sorgen der anderen und bieten ihnen Ihre Unterstützung und Ihren Trost an. Sie geben lieber Ratschläge, als selbst welche zu bekommen.

Liebe

Statt nach Leidenschaft suchen Sie nach Seelenfrieden, Sicherheit und Behaglichkeit.

Geld/Beruf

Sie eignen sich hervorragend für die Finanzwelt und die Verwaltung von Geldern und Ersparnissen.

10. Mai

Persönlichkeit

Sie sind lebhaft und neugierig und beobachten immer sehr genau das, was um Sie herum passiert. Diese Haltung ermöglicht es Ihnen, von guten Gelegenheiten Gebrauch zu machen, wenn sie sich Ihnen bieten. Kein Detail einer Person oder einer Situation entgeht Ihnen, was die Menschen in Ihrem Umfeld sehr beeindruckt. Energisch und dynamisch, haben Sie eine Vorliebe für »action« und scheuen sich nicht vor Risiken. Mit einer großen Anpassungsfähigkeit ausgestattet, haben Sie keine Angst vor Veränderungen, im Gegenteil, Sie fordern sie geradezu heraus. Da Sie gewohnt sind, Probleme auf originelle Art zu lösen, wenden sich die Menschen oft an Sie, um Ihren Rat einzuholen. Sie lieben das Leben und das Vergnügen und haben einen subtilen Humor. Ungeachtet Ihrer Neigung, sich zu verzetteln, sind Sie eine Siegernatur.

Liebe

Zuneigungsbezeigungen und kleine Aufmerksamkeiten zählen für Sie mehr als Leidenschaft.

Geld/Beruf

Sie sind unternehmungslustig und begeisterungsfähig, haben stets Erfolg, manchmal sogar, indem Sie sich über die Regeln hinwegsetzen.

11. Mai

Persönlichkeit

Sie gehen gern Risiken ein, und Ihr Mut grenzt in manchen Momenten sogar an Waghalsigkeit. Von einer fast unerschöpflichen Energie angetrieben, fällt es einem manchmal schwer, Ihnen zu folgen. Anspruchsvoll und selbstbewusst, neigen Sie dazu, zu viel von den anderen zu verlangen und dabei zu vergessen, dass sie nicht denselben Ehrgeiz wie Sie haben. Sie haben das ständige Bedürfnis, Herausforderungen anzunehmen, Träume zu verwirklichen, Projekte ins Leben zu rufen, um sich lebendig zu fühlen. Ihrer Energie und Entschlossenheit verdanken Sie Ihren Erfolg, auch wenn Sie es manchmal ein wenig an Sorgfalt fehlen lassen. Ihre Freimütigkeit ruft gelegentlich bei Ihren Mitmenschen Reibungen und Frust hervor; Sie sollten etwas taktvoller und diplomatischer sein.

Liebe

Ihr Ziel ist es, sich zu verwirklichen und sich in Ihrem Paarleben voll zu entfalten.

Geld/Beruf

Wenn Sie von einer Arbeit genügend angeregt werden, sparen Sie weder an Zeit noch an Leistung.

12. Mai

Persönlichkeit

Bei allem, was Sie unternehmen, denken Sie stets an die anderen, an ihre Bedürfnisse, ihre Wünsche und Interessen. Sie sind loyal in der Freundschaft und treu in der Liebe und haben gute, edle Eigenschaften. Ihre Lebensfreude ist ansteckend. Sie sind immer für die anderen da, um ihnen zu helfen, zuzuhören und sie zu trösten. Friedlich und völlig uneigennützig, wie Sie sind, verabscheuen Sie Streit und Dankbarkeitsbekundungen. Im Allgemeinen verschließen Sie um des lieben Friedens willen die Augen vor Dingen, die Ihnen missfallen. Sie sind sehr sensibel und menschenfreundlich und träumen von einer Welt, in der jeder glücklich ist. Da Sie tolerant sind, beurteilen Sie nie etwas oder jemanden nach den Äußerlichkeiten und lassen jeden nach seiner eigenen Fasson leben.

Liebe

Sie träumen von einer großen, unvergänglichen Liebe, die auf gegenseitigem Vertrauen und Einvernehmen beruht.

Geld/Beruf

Gewöhnlich geben Sie Ihr Geld für die anderen aus und sparen den Rest.

13. Mai

Persönlichkeit

Sie sind ein aufrichtiger, integrer, eigensinniger und dynamischer Mensch. Ab und zu werden Sie von Misstrauen geplagt, und es fällt einem schwer, Sie zu überzeugen, vor allem, wenn Sie sich bereits eine Meinung zu einem Thema gebildet haben. Manchmal kommen Sie einem hart, wenn nicht gar unerbittlich vor, obwohl Sie es eigentlich nur sind, wenn Sie verletzt wurden. Anders ausgedrückt: Sie sind ein sensibles und mitfühlendes Wesen. In allen Bereichen Ihrer Existenz weigern Sie sich kategorisch, in ein Korsett gepresst zu werden. Sie brauchen Freiheit und mögen Veränderungen. Für Sie sind Regeln dazu da, um übertreten zu werden, allerdings stehen Sie immer zu den Folgen Ihrer Handlungen. Sie sind vielseitig und bevorzugen Tätigkeiten, bei denen Sie Ihre zahlreichen Fähigkeiten ausleben können.

Liebe

Der für Sie ideale Partner bietet Ihnen Stabilität, Beständigkeit und Sicherheit.

Geld/Beruf

Ihre Offenheit, Ihre Integrität und Ihre Führungsqualitäten sind Ihre größten Trümpfe.

14. Mai

Persönlichkeit

Von Natur aus sind Sie heiter und optimistisch und ertragen kaum Menschen, die unfähig sind, innezuhalten und sich die Zeit zu leben zu nehmen. Für alles, was Sie tun, bringen Sie viel Geduld auf; Sie können sich stundenlang der Lösung eines Problems widmen, ohne das Bedürfnis zu verspüren, aufhören zu wollen. Sie sind umgänglich und haben immer gute Laune: Man ist gern mit Ihnen zusammen. Sie sind sehr großzügig und verwöhnen gern sich selbst und Ihre Lieben. Der Leistungssport liegt Ihnen nicht; statt sich abzurackern, brechen Sie lieber den Wettkampf ab. Sie messen Ihrer äußerlichen Erscheinung große Wichtigkeit bei und gehen gern Modetrends nach, in die Sie fröhlich investieren. Ein wenig unbeständig in der Liebe, flattern Sie lieber wie ein Schmetterling von einem Partner zum anderen, ohne sich jeweils lange aufzuhalten.

Liebe

Es fällt Ihnen schwer, sich zu entscheiden; Ihre Unbeständigkeit verletzt und ermüdet Ihre Partner.

Geld/Beruf

Um leistungsfähig zu sein, benötigen Sie die Unterstützung Ihrer Mitarbeiter.

15. Mai

Persönlichkeit

Sie sind sehr materialistisch eingestellt und lieben das Geld um der Macht willen, die es einem verleiht und wegen der schönen Dinge, die Sie sich damit leisten können. Auf Ihrer ständigen Suche nach neuen Leidenschaften und Eroberungen sollten Sie darauf achten, nicht die Gefühle der Menschen zu verletzen, die Ihnen vertrauen, denn eines Tages könnte sich der Spieß umdrehen. Als brillante/r Redner/in beherrschen Sie die Kunst, sich ins Licht zu rücken und stets im Mittelpunkt der Aufmerksamkeit zu sein. Bei der Arbeit wie auch in der Liebe haben Sie oft zu wenig Ausdauer; diese Haltung ist in der Regel der Grund für Ihre Misserfolge. Sie sind zwar freiheitsliebend, denken aber nicht immer daran, die Freiheit der anderen zu respektieren. Ihre Unbeständigkeit macht Sie unglaubwürdig und ist nicht unbedingt förderlich für Ihre Beliebtheit.

Liebe

Für Sie baut sich die wahre Liebe Schritt für Schritt mit Geduld und Ausdauer auf.

Geld/Beruf

Welchen Posten Sie auch innehaben – in Ihrem Arbeitsmilieu bleiben Sie nie unbemerkt.

16. Mai

Persönlichkeit

Da Sie kühn und tapfer sind, hat das Leben für Sie nur einen Reiz, wenn es voller Herausforderungen ist. Sie haben immer neue Ideen und Projekte im Kopf und stürzen sich oft ohne nachzudenken in ein wenig riskante Abenteuer. Erstaunlicherweise gelingt es Ihnen fast immer, Hindernisse zu überwinden und Lösungen zu finden. Sie sind stolz und ehrgeizig und nehmen gern Herausforderungen und Wetten an, weil Sie das Bedürfnis haben, sich selbst und der ganzen Welt zu beweisen, dass Sie der/die Beste sind. Ihr Image ist Ihnen sehr wichtig, Sie vertragen keine Kritik und sind zu stolz, um Ihre Fehler anzuerkennen. Sie gehen gern Risiken ein, aber Sie übernehmen auch Verantwortung.

Liebe

Sie sind ein sehr sinnlicher Mensch und legen großen Wert auf guten, harmonischen Sex.

Geld/Beruf

Wenn Sie Ihre Fähigkeiten gut einsetzen, wird es Ihnen an Arbeit und Geld nicht fehlen.

17. Mai

Persönlichkeit

Aufgrund Ihrer ausgeprägten Sensibilität bringen Sie tiefes Mitgefühl für Ihre Mitmenschen auf. Sie haben keine großen materiellen Bedürfnisse, und Ihre Wünsche sind bescheiden und vernünftig. In Ihren Augen sind Menschen wesentlich wichtiger als Dinge! Sie haben eine Vorliebe für ein friedliches Leben, Ruhe und Sanftmut. Sie meiden alles, was Ihre innere Ruhe beeinträchtigen könnte. Da Sie optimistisch veranlagt und zuversichtlich sind, eine poetische Ader haben, sehr beliebt, liebevoll und charmant sind, sucht man Ihre Gesellschaft, denn Sie besitzen die seltene Gabe, dafür zu sorgen, dass sich jeder mit Ihnen wohl fühlt. Sie gieren nicht nach Reichtum und Bekanntheit, sondern nach Wohlbefinden und der Realisierung Ihrer Ideale, an die Sie stets fest glauben. Sie wurden unter einem guten Stern geboren.

Liebe

Sinnlichkeit, Sexualität, Gefühle und Treue sind wichtig in Ihrer Liebesbeziehung.

Geld/Beruf

Es macht Ihnen viel Freude und erfüllt Sie mit Stolz, die Menschen in Ihrem Umfeld zu verwöhnen.

18. Mai

Persönlichkeit

Sie haben das Bedürfnis, zu spüren, dass die Menschen in Ihrem Umfeld, besonders Ihre Familie, zu schätzen wissen, was Sie für sie tun. In Wirklichkeit sind Ihr Partner und Ihre Kinder für Sie das Wertvollste, das Sie haben. Um glücklich zu sein, müssen Sie sich sowohl bei der Arbeit als auch zu Hause und in Gesellschaft in einer Umgebung bewegen, die frei ist von Streit und Spannungen. Für Sie ist Routine angenehm, denn sie gibt Ihnen Sicherheit, und auf ausgetretenen Pfaden zu wandeln ist leichter, als Brachland zu begehen. Da Sie von Natur aus häuslich sind, ziehen Sie die Ruhe Ihres Heims Reisen und Abenteuern vor. Sie verfügen über Scharfblick und eine erstaunliche Intuition, aber manchmal fällt es Ihnen schwer, Wirklichkeit und Phantasie voneinander zu unterscheiden.

Liebe

Um lieben zu können, müssen Sie spüren können, dass Sie von ganzem Herzen wiedergeliebt werden.

Geld/Beruf

Eine angenehme Arbeit haben, Geld verdienen, um gut leben zu können – damit sind Sie vollends zufrieden.

19. Mai

Persönlichkeit

Strahlend wie Sonnenschein erhellen Sie die Existenz der Menschen, die Sie umgeben. Sie sind warmherzig, gesellig und gastfreundlich: Ihre Tür steht immer allen offen, und Sie haben stets ein offenes Ohr für Freunde, die das Bedürfnis haben, sich Ihnen anzuvertrauen. Aufgrund Ihrer Intuition können Sie schnell die Gefühlsregungen, Gemütszustände und Sorgen Ihrer Mitmenschen nachvollziehen. Sie sind großzügig und gutherzig, und da Sie von den anderen so eingenommen sind, vergessen Sie sich oft selbst. Mit einer erstaunlichen Ausdrucksstärke ausgestattet, verraten Ihre Gesichtszüge mühelos Ihre Gefühle und Empfindungen und machen Sie somit auch verletzlich. Insgeheim hegen Sie sagenhafte Träume, die zwar oft utopisch sind, Ihnen aber guttun. Da Sie sehr empfindsam und sensibel sind, dürften Sie sich wohl erfolgreich auch mit Kunst befassen.

Liebe

Als Genießer/in haben Sie Freude an der Liebe wie an allen guten Dingen des Lebens.

Geld/Beruf

Sie verwalten wirksam Ihr Kapital im Hinblick auf eine sorgenfreie Zukunft.

20. Mai

Persönlichkeit

Sie bewegen sich natürlich und geschickt auf dem gesellschaftlichen Parkett, sind glücklich und fühlen sich wohl unter Menschen. Auch wenn Sie nach Ruhm und Bekanntheit streben, schützen Sie Ihr Privatleben vor den indiskreten Blicken und der Neugier anderer. Mit einer kreativen und erfinderischen Persönlichkeit ausgestattet, sind Sie stets auf der Suche nach praktischen und originellen Lösungen, sobald ein Hindernis oder ein Problem auftauchen. Sie können hervorragend reden und sind imstande, zu überzeugen und eine Menschenmenge zu begeistern beziehungsweise in Ihren Bann zu ziehen. Sie sind mit Intuition begabt und erkennen sofort, welche Absichten dahinterstecken, wenn sich Menschen an Sie wenden, was die Betreffenden oft verblüfft. Sie stehen gern im Vordergrund und sind glücklich, wenn Ihre Umwelt Sie liebt.

Liebe

Von Natur aus sind Sie unabhängig und nehmen sich die Zeit, Ihre Partner gut auszuwählen.

Geld/Beruf

Als kompetenter Mitarbeiter und Kommunikationstalent wissen Sie, wie Sie andere motivieren und überzeugen können.

21. Mai

Persönlichkeit

Sie sind in dem Monat geboren, in dem das Wetter allmählich warm wird und strahlen Begeisterungsfähigkeit und Tatkraft aus. Sie zeigen einen unermüdlichen Eifer und sind ein heiterer und herzlicher Zeitgenosse. Sie teilen gern Ihre Erfahrungen und Kenntnisse und sind immer für die Ihren da. Die Zeit scheint auf Sie keinen Einfluss zu haben. Sie bleiben jung, sowohl im Körper als auch im Herzen, und die besondere Sorgfalt, die Sie auf Ihre äußere Erscheinung und Ihre Kleidung verwenden, lässt Sie von außen so schön erstrahlen wie von innen. Sie sind ausdauernd und erreichen immer Ihr Ziel, egal wie viel Zeit es in Anspruch nimmt, welche Mittel Sie anwenden und welche Anstrengungen Sie unternehmen müssen. Sie bekommen alles, was Sie haben wollen! Sie arbeiten hart, um eine bessere Lebensqualität zu erreichen.

Liebe

Ihr Partner muss liebevoll, jedoch nicht besitzergreifend sein; Sie brauchen Freiheit, um kreativ zu sein.

Geld/Beruf

Betreuung, Regeln und Organisation gehören unbedingt zu Ihrem beruflichen Rahmen.

22. Mai

Persönlichkeit

Sie zögern nicht, neue Regeln aufzustellen, um Ihren Wünschen und Gelüsten gemäß zu leben. Sie sind mutig und scheuen keine Mühen, um Ihr Ziel zu erreichen; und auch wenn es manchmal nicht klappt, bewundert man Sie dennoch für Ihre Leidenschaft und Ihre Beharrlichkeit. Sie sind geschickt und wissen, wie Sie das Rad Ihres Schicksals, Ihres Lebens drehen müssen. Sie wählen die Wege, Handlungen und Optionen, die Ihnen entsprechen, und nichts und niemand kann Ihre Entscheidungen beeinflussen oder Sie von Ihrem Weg abbringen. Aufgrund Ihrer ausgeprägten Kommunikationsfähigkeit und Ihres Einfühlungsvermögens sind Sie imstande, andere zu trösten und sich für sie einzusetzen; Sie mögen diese Rolle. Als Beschützer der Witwen und Waisen schlüpfen Sie leicht in die Haut eines Superhelden, in der Sie sich besonders wohl fühlen.

Liebe

Sie sind gefühlsmäßig stabil und nehmen sich die Zeit, eine Beziehung auf solider Basis aufzubauen.

Geld/Beruf

Sie arbeiten gut in einer Gruppe, da Ihres Erachtens zwei Köpfe besser denken als einer!

23. Mai

Persönlichkeit

Sie brauchen nur mit den Fingern zu schnippen, um eine neue Vision der Wirklichkeit oder neue Spielregeln nach Ihrem Gusto ins Leben zu rufen. Ihr Alltag ist nicht immer harmonisch, aber Sie können es kaum erwarten, Ihr Leben nach einem Ihnen gemäßen Rhythmus umzugestalten, auszugleichen und neu zu organisieren. Diese Planung lässt Sie Ihren inneren Frieden finden, denn Sie verwirklich sich selbst nur, indem Sie im Geiste tätig sind. Sie brauchen keine Zugeständnisse bezüglich Ihrer Wesensart oder Ihrer Ideale zu machen: Sie können Höhen erklimmen, ohne sich selbst untreu zu werden. Da Sie eine mystische Aura ausstrahlen, üben Sie eine beinahe hypnotische Wirkung auf Ihrer Zuhörerschaft aus, die in Ihren Bann gezogen wird.

Liebe

Ihr Partner muss für Sie eine Quelle der Energie und Freude sein.

Geld/Beruf

Sie sind eine Quelle der Inspiration und der Motivation für Ihr berufliches Umfeld.

24. Mai

Persönlichkeit

Sie sind bodenständig und ein seriöser und fruchtbarer Partner sowohl in geschäftlichen Angelegenheiten als auch in der Liebe und der Freundschaft. Sie sind sich Ihrer gesellschaftlichen Rolle durchaus bewusst und spielen sie wunderbar. Da Sie imstande sind, schnell auf alle Situationen zu reagieren, sind Sie die Person, die man aufsucht, um die Dinge wieder ins Lot zu bringen, einen Konflikt zu schlichten, eine Unternehmung in Gang zu bringen. Sie sind besonnen, aber dennoch heiter und bewältigen hervorragend die Herausforderungen, denen Sie sich stellen. Gewöhnlich zeigt sich Ihnen das Leben von seiner schönen Seite. Sie genießen in vollen Zügen die Annehmlichkeiten, die es Ihnen bietet. Sie gehen großzügig mit Ihrer Zeit um und strahlen Ruhe und Kraft aus; hinter Ihrem sanften Äußeren verbirgt sich ein eiserner Wille.

Liebe

Sie sind mit viel Einfühlungsvermögen und Sanftmut ausgestattet und nehmen die Liebe nicht auf die leichte Schulter.

Geld/Beruf

Als Musterangestellte/r und Liebhaber/in schöner Dinge gelingt es Ihnen, Ihre Wünsche zu erfüllen.

25. Mai

Persönlichkeit

Sie pflegen die düstere Seite Ihrer Persönlichkeit. Da Sie hervorragend reden können, und mit dieser Fähigkeit nicht hinterm Berg halten, verunsichern Sie oft Ihre Umgebung durch das Zurschaustellen Ihrer Kenntnisse, Beobachtungen und Erfahrungen. Manchmal müssen Sie den Preis dafür zahlen, denn aus Verdruss, Neid oder Eifersucht bezeichnet man Sie bisweilen als Schönredner. Sie leben einfach, und für Sie ist Schönheit keine Frage des Preises, sondern des Gefühls. Sie haben eine philosophische Ader und mögen Bücher, Meinungen und Diskussionen, die in Ihnen auf Widerhall stoßen. Es ist nicht immer leicht, das Gleichgewicht zu halten, aber es gelingt Ihnen recht gut.

Liebe

Sie haben tiefe Gefühle, aber schüchtern durch Ihre Gelehrsamkeit ein; Sie sollten einfach auch von der Liebe sprechen.

Geld/Beruf

Es fehlt Ihnen an Selbstsicherheit im Beruf, dabei sind Sie Gold wert!

26. Mai

Persönlichkeit

Sie wirken zwar lässig und fügsam, haben aber einen strengen, unerbittlichen Charakter. Sie lassen nur Ihre Ideen und Gedanken gelten. Sie wissen, dass Sie auf der Siegerseite stehen, aber wenn Sie es geschafft haben, mit dieser Methode in eine Führungsposition zu kommen, so ist Ihre mangelnde Beliebtheit die Kehrseite der Medaille. Sie sind intelligent und ehrgeizig; alle Ihre Entscheidungen treffen Sie mit dem Verstand, nicht mit dem Herzen. Aus Lehren und Erfahrungen ziehen Sie Ihren Nutzen. Da Sie über eine gute Kommunikationsfähigkeit verfügen, können Sie Ihre Kenntnisse und Ihr Know-how nutzbringend weitergeben. Das Schreiben könnte für Sie auch eine Möglichkeit sein, der Welt Ihren Stempel aufzudrücken. Wenn Sie ein wenig an der menschlichen Seite Ihrer Beziehungen arbeiten, wird man Sie in besserer Erinnerung behalten.

Liebe

Sie sind perfektionistisch veranlagt und räumen Fehlern keinen Platz ein, Gefühlen allerdings auch nicht.

Geld/Beruf

Ihr Leben und all Ihre Anstrengungen sind auf Ihren gesellschaftlichen Erfolg ausgerichtet; der Erfolg ist Ihnen sicher.

27. Mai

Persönlichkeit

Sie haben eine starke Anziehungskraft, was Ihnen in allen Bereichen Ihres Lebens nützlich ist und die dunkleren Facetten Ihrer Persönlichkeit kaschiert. Es gibt nämlich auch eine dunkle Seite in Ihrem Wesen, die Ihre Vorliebe für Intrigen und alles Geheimnisvolle nährt. Wenn Ihr Image nicht immer mit Ihrer wahren Persönlichkeit übereinstimmt, so gelingt es Ihnen doch, beide gut miteinander zu vereinbaren, so dass es nicht zum offenen Konflikt kommt. Sie sind leistungsstark, wenngleich Sie manchmal zu wenig ins Detail gehen, und setzen geschickt Ihre Talente ein. Sie haben zweifellos viel Charme, der Ihnen für Ihr Vorankommen oder um Beziehungen einzugehen zugutekommt. Sie sind intelligent und diplomatisch und lösen Konflikte und Probleme mit einer natürlichen Leichtigkeit.

Liebe

Sie sind spontan und sorgen für kleine Freuden und Abwechslung in Ihrer Liebesbeziehung.

Geld/Beruf

Phantasievoll und motiviert, wenn es um Ihre Interessen geht, arbeiten Sie in einem Bereich, der Ihnen vertraut ist.

28. Mai

Persönlichkeit

Sie befinden sich in Bestform, wenn Sie sich ganz natürlich geben, Ihre Gefühle zeigen und sich von ihnen leiten lassen. Das löst natürlich manchmal gewaltige Stimmungsschwankungen, großartige Begeisterungsstürme und Hinterfragungen Ihrer Entscheidungen aus, aber selbst wenn es den anderen ein wenig schwerfällt, Ihnen zu folgen, so gelingt es Ihnen doch sehr gut, die Situation zu meistern. Einige ärgern sich über diese unvermittelten Schwankungen und halten Sie für einen Künstler, dem man nicht genügend Aufmerksamkeit schenkt; andere hingegen bewundern Sie, weil Sie sich zu behaupten wagen, ohne Rücksicht auf die Meinung Ihrer Mitmenschen. In Ruhe und Einsamkeit können Sie sich am besten konzentrieren und geniale Ideen und originelle Einfälle haben, die Sie, wenn Sie sie verwirklichen, weit bringen können.

Liebe

Sie sind heiter, empfindsam und ein überschwänglicher, aufmerksamer und äußerst liebevoller Partner.

Geld/Beruf

Sie arbeiten gut in einem festgefügten Rahmen, in dem Sie gegen Überraschungen gefeit sind.

29. Mai

Persönlichkeit

In der Gesellschaft sind Sie in Ihrem Element. Sie haben ein heiteres, witziges Naturell und setzen Ihr schauspielerisches Talent und Ihre Fähigkeit, Menschen zu animieren, unter Beweis. Sie schlagen gern sowohl Männer als auch Frauen in Ihren Bann, und Sie unterlassen es nicht, zu verführen, zu erobern, zu betören, sobald Sie die Begeisterung und das Interesse spüren, das Sie auslösen. Ihre Leidenschaften nehmen einen wichtigen Platz in Ihrem Leben ein, dennoch hören Sie auch auf Ihre innere Stimme und bleiben Ihrer Einstellung treu, auch wenn Sie manchmal Lust hätten, einen Rückzieher zu machen. Sie haben eine Beschützernatur und gehen sowohl mit Ihren Angehörigen als auch mit Ihrem Hab und Gut sorgsam um. Wenn ein Sturm aufkommt, bauen Sie einen festen Unterschlupf, um sie vor den Unbilden des Wetters zu schützen.

Liebe

Sie würzen Ihr Leben zu zweit mit viel Phantasie, aber Sie behalten auch Ihren geheimen Garten.

Geld/Beruf

Freundschaft und Arbeit gehen nicht immer Hand in Hand; nehmen Sie keinen Anstoß daran.

30. Mai

Persönlichkeit

Sie sind zwar sensibel, aber auch mit großer innerer Stärke ausgestattet und lassen sich von den Prüfungen des Lebens weder erschrecken noch übermäßig beeinflussen. Sie haben die Gewissheit, dass es Ihnen immer gelingen wird, über Hässlichkeit, Bosheit und die Dämonen zu triumphieren, die diese Welt beherrschen. Sie wissen, dass der Erfolg Ihrer Handlungen oft viel mit Glück zu tun hat, aber da Sie eine ausgeprägte Intuition besitzen, merken Sie, wenn Ihnen das Glück lacht. Sie besitzen auch die Gabe, zur richtigen Zeit am richtigen Ort zu sein, was Ihnen einen gewissen Erfolg sichert. Obwohl an Ihrem Stil, der in der Entwicklung begriffen ist, noch gefeilt werden muss, besitzen Sie ein unbestreitbares künstlerisches Talent. Sie können schnell vorankommen, wenn Sie die Menschen genau beobachten, die bereits Erfahrung und Kompetenz besitzen.

Liebe

Eine Paarbeziehung fördert Ihre Inspiration und erfüllt Ihre Ansprüche.

Geld/Beruf

Sie haben das Bedürfnis, in einer Atmosphäre des Vertrauens ohne Konfrontationen zu arbeiten.

31. Mai

Persönlichkeit

Sie wurden unter einem günstigen Stern geboren und teilen mit viel Großzügigkeit und Bescheidenheit alles, was er Ihnen an Heilbringendem beschert. Sie haben auch eine gewisse Abenteuerlust, und Sie gehen mit wachsamem, neugierigem Blick durch die Welt. Sie sind sensibel, haben ein großes Einfühlungsvermögen und bringen anderen bereitwillig Trost. Sie sind ehrgeizig und stellen sich Herausforderungen ohne großen Wirbel, sondern lediglich mit ruhigem, persönlichem Einsatz. Sie machen die nötigen Schritte und bringen die richtigen Argumente vor, um das zu bekommen, was Sie wollen. Sie sind ein offener, gutgläubiger Mensch mit festem Händedruck, und schon springt der Funke über, selbst auf die verschlossensten Menschen.

Liebe

Sie besitzen viel Vorstellungskraft und sind imstande, Romantik und Phantasie in einer Liebesbeziehung in Einklang zu bringen.

Geld/Beruf

Sie müssen auf dem Boden der Tatsachen bleiben und zwischen freundschaftlicher und beruflicher Beziehung unterscheiden.

Juni

1. Juni

Persönlichkeit

Wenn Sie sich dazu entschlossen haben, Risiken einzugehen, sollten diese, da Ihnen das Glück nicht immer gewogen ist, zumindest kalkulierbar sein. Ihre Aktivitäten, Unternehmungen und die Tatsache, dass Mühen gewöhnlich belohnt werden, erfüllen Sie mit Stolz. Um vollkommen glücklich zu sein, müssen Sie in Ihrer »Komfortzone« bleiben und dürfen sich nicht auf Kompromisse mit Ihren Überzeugungen, Werten, Ihrer Ideologie oder Ihren Arbeitsmethoden einlassen. Da aber Perfektion auf dieser Welt nicht existiert, muss man manchmal das Beste aus beiden Welten – der perfekten und der realen – auszuwählen wissen. Ihr Geist ist immer rege, in Ihrem Kopf schwirren tausend Projekte, und oft vergessen Sie, dass Erholung, Meditation und Hobbys dazu da sind, um den gegenwärtigen Stand der Dinge zu überprüfen, neue Energie aufzutanken und neue Motivationen zu bekommen.

Liebe

Sie sind ehrlich, anhänglich und überschwänglich, dennoch brauchen Sie einen Hauch von Unabhängigkeit.

Geld/Beruf

Sie sind intelligent, optimistisch veranlagt und aufgeweckt und arbeiten lieber allein als im Team.

2. Juni

Persönlichkeit

Sie besitzen eine überschäumende Energie. Sie sind ständig in Bewegung, Sie arbeiten, kurzum, Sie halten nie inne; Sie sind arbeitsam wie eine Biene! Selbst wenn die anderen Ihnen nicht mehr folgen können oder Sie bitten, das Tempo zu drosseln, lassen Sie sich nicht beirren. Während man Sie für eine/n Exzentriker/in mit kühnen Plänen hält, reden Sie von Leidenschaft, Begeisterung, Feuereifer und dem Bedürfnis, alles sehen und kennenlernen zu wollen. Sie würden es zwar begrüßen, wenn Ihre Lieben Verständnis für Ihren Eifer hätten, aber was die anderen denken, ist Ihnen nicht weiter wichtig, insofern sie Ihnen keine Knüppel zwischen die Beine werfen. Sie wissen, dass Sie die nötigen Fähigkeiten besitzen, um Ihre Träume zu verwirklichen, Ihre Wünsche zu befriedigen, Ihren Horizont zu erweitern, nach oben zu kommen.

Liebe

Da Sie ständig auf Achse sind, fällt es Ihnen schwer, Ihre Liebschaften in eine klare Richtung zu lenken.

Geld/Beruf

Bitten Sie, und es wird Ihnen gegeben: Das ist der Satz, der am besten Ihre berufliche Situation charakterisiert.

3. Juni

Persönlichkeit

Sie sollten weniger reden und mehr handeln. Um Ihre Träume verwirklichen zu können, nach oben zu kommen, müssen bestimmte Regeln beachtet werden. Sie sind intelligent und bodenständig und wissen, dass es für Sie einen Platz an der Sonne gibt, aber Sie bedienen sich nicht immer der richtigen Mittel, um ihn zu erreichen. Sie müssen sich Mühe geben, Pläne ausarbeiten und durchführen. In dem Einsatz Ihrer Talente und nicht in dem Versuch, in einem Bereich zu glänzen, in dem Sie sich nicht wohl fühlen, liegt der Schlüssel zum Erfolg. Verlassen Sie nicht die ausgetretenen Pfade, vertiefen Sie Ihre Kenntnisse und Kompetenzen, damit Sie sich in Ihrer Branche auszeichnen können.

Liebe

Sie können durchaus Ihre Beziehung mit ein wenig Magie süßen, einfach indem Sie die Anwesenheit des anderen schätzen.

Geld/Beruf

Sie behalten stets Ihr Ziel im Auge und lassen sich nicht von Ihrem Rhythmus abbringen, um vorwärtszukommen.

4. Juni

Persönlichkeit

Wer könnte Ihrer äußeren sowie inneren Schönheit, Ihrer Anziehungskraft, Ihrem Charisma und Ihren heiter funkelnden Augen widerstehen? Sie lösen Bewunderung, Neid oder Liebe aus, aber niemand kann Ihnen gegenüber gleichgültig bleiben. Mit diesem Trumpf in der Hand und ein paar kleinen Tricks öffnen sich Ihnen alle Türen, und die guten Gelegenheiten werden Ihnen auf dem Silbertablett serviert. Auch wenn Sie Mühen auf sich nehmen, haben Sie immer Spaß bei allem, was Sie tun, und verbreiten somit gute Laune und einen Hauch von Verrücktheit in Ihrem Umfeld. In Ihren Träumen, Wünschen, Worten und all Ihren Handlungen ist stets Magie präsent. Dennoch tanken Sie nur in der Natur und an der frischen Luft wieder neue Energie.

Liebe

Da Sie gern flirten, fällt es Ihnen schwer, in der Liebe mit beiden Beinen auf der Erde zu stehen.

Geld/Beruf

Sie werden aufsteigen, indem Sie Ihre Kreativität mit Ihrem Geschäftssinn paaren.

5. Juni

Persönlichkeit

Mit Ihrem durchdringenden Blick, der Ihre Launen und Gemütszustände widerspiegelt, sind Sie Ihr ganzes Leben lang für Erfolg und Auszeichnungen aller Art bestimmt. Engagiert, aber manchmal ein wenig egoistisch, gehören Sie nicht zu denjenigen, die in Selbstmitleid versinken oder darauf warten, dass etwas passiert. Um die richtigen Antworten zu finden, müssen Sie sich zunächst die richtigen Fragen stellen. In Gesellschaft möchten Sie glänzen, beeindrucken und auffallen, besonders beim anderen Geschlecht. Sie bewegen sich an Szeneorten, organisieren Versammlungen, erzählen Anekdoten und bauen Beziehungen zu Menschen auf, die Ihnen eventuell auf beruflicher oder persönlicher Ebene behilflich sein können.

Liebe

Sie flattern wie ein Schmetterling von Blume zu Blume und lassen sich immer wieder von neuem anziehen.

Geld/Beruf

Sie wissen, was Sie wollen, und mit oder ohne Hilfe gelingt es Ihnen, es zu bekommen.

6. Juni

Persönlichkeit

Sie sind sanftmütig, sensibel, verliebt in dass Leben und haben eine ausgeprägte Vorstellungskraft und eine romantische Ader, die Ihnen originelle Ideen vermitteln. Hingegen verlieren Sie all Ihre Motivation, wenn es darum geht, sich auf eine Aufgabe oder eine Pflicht zu konzentrieren. Sie sind zwar für die Ihren immer verfügbar, machen sich aber aus dem Staub, sobald eine Arbeit zur Routine wird oder sich das alltägliche Einerlei einstellt. Sie sollten das pflegen, was Ihr Wesen wirklich ausmacht, und Wege einschlagen, auf denen Sie innerlich wachsen und die Sie die Gründe für Ihre oft unvermittelten Hochs und Tiefs begreife lassen. Sie erleben alles sehr intensiv, aber vergessen Sie nicht, ein wenig Humor und Leichtigkeit in Ihr Leben hineinzulegen; amüsieren Sie sich mehr, und alles wird Ihnen viel leichter erscheinen.

Liebe

Da Sie ein Einzelgänger sind, schüchtert Sie eine Paarbeziehung ein; in einer Freundschaft fühlen Sie sich wohler.

Geld/Beruf

Sie haben kein Talent für Zahlen: Es ist wichtig, dass Sie einen Finanzberater an Ihrer Seite haben.

7. Juni

Persönlichkeit

Sie leben voll und ganz im Hier und Jetzt, genießen alle Freuden, lieben und schätzen sowohl die glänzenden Seiten des Lebens als auch die kleinen alltäglichen Glücksmomente, die es Ihnen bietet. Obwohl Sie für Ihre Talente nicht immer die angemessene Anerkennung erhalten, haben Sie doch Ihren Spaß und spüren, dass Sie vom Glück begünstigt sind. Wenn die Dinge nicht so laufen, wie Sie wollen, neigen Sie leider zur Bösartigkeit – Vorsicht vor den Folgen! Schieben Sie das Negative von sich, und bewahren Sie sich Ihre angeborene Freundlichkeit und gute Laune. Sie können es weit bringen, wenn Sie ein wenig Ihre Impulsivität zügeln, Pläne schmieden, Ihren Terminkalender organisieren und natürlich immer Ihre Versprechen halten.

Liebe

Die Liebe, die der andere Ihnen entgegenbringt, ist die höchste Motivation für Sie.

Geld/Beruf

Ihre große geistige Offenheit und Ihre Lernfähigkeit sind unschlagbare Stärken.

8. Juni

Persönlichkeit

Sie legen Einfühlungsvermögen, Feingefühl und Diplomatie an den Tag, aber Sie sind auch zu wesentlich mehr Biss, Schlagfertigkeit und Widerstand fähig, wenn man Sie angreift. Sie möchten zwar gern gefallen, aber Sie können es nicht ertragen, wenn man Ihre Entscheidungen und Handlungen hinterfragt. Sie wissen, was Sie wollen, Sie haben klare Vorstellungen und feste Ziele vor Augen – ein Pech für diejenigen, die das nicht verstehen. Sie sind neugierig und wollen alles sehen und alles wissen, die Welt erforschen, die Menschen analysieren, Erfahrungen machen, im Vordergrund der Ereignisse stehen, kurzum, in vollen Zügen und ohne Zurückhaltung leben. Wenn Sie des emsigen Treibens und der Unruhe in Ihrem Leben überdrüssig sind, halten Sie inne, um Bilanz zu ziehen und Ihre Batterien mit jener Energie aufzuladen, die für Ihr unbändiges Tempo so unerlässlich ist.

Liebe

Sie stürzen sich auf die Liebe, wie man sich oft ins Wasser stürzt … ohne Rettungsring.

Geld/Beruf

Ihr Glück finden Sie in einer Arbeit, die weder Routine noch Langeweile mit sich bringt.

9. Juni

Persönlichkeit

Aufgrund Ihrer Führernatur haben Sie das dringende Bedürfnis, sich im Mittelpunkt des Geschehens zu befinden, Dinge zu bewegen, Aufsehen zu erregen und das Steuer in der Hand zu haben. Sie besitzen eine entwaffnende Kommunikationsfähigkeit, die Ihr Gegenüber aus der Fassung bringt und Ihnen in allen Verhandlungen oder Stellungnahmen nützt. Mit Ihrer Zärtlichkeit helfen, unterstützen und stehen Sie denen bei, die um Hilfe rufen; mit Ihrer kämpferischen Natur preschen Sie vor und kämpfen sich mit Entschlossenheit und Mut durch. Sie zeichnen sich durch außerordentlichen Großmut aus und sind immer bereit, Ihre Kenntnisse und Erfahrungen mit anderen zu teilen. Sie sollten Ihren Stress besser in den Griff bekommen, wenn Sie Ihre Energie für wichtige Angelegenheiten aufbieten wollen.

Liebe

Ihr Partner muss Ihrem Rhythmus folgen können, ohne zu großen Wert auf Romantik zu legen.

Geld/Beruf

Da Sie achtsam sind, sind Sie sehr vorsichtig und vorausschauend in allem, was mit Ihren Finanzen zu tun hat.

10. Juni

Persönlichkeit

Sie sind intelligent und besonnen, und es gelingt Ihnen, viele Dinge in Gang zu bringen und zu verwirklichen, aber nur selten, sich zu amüsieren. Ihr Körper und Ihr Geist haben das Bedürfnis, sich zu zerstreuen, sich abzulenken, sich die Langeweile zu vertreiben, kurzum, sich ein wenig von dem zu ernsten Alltag zu erholen. Sie bewegen Dinge, stellen sich Herausforderungen, nehmen alle beruflichen Gelegenheiten wahr, die sich Ihnen bieten, aber dabei versäumen Sie, Ihre Freundschafts-, Familien- und Liebesbeziehungen zu pflegen. Sie mögen die Macht und glauben, Herr/in Ihres Königreichs zu sein – das allerdings sehr traurig wäre, wenn es nicht mit Leben gefüllt wäre. Verlieren Sie auf keinen Fall das Wesentliche aus den Augen, denn wenn die Zeit oder der Sturm alles mit sich fortreißen, bleiben Ihnen nur die Freunde.

Liebe

Sie suchen nach Perfektion und sind davon überzeugt, dass Sie sie Ihrem Partner im Gegenzug bieten – Traum oder Wirklichkeit?

Geld/Beruf

Ausgeglichen, schlau und vorsichtig steuern Sie Ihr Schiff unter allen Umständen in den sicheren Hafen.

11. Juni

Persönlichkeit

Achten Sie gut auf Ihre Gesundheit, damit Sie auch weiterhin diese fabelhafte Energie an den Tag legen können, denn ihr ist es zu verdanken, dass Sie Erfolge erzielen, sich Herausforderungen stellen und alle guten Gelegenheiten wahrnehmen können, die sich Ihnen bieten. Angesichts Ihrer Entschlossenheit und Ihres unerschütterlichen Willens diskutiert man nicht lange; man fügt sich Ihren Ideen und Entscheidungen. Sie mögen klare Anfragen, unmissverständliche Situationen, genaue Angebote; Ihr Freimut paart sich mit Ihrem Bedürfnis nach Transparenz in all Ihren Lebensbereichen. Sie meiden überflüssige Gespräche und langweilige Menschen. Sie haben nur eine Gewissheit: die, dass es Ihnen gelingt, alle Hindernisse zu überwinden, um ganz oben anzukommen. Sie sollten den Ihren mehr Zeit widmen.

Liebe

Für Gefühlsausbrüche haben Sie nicht besonders viel übrig, und der andere muss Ihren Lebensraum respektieren.

Geld/Beruf

Sie sind gut organisiert, umsichtig und intelligent und wissen, wann es Zeit ist, sich mit kompetenten Menschen zusammenzutun.

12. Juni

Persönlichkeit

Sie sind selten ein Verlierer im Leben, Sie schreiten festen Schrittes, optimistisch und fröhlich voran, denn Sie bauen auf die Zukunft und Ihre innere Kraft. Sie sind genauso wie das Bild, das Sie von sich projizieren – also in der Lage, Ihre Gefühle und Regungen ganz einfach so auszudrücken, wie sie sind, ohne Geheimniskrämerei und ohne Umwege. In Ihrer Welt bewegen Sie sich mit Eleganz, Freundlichkeit und Zuvorkommenheit und werden von Ihren Mitmenschen sehr geschätzt. Begeben Sie sich nicht in Situationen, in denen Sie sich unfrei oder unwohl fühlen. Sie brauchen nicht Ihr Inneres im Namen der Liebe, der Freundschaft oder des Berufs zu opfern. Ihr Ansehen wird durch das Lehren sehr aufgewertet, aber Ihre Kraft schöpfen Sie aus Harmonie und spiritueller Erhöhung.

Liebe

Für Sie ist Liebe das schönste Abenteuer des Lebens.

Geld/Beruf

Es fällt Ihnen schwer, Ihre guten Ideen in die Praxis umzusetzen; suchen Sie sich einen erfahrenen Mitarbeiter.

13. Juni

Persönlichkeit

Ihre Gesundheit lässt ein wenig zu wünschen übrig; alle Anstrengungen, die Sie diesbezüglich unternehmen, scheinen nicht belohnt zu werden. Vielleicht müssen Sie ganz einfach akzeptieren, dass es eben so ist. Sie haben viele Talente, sei es im Bereich der Zahlen, der Organisation oder Lehre; und Sie sollten die guten Gelegenheiten wahrnehmen, die sich Ihnen bieten und Ihnen möglicherweise neue Türen öffnen. Wenn Sie sich mit Menschen umgeben, die Ihren Rhythmus, Ihren Charakter und Ihre Ideale respektieren, entwickeln Sie sich in aller Ruhe ohne Stress und Angst weiter, die beiden Faktoren, die Sie unbedingt vermeiden sollten. Sie wurden unter einem günstigen Stern geboren und werden sich immer mehr bewusst, dass Sie niemanden brauchen, um Ihre wahre Natur zu begreifen. Sie können sich voll und ganz verwirklichen.

Liebe

Sie brauchen einen Partner, mit dem Sie ein starkes Team bilden.

Geld/Beruf

Konzentrieren Sie Ihre Energie auf die Verwirklichung Ihrer Träume und nicht auf Missgeschicke.

14. Juni

Persönlichkeit

Sie sind verliebt in das Leben, zuverlässig und loyal und gehen ruhigen Schrittes durch die Welt. Sie verbreiten Liebe um sich herum und bekommen auch viel davon zurück. Um Ihre Ausgeglichenheit und einen bestimmten inneren Frieden zu erhalten, bringen Sie frei zum Ausdruck, was Sie berührt, bedrückt, empört oder erfreut. Sie verfügen über gute, menschenfreundliche Eigenschaften wie Einfühlungsvermögen, Sensibilität und die Fähigkeit, zuzuhören. Man kommt zu Ihnen, um Ratschläge, menschliche Wärme und Verständnis zu erhalten, und Ihren Worten wird aufmerksam zugehört. Wenn Sie das Bedürfnis verspüren, Energie aufzutanken, kehren Sie Ihrer Umwelt, dem Alltag und den Ihren den Rücken und schlagen den Weg der Einsamkeit, der Ruhe und der Selbstbesinnung ein.

Liebe

Ihr Partner muss gesellig sein und Ihre Hobbys sowie Ihre Interessensgebiete mit Ihnen teilen.

Geld/Beruf

Sie haben einen guten Riecher für Geld und wollen viel davon besitzen!

15. Juni

Persönlichkeit

Der Funke, der in Ihren Augen glitzert, ist verräterisch: Sie wollen ganz oben auf der Karriereleiter stehen! Sie spüren, dass Sie dazu geboren wurden, Dinge voranzubringen, der Gemeinschaft dabei zu helfen, eine neue Ideologie einzuführen oder das Angesicht der Welt zu verändern. Sie greifen auf die Vergangenheit zurück, um die alten Fehler zu vermeiden, aber auch um etwas Neues zu erschaffen und aufzubauen. In Freiheit, Harmonie und Bewegung entwickeln Sie am besten Ihre Vision und Ihre Vorstellung von der Zukunft. Sie haben den Eindruck, dass Sie nie die Zeit haben werden, alles zu tun, all Ihre Projekte zu verwirklichen. Warum tun Sie sich nicht mit Menschen zusammen, die die gleiche Vision und die gleichen Ziele haben wie Sie? Dadurch könnten Sie sich ein wenig Zeit für die Ihren nehmen, die nachdrücklich nach Ihnen verlangen.

Liebe

Die Gefühle, die Sie in Ihrer Beziehung erleben, haben großen Einfluss auf Ihr Energieniveau.

Geld/Beruf

Schritt für Schritt arbeiten Sie ohne Unterbrechung an der Verwirklichung Ihrer Ambitionen.

16. Juni

Persönlichkeit

Sie stehen früh auf und entwickeln sogleich Ideen, die Sie sofort in die Tat umsetzen. Sie lassen nie Ihre Zeit ungenutzt verstreichen, weil Sie überzeugt sind, dass Sie immer einen Vorsprung haben müssen. Sie befolgen Ratschläge und Regeln und ziehen positive und aufschlussreiche Lektionen aus den Erfahrungen der anderen, um die richtigen Wege zu gehen, die richtigen Türen aufzustoßen und so schnell wie möglich durchs Ziel zu laufen. Ihre originellen Ideen, Manieren und Visionen helfen Ihnen beim schnellen Vorankommen bis zu einer Position Ihrer Wahl an der Spitze. Man schätzt Ihre Aufgewecktheit, Ihren Scharfblick, Ihr Geschick, auftretende Probleme zu lösen, und Ihre Fähigkeit, in allen Situationen Stress zu meistern.

Liebe

Sie sind freiheitsliebend, und es fällt Ihnen schwer, in einer Paarbeziehung zu leben.

Geld/Beruf

Ein fester Rahmen ist für Sie von Vorteil, er hindert sie daran, Stufen zu überspringen.

17. Juni

Persönlichkeit

Die Welt ist nicht so, wie Sie sie gern hätten, aber Sie kann sehr schön für Sie sein, wenn Sie es wirklich wollen. *Make love, not war!* Seien Sie optimistisch, versuchen Sie, immer in allem das Gute zu finden, behalten Sie nur die guten Erfahrungen und angenehmen Erinnerungen im Gedächtnis. Bewahren Sie eine positive Einstellung in allen Situationen, selbst in denen, die Ihnen am schwierigsten erscheinen, lernen Sie, Ihre Gefühle unter Kontrolle zu halten und lächeln Sie! Ihr Leben ist das, was Sie daraus machen; Sie allein entscheiden über die Wege, die zu gehen, und die Entscheidungen, die zu treffen sind. Lehnen Sie jede Handlung ab, die nicht mit Ihren Wertvorstellungen und Überzeugungen übereinstimmt, oder zu der Sie sich nur hinreißen lassen, um anderen zu gefallen oder sie zufriedenzustellen. Verhalten Sie sich ehrlich und aufrichtig, wie es Ihrem Image entspricht, und es werden sich Ihnen alle Türen öffnen.

Liebe

Sie sind wenig mitteilsam, aber großzügig und einfühlsam; Sie sind ein Partner, der gut zuhören kann.

Geld/Beruf

Sie sind fleißig und verantwortungsbewusst und ein wertvoller Angestellter oder Geschäftsteilhaber.

18. Juni

Persönlichkeit

Wenn Sie eine Tätigkeit ausüben, können Sie davon ausgehen, dass Ihr guter Charakter, Ihre angenehme Stimme und Ihre besondere Gestik Ihnen helfen, ein positives Ergebnis zu erzielen. Ihre Anziehungskraft und Ihr natürlicher Charme faszinieren. Sie sind empfänglich für Schmeichelei, und es genügt, nur ein klein wenig davon Gebrauch zu machen, um sich Ihrer Unterstützung zu versichern. Wenn Sie allerdings Ihr Wissen vermitteln wollen, müssen Sie lernen, besser zuzuhören. Herausforderungen spornen Sie zu Höchstleistungen an. Fragen ohne Antworten verärgern oder verwirren Sie, und in diesem Fall suchen Sie ohne Unterlass nach befriedigenden Antworten. Sie sind offen für neue Erfahrungen und Empfindungen.

Liebe

Sie brauchen einen aufgeweckten, heiteren und intellektuell anregenden Partner.

Geld/Beruf

Sie zeichnen sich in jeder Arbeit aus, die Originalität und Kreativität erfordert.

19. Juni

Persönlichkeit

Von frühester Kindheit an mussten Sie sich mehrere Prüfungen unterziehen, was Sie im Laufe der Zeit misstrauisch und skeptisch gemacht hat. Darum verschließen Sie sich, um sich vor den Angriffen und Stürmen des Lebens zu schützen, aber leider sind Sie dann auch für seine schönen Seiten nicht mehr empfänglich. Sie müssen mehr Vertrauen haben, und falls Sie durch das Eingehen bestimmter Risiken einen Ausweg aus einer komplizierten Situation finden müssen, wissen Sie, dass Ihre Angehörigen Sie nicht im Stich lassen und Ihnen bei Bedarf zu Hilfe kommen werden. Sie sind vielleicht nicht dafür geschaffen, im Vordergrund zu stehen, aber Sie nehmen durchaus einen Platz ein, der Freude, Ansehen und Wertschätzung für Sie bereithält; es liegt an Ihnen, daraus einen schönen, üppig blühenden Garten zu machen.

Liebe

Ihr Partner muss Ihre Sanftmut schätzen, Ihre Hoffnungen teilen und an Ihren Phantasien teilhaben.

Geld/Beruf

Da Sie phantasievoll sind und sich von Ihren Gefühlen leiten lassen, ist die Finanzwelt ein großes Rätsel für Sie.

20. Juni

Persönlichkeit

Sie nehmen alles – Liebe, Freundschaft, Arbeit – ein wenig zu ernst. Alles scheint für Sie Risiken, Streiche und Fallen zu bergen. Sie schwanken ständig zwischen Vertrauen und Zweifel, Lebensfreude und Zukunftsangst, Ordnung und Phantasie, und unterziehen damit Ihre ständig beanspruchten Gefühle einer harten Prüfung. Machen Sie sich das Leben nicht unnötig schwer! Lernen Sie, Ihre Gefühle und Ängste besser zu meistern, zum Beispiels durch ein Trainingsprogramm, Wandern an der frischen Luft, Meditation, kurzum, finden Sie das für Sie beste Mittel, um zu entspannen und aufzuhören, Probleme oder Betrügereien zu sehen, wo keine sind. Kehren Sie der Routine den Rücken, gehen Sie auf Abenteuersuche, nehmen Sie Einladungen an und amüsieren Sie sich: Das Leben kann so einfach sein!

Liebe

Sie besitzen Charme und eine große Anpassungsfähigkeit und sind sowohl umgänglich als auch leicht zu lieben.

Geld/Beruf

Sie haben das Bedürfnis, sich in einem Bereich zu bewegen, in dem Kommunikation allgegenwärtig ist.

21. Juni

Persönlichkeit

Sie befinden sich im Zeichen der Sonne und der Langlebigkeit, und das bewirkt, dass Sie ein heiterer, beliebter, reizender und attraktiver Mensch sind. Dennoch stehen Sie mit beiden Beinen im Leben und nutzen Ihre Fähigkeiten, um etwas aufzubauen, zu helfen und um Gutes zu tun. Sie sind in der Lage, sich schnell anzupassen; daher wendet man sich oft an Sie, um einen Streit oder einen Konflikt zu schlichten oder Lösungen für schwierige Probleme zu finden. Sie sind ein/e treue/r und loyale/r Freund/in, bei dem/der man auf alle Fälle Nähe, Einfühlungsvermögen und Rat findet. Sie zeichnen sich zugleich durch Arglosigkeit und Vertrauen, Geduld und Eifer aus, und schon Ihre Anwesenheit bringt Glanz in das Leben der Menschen um Sie herum. Sie strahlen Einfachheit, Güte und Erfolg aus.

Liebe

Sie sind offen und ehrlich und bringen ohne Vorbehalt Ihre Bedürfnisse, Wünsche und Erwartungen zum Ausdruck.

Geld/Beruf

Aus mehreren Gründen ist es besser für Sie, im Berufsleben im Alleingang zu handeln.

22. Juni

Persönlichkeit

Sie haben eine künstlerische Ader und häufen Erfolge an, wenn Sie die Möglichkeit haben, diese Seite Ihrer Persönlichkeit frei zu entfalten. Sie verfügen über viel innere Kraft, eine gewisse körperliche Schönheit, einen beneidenswerten Stil und einen wahnsinnigen Charme. Anstrengungen und die tägliche Arbeit sind nicht gerade Ihre Stärken, aber Sie sind in alles Schöne und Glamouröse verliebt und streben nach Luxus, Schönheit und Vergnügen. Sie sind ständig bemüht, die Karriereleiter hinaufzusteigen, die Ihnen Zugang zur High Society, zum Jetset gewährt. Vertrauensvoll und mit einem guten Aussehen ausgestattet, gelingt es Ihnen trotz Ihrer Schwächen, Ihre Träume zu verwirklichen. Geben Sie acht auf dem Weg, der Sie dorthin führt; bestimmte Menschen sind nur auf der Suche nach Profit, und bestimmte Gelegenheiten sind zu schön, um wahr zu sein.

Liebe

Sie wechseln oft Ihre Kriterien; darum ist es nicht leicht, lange Zeit in Ihrer Gunst zu stehen.

Geld/Beruf

Ihr gutes Urteilsvermögen und Ihre Vorliebe für schöne Dinge sind der Schlüssel zu Ihrem finanziellen Erfolg.

23. Juni

Persönlichkeit

Sie wurden geboren, um wie ein/e König/in zu leben und behandelt zu werden. Das bedeutet nicht, dass Sie alles auf dem Silbertablett serviert bekommen, sondern dass Sie allerlei Vorteile daraus ziehen können und Sie die besten Chancen haben. Sie sind bodenständig und verantwortungsbewusst und haben ein gutes Urteilsvermögen; auch wenn Sie sich gern amüsieren und die Freuden des Lebens genießen, so sind Sie sich darüber im Klaren, dass Verdienste, Belohnungen und Erfolg in erster Linie das Ergebnis Ihrer Bemühungen sind. Ihre Leichtigkeit, sich auszudrücken, und Ihr phänomenales Gedächtnis kommen Ihnen in einigen Bereichen Ihres Lebens sehr zugute. Da Sie zugleich über Willenskraft und Macht verfügen, ist Ihr Einfluss groß und kann Sie weit bringen, vor allem wenn Sie ihn mit Klugheit, Diplomatie und Höflichkeit einsetzen.

Liebe

Sie schätzen die Intimität und die schöpferischen Kräfte des Lebens in einer stabilen Paarbeziehung.

Geld/Beruf

Sie haben Großes im Sinn, und Ihre Ambitionen verwirklichen sich, vor allem, wenn Sie von einem passenden, stabilen Rahmen profitieren können.

24. Juni

Persönlichkeit

Sie sind zuversichtlich, hochgradig intellektuell und ein/e Individualist/in; zugleich sind Sie aber imstande, Ihre Gedanken und Gefühle zum Ausdruck zu bringen und mit anderen zu teilen. Sie sind liberal, haben eine philosophische Ader, beobachten und analysieren gern die Gewohnheiten, Verhaltensweisen, Reaktionen und Wutausbrüche der Menschen. Sie sind sich der Herausforderungen sozialer Probleme bewusst und versuchen auf Ihre Art, Lösungen zu liefern. Es ist Ihnen eine Genugtuung, anderen zu helfen. Sollten Sie das Glück haben, in einem Bereich zu arbeiten, in dem Sie diese Rolle haben, sind Sie bestimmt sehr glücklich und vor allem sehr effizient in diesem Tätigkeitsfeld, in dem Sie zweifellos die richtige Person am rechten Platz sind. Sie leiten, ohne zu urteilen; Sie beraten, ohne zu verpflichten.

Liebe

Sie sind liebevoll und treu und brauchen einen Partner, der sich voll und ganz in die Beziehung einbringt.

Geld/Beruf

Wenn Sie an Ihrem Arbeitsplatz die Zügel fest in der Hand haben, sind Sie sehr leistungsfähig.

25. Juni

Persönlichkeit

Sie sind großzügig, überschwänglich und können anderen hervorragend zuhören; Ihr Leben richten Sie auf die Hilfe und die Unterstützung aus, die Sie anderen bieten können. Sie widmen sich mit Leib und Seele dem Verständnis und der Verbesserung der Lebensqualität des Menschen, sowohl was die Umwelt betrifft, als auch auf psychologischer Ebene. Mit großer geistiger Offenheit ausgestattet, lauern Sie stets auf Entdeckungen und neuen Methoden, um aufzusteigen. Sie nehmen gern Verantwortung auf sich und stellen sich Herausforderungen. Sie haben das angenehme Gefühl, Ihre Pflicht erfüllt zu haben, wenn Ihre Handlungen Früchte tragen, selbst wenn es nur in kleinem Maßstab ist. Sie haben große Ambitionen, und keiner zweifelt daran, dass Sie mit den erbitterten Anstrengungen und der ganzen Energie, die Sie dafür aufwenden, dorthin kommen, wo Sie hinmöchten, und sogar noch weiter.

Liebe

Sie leben ganz im Hier und Jetzt und schätzen phantasievolle Überraschungen.

Geld/Beruf

Sie sind gewissenhaft, arbeitsam und rege und wissen, wie Sie Ihr Geld am besten verwalten und vermehren können.

26. Juni

Persönlichkeit

Sie möchten die Gunst aller genießen, jedermanns Freund und Energiequelle sein. In dieser Hinsicht geben Sie sich redlich Mühe, um das richtige Gesprächsthema zu finden, Ideen zu entwickeln, die man verwirklichen könnte, brisante Themen des Zeitgeschehens aufzugreifen, über die man diskutieren könnte, und darüber hinaus um Ihre Freuden und Leiden, Ihre Träume und Ambitionen offenzulegen. Das alles ist nur ein Teil Ihrer Persönlichkeit; der andere Teil fordert Sie zur Selbstbeobachtung und zum Hinterfragen Ihrer Aufgabe in dieser Welt auf. Es genügt nicht, von anderen geschätzt zu werden, Sie müssen auch Ihre Rolle gut spielen. Dementsprechend müssen Sie Ihre Entscheidungen fällen, gute Gelegenheiten wahrnehmen und sich auf Handlungen einlassen, die Ihnen für Ihre Zukunft richtig und vorteilhaft erscheinen. Laufen Sie nicht mit der Herde; folgen Sie Ihrem eigenen Weg.

Liebe

Vertrauen Sie der Liebe, die Ihr/e Partner/in Ihnen entgegenbringt, sowie dem Leben selbst.

Geld/Beruf

Handeln Sie im Beruf im Alleingang, und lockern Sie ein wenig Ihre Regeln.

27. Juni

Persönlichkeit

Sie verfügen über einen großen Erfahrungsschatz, genießen das Leben und die Magie des Augenblicks. Sie sind besonnen, sensibel und zuversichtlich, möchten nichts verpassen, nichts verlieren von der Aktivität oder den Veränderungen, die um Sie herum stattfinden. Sie stürzen sich in eine Unternehmung, ohne sich um ihren Ausgang oder mögliche Konsequenzen zu kümmern. Da Sie genau wissen, was Sie reizt, wagen Sie sich manchmal auf unerforschte Wege hinaus, um die nötige Motivation für Ihr weiteres Fortkommen zu finden. Obwohl Sie sentimental sind und auf eine gewisse Weise an der Vergangenheit hängen, blicken Sie nach vorn und gestatten sich, die Freuden und das Vergnügen auszukosten, die Sie auf Ihrem Weg antreffen.

Liebe

Sie sind glücklich in einer Beziehung, in der Regeln und Rollen eindeutig festgelegt sind.

Geld/Beruf

Für Sie ist kein Opfer zu groß, um finanziell nach oben zu gelangen.

28. Juni

Persönlichkeit

Sie sind kraftvoll, solide und energisch: eine kämpferische Natur mit weichem Herzen und edlen Prinzipien. Jung im Herzen und im Geist, mögen Sie gern Wortgefechte und Debatten, sofern Sie mit Fairness und Anstand geführt werden. Sie sind ein loyaler, anständiger Mensch, letztlich aber ein Einzelgänger, der sehr auf seine Freiheit und Unabhängigkeit bedacht ist. Sie haben eine eigene philosophische Weltanschauung, die Sie übrigens nicht immer in die Praxis umsetzen. Selbst wenn Ihre Mitmenschen sich nicht immer trauen, es zu sagen, so finden sie doch, dass Sie manchmal zu viel Raum einnehmen, zu viel Aufmerksamkeit auf sich ziehen und die Zuhörerschaft zu sehr für sich einnehmen. Staunen Sie also nicht, wenn Sie sich in Zeiten der Angst oder der Depression manchmal allein wiederfinden.

Liebe

Da Sie konservativ sind, fällt es Ihnen schwer, bestimmte Barrieren niederzureißen und sich ganz hinzugeben.

Geld/Beruf

Sie zeichnen sich in einer Arbeit aus, die Ihr ausgeprägtes Pflichtbewusstsein in Anspruch nimmt.

29. Juni

Persönlichkeit

Sie sind keineswegs beeinflussbar und gehen Ihren Weg nach Ihren eigenen Regeln, Wünschen und zielgerichteten Vorstellungen. Ihre große Vorstellungskraft treibt Sie dazu, selbst Ihre verrücktesten Träume zu verwirklichen, und Ihr Mut ermöglicht es Ihnen, Hindernisse zu überwinden und gegen vorgefasste Meinungen, und borniertre Geister zu kämpfen. Es fällt Ihnen schwer, längere Zeit am selben Ort zu verweilen; Sie haben das Bedürfnis, nachzusehen, was sich anderswo abspielt, sich treiben zu lassen, um neue Erfahrungen zu machen und sich durch neue Bekanntschaften und fesselnde Abenteuer zu bereichern. Dennoch sind Sie verantwortungsbewusst und wissen, wann es an der Zeit ist, stehen zu bleiben oder aber auch weiterzugehen. So romantisch und zuversichtlich Sie auch sind, Sie sollten darauf achtgeben, sich nicht von schönen Geschichten oder verlockenden Angeboten einlullen zu lassen.

Liebe

Sie sind zärtlich, mitreißend und leidenschaftlich; Sie brauchen einen Partner, der Ihnen ähnlich ist.

Geld/Beruf

Einen gut gefüllten Geldbeutel zu besitzen ist wichtig für Sie, und Sie achten ernsthaft darauf.

30. Juni

Persönlichkeit

Indem Sie Ihre Gefühle mit Ihrer körperlichen Energie verbinden, stürzen Sie sich in Aktivitäten – mal mit gutem, mal mit weniger gutem Ergebnis. Ihre große Impulsivität treibt Sie in das Auge des Hurrikans, bevor Sie überhaupt die Zeit hatten, nachzudenken und die Situation zu analysieren. Natürlich müssen Sie manchmal unangenehme Konsequenzen auf sich nehmen, aber das ist Ihnen egal; Sie ziehen es lieber vor, gelegentlich einen Preis zu zahlen, als untätig dazustehen und den Zug abfahren zu sehen. Sie können ohnehin nichts dagegen tun: Sie müssen mit gesenktem Kopf wie ein Stier drauflosrennen, Ihrem Schicksal entgegen. Da Sie loyal und diplomatisch sind, schätzt man Ihr Einfühlungsvermögen und vertraut sich Ihnen rückhaltlos an. Sie verfügen über Beschützerinstinkt und kommen unermüdlich den Schwächsten zu Hilfe. Sie haben entschieden das Zeug zu einem Comic-Helden!

Liebe

Sie sind verständnisvoll und sensibel, und der/die andere muss zunächst Ihr Vertrauen gewinnen, bevor er Ihr/e Partner/in werden kann.

Geld/Beruf

Sie sind scharfsinnig und intelligent und informieren sich gründlich, bevor Sie eine Investition tätigen.

Juli

1. Juli

Persönlichkeit

Sie setzen sich für alles ein, was Ihre Phantasie anregt, und zwar sowohl im Berufs- als auch im Liebesleben. Man bewundert Ihre Intelligenz, Logik und Anpassungsfähigkeit; Sie sind eine wichtige Energiequelle für die Menschen in Ihrer Umgebung. Sie sind immer geistig rege, beobachten, analysieren, stellen sich Fragen – und das motiviert Sie, immer weiterzugehen. Wenn es darum geht, Antworten zu finden, eine originelle Idee zu entwickeln oder einen Traum zu verwirklichen, schrecken Sie vor keiner Herausforderung zurück; Sie wissen genau, was Sie wollen und wohin Sie wollen. Mit Ihrer Leidenschaft und Ihren Gefühlen können Sie gut umgehen. Sie lassen sich von der Stimme Ihres Herzens, von Ihrem Engagement für kleine und große Angelegenheiten leiten, wie beispielsweise bei der Lösung eines Problems oder einer Schwierigkeit.

Liebe

Wichtig für Sie ist, dass der andere Ihre Ideale, Überzeugungen und Gefühle teilt.

Geld/Beruf

Sie nehmen sich die Zeit, die Dinge gut zu machen, Pläne zu schmieden, taktisch vorzugehen.

2. Juli

Persönlichkeit

Sie sind einfach immer beschäftigt, machen oft alles in letzter Minute und vernachlässigen bisweilen die Details, die allerdings unter bestimmten Umständen wichtig sein können. Sie sind klug und besonnen und haben alle notwendigen Trümpfe in der Hand, um Ihre Probleme zu lösen, jede Situation zu bewältigen und um einen Ausweg zu finden, wenn Sie in Bedrängnis geraten. Geld hat bei Ihnen nicht die oberste Priorität; da das Glück nicht zwangsläufig an Ihrer Seite ist, müssen Sie sowohl im Beruf als auch im Hinblick auf Ihre Gesundheit mit Bedacht vorgehen. Sie legen Wert auf eine gute Ernährung, eine gesunde Umwelt, eine angemessene Lebensqualität. Ihre Kraft schöpfen Sie in erster Linie aus Ihrem wachen Bewusstsein.

Liebe

Sie sind zuverlässig, idealistisch und optimistisch veranlagt und bringen sich in Ihre Liebesbeziehung voll und ganz ein.

Geld/Beruf

Sie suchen weder Anerkennung noch Reichtum, Sie wollen sich nur bei allem wohl fühlen.

3. Juli

Persönlichkeit

Einige nehmen Sie als arbeitsamen und sehr ernsthaften Menschen wahr; andere wiederum halten Sie für locker, umgänglich und vergnügungssüchtig. Im Grunde wollen Sie sich in Ihrer Haut wohl fühlen und von Ihrem Umfeld geschätzt werden. Sie sind ruhig, nachdenklich und aufmerksam; diese Eigenschaften machen Ihren mangelnden Ehrgeiz wett und ermöglichen Ihnen den Erfolg in mehreren Bereichen. Sie sind künstlerisch veranlagt – auch wenn das nicht immer zum Vorschein kommt und Sie sich manchmal bei Ihrer Entscheidungsfindung unbewusst diese Anlage zunutze machen. Mit Ihrer künstlerischen Seite hängen auch Ihre Abenteuerlust, Ihr Fernweh, Ihre Suche nach Schönheit, Harmonie und Gleichgewicht zusammen.

Liebe

Sie sind reif, freiheitsliebend, aber stabil und brauchen einen Partner, der Ihnen ähnlich ist.

Geld/Beruf

Aufgrund Ihrer offenen Einstellung können Sie sowohl ein leistungsfähiger Angestellter als auch ein beliebter Chef sein.

4. Juli

Persönlichkeit

Von Natur aus neigen Sie zur Unabhängigkeit, darum sind Sie – eher psychologisch als räumlich – auf Distanz bedacht. Sie sind immer in Bewegung, gesellig, mit einem guten Urteilsvermögen und einem fröhlichen Gemüt ausgestattet und dennoch zu Kritik und Widerspruch fähig. Sie brauchen Wärme und Sonne, um Ihr Bestes geben und um Ihre ganze Energie für die Verwirklichung der Projekte, die Ihnen am Herzen liegen, aufzubieten. Dennoch sollten Sie ein gemäßigtes Tempo einhalten, da Sie über keine große Widerstandskraft gegen langfristige Mühen aufzubringen imstande sind – übrigens auch nicht gegen starke Gefühlsregungen oder tiefgreifende Veränderungen im Privatleben.

Liebe

Sie sprühen vor Phantasie und Leidenschaft und werden von der Unabhängigkeit und Einfachheit Ihres Gegenübers besonders angezogen.

Geld/Beruf

Sie brauchen eine Arbeit, die Ihnen große Handlungsfreiheit einräumt und Sie intellektuell anregt.

5. Juli

Persönlichkeit

Aufgrund der verschiedenen Facetten Ihrer Persönlichkeit haben Sie breit gefächerte Interessen. Sie sind ein reifer Mensch und wollen als Erwachsener anerkannt werden, eine gute Stelle haben, heiraten – kurzum, ein geordnetes, etabliertes Leben führen. Sie schrecken vor Verantwortung nicht zurück, im Gegenteil, sie spornt Sie an, voranzukommen und sich ständig Höchstleistungen abzuverlangen. Sie lieben Ihre Umwelt und bemühen sich um ihre Verschönerung und um eine größere Lebensqualität. Ihre körperliche und seelische Gesundheit liegen Ihnen ebenfalls am Herzen, und um sie zu erhalten, sorgen Sie für vernünftige Ernährung und viel Bewegung. Ohne hartnäckig zu sein, versuchen Sie Ihre Mitmenschen von der Wichtigkeit eines gesunden Geistes in einem gesunden Körper zu überzeugen.

Liebe

Sie leben ganz in der Gegenwart und erwarten dasselbe auch von Ihrem Partner.

Geld/Beruf

Sie arbeiten hart und werden dafür sowohl finanziell als auch privat belohnt.

6. Juli

Persönlichkeit

Mit Ihrem unbestreitbaren Charme ziehen Sie die Menschen an und verblüffen sie mit Ihren weitreichenden Kenntnissen. Sie besitzen die nötige Reife und spielen bei Bedarf mit Bedacht Ihre Trümpfe aus. Wie es nun einmal ist, haben Sie nicht nur gute, sondern auch schlechte Eigenschaften, die Sie in den Augen Ihrer Mitmenschen nicht immer sehr sympathisch machen. Sie sind zu starken Gefühlen fähig, haben ein gutes Urteilsvermögen und lassen sich durch andere nicht beirren. Sie gehen geschickt mit Stress um und sind fähig, Ihre große Energie zu kanalisieren, die Sie Ihre Ziele erreichen lässt. Sie wissen sich zu helfen und finden immer einen Ausweg aus verfahrenen Situationen oder Lösungen für die Probleme, die sich Ihnen in den Weg stellen.

Liebe

Sie neigen zum Perfektionismus und stellen Beziehungsregeln auf, die Ihr/e Partner/in akzeptieren muss.

Geld/Beruf

Sie arbeiten, um sich finanziell wohl zu fühlen, aber nicht, um Geld anzuhäufen.

7. Juli

Persönlichkeit

Sie sind klüger, als Sie vorgeben, beobachten und analysieren alles und sind immer bereit, gute Gelegenheiten beim Schopf zu packen oder sich auf überraschende Entdeckungen einzulassen. Sie wirken zwar zerstreut, wenn nicht gar gleichgültig in Bezug auf Ihre Umwelt, aber Sie ersinnen und schmieden Pläne und wägen sorgsam Ihre Erfolgschancen aus. Wenn Sie als Sieger aus einer hart umkämpften Angelegenheit hervorgehen, empfinden Sie volle Befriedigung. Sich Herausforderungen zu stellen, ist für Sie ein existenzielles Bedürfnis. Sie sind ein freiheitsliebender, neugieriger Mensch, der ständig auf der Suche nach neuen Kenntnissen und Erfahrungen ist und an der Kritik oder den Urteilen der anderen keinen Anstoß nimmt.

Liebe

Sie sind zärtlich und vertrauensvoll, geben viel und fordern nur selten etwas zurück.

Geld/Beruf

Sie führen hervorragend Ihre Geschäfte und interessieren sich nicht für Ratschläge oder Meinungen von außerhalb.

8. Juli

Persönlichkeit

Von Ihrem geheimen Ehrgeiz und einem gewissen inneren Feuer angetrieben, gelingt es Ihnen, Ihre Umwelt durch Ihre Handlungen und Reaktionen zu überraschen. Negative oder fatalistische Kommentare sind Ihnen gleichgültig; Sie lernen schnell und gut aus all Ihren Erfahrungen, die Sie dann bei der Verwirklichung Ihrer Träume und Ziele nutzbringend einsetzen. Sie lassen sich weder Grenzen noch Einschränkungen auferlegen, wenn es darum geht, beruflich voranzukommen oder neue Wege zu entdecken. Sie haben mehrere Eisen im Feuer und wissen, sie angemessen zu nutzen. Da Sie lieber im Alleingang handeln, fällt es Ihnen schwer, im Team zu arbeiten und sich an eine Gruppendynamik anzupassen. Um Sie gut zu kennen, muss man Verhaltensweise und Äußerlichkeiten außer Acht lassen.

Liebe

Die Liebe lässt Sie das gesamte Gefühlsspektrum erleben!

Geld/Beruf

Wenn Ihre Neugier im Beruf Ihre Verbündete ist, so ist die Ungeduld Ihre Feindin.

9. Juli

Persönlichkeit

Ihre Kraft, Ihr gutes Aussehen, Ihre Energie und Ihre Bestimmtheit fallen einem sofort auf. Sie haben einen Ehrenkodex, der
Ihren ausgezeichneten Ruf bei sämtlichen Menschen in Ihrem
Umfeld ausmacht. Sie ändern das Drumherum, um es an Ihre
Bedürfnisse anzupassen, und schreiben die Regeln neu, ent-
sprechend Ihren Anforderungen oder einer gegebenen Situation. Obwohl Sie sehr loyal und für die Ihren immer da sind,
halten Sie an Ihrem Prinzip fest, dass jeder seines Glückes
Schmied ist. Sie finden Gefallen daran, neue Erfahrungen zu
machen, neue Horizonte aufzutun und Menschen anderer
Hautfarbe, Kultur oder Sprache kennenzulernen.

Liebe

Ihr Partner muss ausgeglichen und loyal sein und Ihr Freiheitsbedürfnis dulden.

Geld/Beruf

Wenn Sie gut bezahlt werden, kann es sein, dass bequeme
Routine für Sie zur Gewohnheit wird.

10. Juli

Persönlichkeit

Sie sind stolz, edel, rassig und warmherzig, möchten geschätzt und anerkannt werden und scheuen keine Mühen, was sowohl Ihr Äußeres als auch Ihr Verhalten betrifft. Sie haben einen ausgeprägten, beinahe nicht zeitgemäßen Beschützerinstinkt, sind hilfsbereit, ehrlich und sehr respektvoll; Sie geben den anderen viel, erwarten aber auch genauso viel zurück. Sie haben ein großes Herz und einen scharfen Verstand; lediglich Ihre körperliche Energie lässt zu wünschen übrig und entspricht nicht ganz Ihren Erwartungen. Das treibt Sie dazu, geistig noch härter zu arbeiten, Pläne auszuarbeiten und sich gut Ihre Ziele vor Augen zu halten. Dennoch gestatten Sie sich auch Entspannung und Freizeit.

Liebe

Aufgrund Ihrer romantischen Ader hängen Sie leider zu sehr an der Vergangenheit, um den Augenblick vollauf genießen zu können.

Geld/Beruf

Es fällt Ihnen nicht leicht, ein Budget festzulegen, aber Sie stellen sich doch nicht so schlecht dabei an.

11. Juli

Persönlichkeit

Sie möchten gern fremde Länder sehen, neue Gegenden entdecken, ausgetretene Pfade verlassen; wenn das Leben Sie allerdings ärgert, betrübt oder ängstigt, dann kehren Sie in die Gemütlichkeit des Heims zu den Ihren zurück. Sie kommen immer Ihren Verpflichtungen nach und können sich stillschweigend aufopfern – in dem Bewusstsein, sich dadurch Ihren Platz im Paradies zu verdienen. Zu schaffen macht Ihnen Ihre schwächelnde Gesundheit, dennoch fühlen Sie sich wohl in Ihrem Körper und in Ihrem Geist, indem Sie täglich an der Verbesserung Ihrer Lebensqualität arbeiten. Buchstäblich aus dem Stand springen Sie von einer Tätigkeit in die andere, Sie kommen den Ärmsten zu Hilfe, räumen die Hindernisse aus dem Weg, die Ihren Aufstieg hemmen, und bauen Brücken, um die Menschen miteinander in Verbindung zu bringen oder zu versöhnen.

Liebe

Sie brauchen einen reifen, freiheitsliebenden, umtriebigen und eigenständigen Partner.

Geld/Beruf

Sie haben die Gabe, zur richtigen Zeit am richtigen Ort zu sein, um die guten Gelegenheiten wahrzunehmen, die sich Ihnen bieten.

12. Juli

Persönlichkeit

Ihr guter Stern belohnt zu Recht all Ihre Anstrengungen. Sie halten den Schlüssel zum Erfolg in der Hand, wenn es Ihnen gelingt, auf das Urteil der anderen nicht viel zu geben, ihren kritischen Blicken zu trotzen und wenn Sie endlich aufhören, sich verpflichtet zu fühlen, stets Ihre Gedanken und Handlungen zu rechtfertigen. Sie verfügen über Intuition und besitzen sozusagen den sechsten Sinn, den Sie leider nicht genügend entwickeln und folglich Ihre überschäumende Phantasie bremsen. Meditation, Yoga oder irgendeine andere Entspannungstechnik könnten Ihnen dabei helfen, sowohl Ihre körperliche als auch Ihre geistige Energie zu kanalisieren, damit Sie aus sich selbst jene innere Kraft schöpfen, die nur darauf wartet, zum Vorschein zu kommen, und Ihr gesamtes Potenzial und all Ihre Talente besser zu verstehen.

Liebe

Hören Sie auf Ihr Herz, und lassen Sie sich von den anderen weder in Ihren Entscheidungen noch in Ihrem Handeln beeinflussen.

Geld/Beruf

Sie sind verantwortungsbewusst und arbeitsam, Sie legen ein Budget fest und halten sich daran.

13. Juli

Persönlichkeit

Sie sind gesellig und sehr kommunikativ und können davon ausgehen, dass Sie immer einen sehr großen Bekanntenkreis haben werden. Mit einem lebhaften und neugierigen Geist ausgestattet, geben Sie gern Ihre Meinung zum täglichen Geschehen ab, und es fehlt Ihnen nie an Argumenten in Diskussionen, die Sie mit Leidenschaft führen! Sie sind zurückhaltend, um nicht zu sagen unauffällig beim Lernen, bilden aber sofort nach der Verinnerlichung Ihrer Lektionen den Mittelpunkt des Geschehens. Sie sind optimistisch und stets bereit, sich mit Begeisterung in irgendwelche Aktivitäten zu stürzen, aber Sie ertragen es kaum, wenn Sie verlieren oder versagen. Meditation, eine ruhige Umgebung, gute Ernährung und Bewegung können Ihnen dabei helfen, den Stress besser unter Kontrolle zu halten, klare Ideen und ein sicheres Urteilsvermögen zu haben – ein gesunder Körper in einem gesunden Geist.

Liebe

Sie sind zärtlich und ein wenig naiv und bevorzugen einen spontanen Partner mit einem Hauch von Phantasie.

Geld/Beruf

Sie sind positiv eingestellt, aber zu individualistisch; Sie müssen sich in Geduld üben, um die Erfolgsleiter zu erklimmen.

14. Juli

Persönlichkeit

Ihre große geistige Offenheit, Ihre Gutmütigkeit und Ihre Neugier machen aus Ihnen eine/n Weltenbürger/in und große/n Menschenfreund/in. Ihre Aufgewecktheit sowie Ihre Lust am Lernen, Wissen, Erforschen und Entdecken sind nicht nur Ihnen, sondern auch den Menschen in Ihrem Umfeld dienlich, für die Sie ein Vorbild sind oder eine geistige Führerschaft übernehmen. Sie sind einfühlsam und können zuhören, ohne zu urteilen, beobachten, ohne zu kritisieren, helfen, ohne zu kontrollieren. Kurzum, Sie scheinen dafür prädestiniert zu sein, zu lehren, zu beraten, Hoffnung und Optimismus in das Leben Ihrer Mitmenschen zu bringen. Das gelingt Ihnen, indem Sie sie an Ihrer inneren Ruhe teilhaben lassen, ihnen beibringen, ihren Horizont zu erweitern, den Augenblick zu leben, an sich zu glauben, ihre Träume umzusetzen und mehr Vertrauen zu sich selbst und zum Leben zu haben.

Liebe

Erstaunlicherweise werden Sie von einflussreichen, imposanten Menschen in Führungspositionen angezogen.

Geld/Beruf

Da Sie sich durch Teamarbeit eingeschränkt fühlen, kommen Sie als Einzelkämpfer besser voran.

15. Juli

Persönlichkeit

Sie sind mit Neugier und einem großen Wissensdurst ausgestattet und umgeben sich gern mit Menschen, die Ihnen Wissen, neue Kenntnisse und Allgemeinbildung vermitteln können. Sie sind ausgeglichen und auf der Suche nach Lebensverhältnissen, Stimmungen und einer Umwelt, in denen Sie sich wohl fühlen und über die Sie die volle Kontrolle haben. Sie sind sehr weise und gehen Situationen aus dem Weg, die Sie erschüttern, aus dem Gleichgewicht bringen, ärgern oder betrüben. Da Sie über Charisma verfügen, kommen die Menschen von sich aus auf Sie zu, aber Sie müssen eine gute Auswahl treffen, damit Sie nicht Ihre Zeit und Energie verschwenden. Die künstlerische Seite, die in Ihnen schlummert, ist ständig auf der Suche nach Einsamkeit und Ruhe.

Liebe

Sie sind zärtlich und aufmerksam und verlangen vom Partner die gleiche Loyalität, die Sie ihm entgegenbringen.

Geld/Beruf

Teilen Sie Ihre Kompetenz mit anderen und bringen Sie ihnen Ihre Hilfe entgegen, aber verleihen Sie nie leichtfertig Geld.

16. Juli

Persönlichkeit

Hinter Ihrem freundlichen Lächeln verbirgt sich eine große Kämpfernatur! Sei es aus Notwendigkeit oder bloßem Vergnügen, Sie lieben es, sich in irgendwelche Tätigkeiten zu stürzen, zu konkurrieren, Ihre Körperkraft sowie Ihre Allgemeinbildung mit einem würdigen Gegner zu messen. Kurzum, Sie nehmen gern Herausforderungen an, so groß sie auch sein mögen. Sie sind frühreif und fangen schon in jungen Jahren mit dem Erwachsenenleben an: Heirat, gesellschaftlicher und beruflicher Erfolg. Sie wollen alles haben und sehr schnell nach oben gelangen, auch wenn Sie nicht wissen, warum Sie dieses Gefühl der Dringlichkeit verspüren. Da Sie dennoch Ihr Leben lang das Herz eines Kindes behalten, sind Sie eine Energiequelle für die jungen Menschen in Ihrer Umgebung. Es fällt Ihnen leicht, sie zu verstehen und auf den richtigen Weg zu leiten.

Liebe

Sie brauchen einen aufgeschlossenen, klugen Partner, der sich gut äußern kann.

Geld/Beruf

Im Beruf erbringen Sie Höchstleistungen, und Ihre Finanzen entsprechen Ihren Leistungen.

17. Juli

Persönlichkeit

Da Sie absolut keinen Wert darauf legen, den gesamten Raum einzunehmen oder im Vordergrund zu stehen, gehen Sie Ihren Weg ohne großes Aufheben. In Ihrem Leben werden Sie von Ihrem Instinkt, den Zeichen des Schicksals und Ihrem guten Stern geleitet. Sie fühlen sich sehr wohl an dem Platz, den Sie innehaben, und möchten ihn weder aufgeben noch den eines anderen Menschen einnehmen. Sie scheuen das Risiko und bleiben auf den ausgetretenen, Ihnen vertrauten Pfaden, auf denen Sie sich sicher fühlen. Ausgeglichen und auf der Suche nach Stabilität, hängen Sie sehr an Ihrer Familie, die Ihre größte Quelle der Freude und der Anregung ist. Leider verlassen Sie sich manchmal zu sehr auf andere, wenn es darum geht, Phantasie, Bewegung und Spannung in Ihr Leben zu bringen.

Liebe

Sie überlassen Ihrem Partner die Aufgabe, die Regeln der Beziehung aufzustellen.

Geld/Beruf

Sie sind ein vorbildlicher Angestellter, auch wenn Sie sich kaum mit Ihren Kollegen anfreunden.

18. Juli

Persönlichkeit

Im Leben gehen Sie mit einer gewissen Steifheit und bisweilen mit bissigen Bemerkungen vor. Wenn in Ihnen die Zeichen auf Sturm stehen, steigern Sie Ihr Tempo und suchen nach anderen Wegen. Da Ihr Herz und Ihr Verstand nicht immer konform gehen, fällt es Ihnen schwer, Ausgeglichenheit und Stabilität im Berufs- sowie im Privatleben zu finden. Sie sind bereit, viele Zugeständnisse zu machen, um Freundschaften, Liebes- und Familienbeziehungen zu unterhalten, aus denen Sie Motivation schöpfen. Sie haben zahlreiche Interessengebiete, aber gemäß dem Sprichwort »Gut Ding will Weile haben«, müssen Sie Geduld und Beharrlichkeit unter Beweis stellen, um sich in die neue Materie einzufinden und sie beherrschen zu können.

Liebe

Sie sind wohlwollend, freundlich und gut, geben viel, fordern aber auch genauso viel zurück.

Geld/Beruf

Sie neigen zum Perfektionismus, sind leistungsstark und produktiv und wissen, wie Sie Ihr Geld vermehren können.

19. Juli

Persönlichkeit

Sie sind ehrgeizig, trachten immer nach oben und lernen, indem Sie sich Ratschläge und Tipps bei denen einholen, die den Sprung bereits geschafft haben. Bevor Sie sich ins Rennen begeben, geben Sie Ihrer Persönlichkeit noch den letzten Schliff. Sie haben ein besonderes Talent, die Menschen zu leiten und sie anzufeuern, die Besten, Leistungsfähigsten und Gründlichsten zu werden. Mit Menschen, die pessimistisch sind oder eine negative Ausstrahlung haben, geben Sie sich weder ab noch lassen Sie sich von ihren Reden beeinflussen. Sie sind davon überzeugt, dass Grenzen dazu da sind, um überschritten zu werden, und Gesetze, um geändert zu werden, mit dem Ziel, Vertrauen, ein stärkeres Selbstwertgefühl und eine bessere Lebensqualität zu erlangen.

Liebe

Sie glauben nicht an einen vorgezeichneten Weg, und Liebe bleibt Ihnen oft ein Rätsel.

Geld/Beruf

Sie haben einen guten Riecher für erfolgreiche Geschäfte; Ihr gut gefüllter Geldbeutel ist der Beweis dafür.

20. Juli

Persönlichkeit

Sie sind phantasievoll, talentiert, geschickt und imstande, sich zu amüsieren und die schönen Momente des Lebens zu genießen. Sie lieben intelligente, bereichernde Diskussionen und Reisen, die Ihren Horizont erweitern und Sie in unbekannte Gegenden führen. Sie haben eine Pioniernatur und versuchen oft, Regeln zu verändern oder zu übertreten, denn das Spiel macht Ihnen nur Spaß, wenn es Ihrem Image, Ihren Werten und Ihren Überzeugungen entspricht. Sie mögen es, wenn man Ihre Leistungen und Handlungen bemerkt, Ihre Talente hervorhebt, Ihre Fähigkeiten bewundert. Da Sie sehr redegewandt sind, können Sie leicht Ihre Botschaften an den Mann bringen, Ihren Standpunkt vertreten und Ihre Argumente überzeugend vorbringen. Herausforderungen spornen Sie an.

Liebe

Sie sind in der Lage zu sehen, was sich hinter der Maske, dem Anschein und der äußeren Erscheinung verbirgt.

Geld/Beruf

Als Führungspersönlichkeit neigen Sie vielleicht ein wenig dazu, alles unter Kontrolle zu halten, jedoch werden Sie wegen Ihrer Professionalität geschätzt.

21. Juli

Persönlichkeit

Man lernt im Leben nie aus; was Sie sind, sein werden und erreichen werden, hängt ausschließlich von den Anstrengungen ab, die Sie unternehmen, um zuzuhören, sich etwas anzueignen und Fragen zu stellen. Mit diesem Rüstzeug werden Sie gelassen Lebensprüfungen bestehen, Handlungen und Reaktionen lenken und Nutzen aus Ihren guten sowie schlechten Erfahrungen ziehen. Sie gehören nicht zu denen, die unbedingt im Mittelpunkt stehen müssen, dennoch haben Sie einen Platz einzunehmen und zu verteidigen. Mit einem großen Gerechtigkeitssinn ausgestattet, können Sie in Konfliktsituationen gut vermitteln und große Objektivität walten lassen. Sie sind friedliebend und besonnen und machen Ihren Weg ohne großes Aufheben.

Liebe

Sie sind neugierig, romantisch, liebevoll und von der Liebe begeistert.

Geld/Beruf

Man bewundert Ihre Ruhe und Ihre Genauigkeit in allem; Sie sind ein/e Traumangestellte/r oder ein/e geschätzte/r Chef/in.

22. Juli

Persönlichkeit

Egal wo Sie sind, man wird Sie nie übersehen. Sie führen Gespräche, bringen Leben in die Unterhaltung, sorgen für Stimmung, kurzum, Sie stehen oft im Mittelpunkt. Sie verfügen über eine Fülle guter Eigenschaften und über Talente aller Art, Sie sind das Leben selbst unter seinem angenehmsten, aufregendsten Aspekt. Sie sind attraktiv und fesselnd – niemand kann Ihrem Charme, Ihrem Charisma und Ihrer Lebensfreude widerstehen. Aufgrund Ihrer Intelligenz und Ihrer Kreativität können Sie große Dinge vollbringen, wenn Sie sich beide Anlagen zunutze machen. Sie nehmen gern Herausforderungen an; sobald Sie Ihren Auftrag erfüllt haben, rüsten Sie sich schleunigst zu einem neuen Kampf. Denen, die Sie aburteilen oder Sie nicht verstehen, vergeben Sie mühelos.

Liebe

Ihr Partner muss gesellig, fröhlich und bereit sein, sich auf Ihre Einfällen einzulassen.

Geld/Beruf

Egal ob allein oder in der Gruppe, Sie sind eine effiziente Arbeitskraft und verwalten klug Ihre Finanzen.

23. Juli

Persönlichkeit

Aus Unsicherheit, mangelndem Selbstvertrauen oder Angst zu irren, gehen Sie oft einen Schritt vor und zwei Schritte zurück, zögern, eine Wahl zu treffen, sich zu entscheiden, zur Tat zu schreiten. Leider nehmen Sie den Einfluss bestimmter Personen in Ihrem Umfeld hin, die Ihnen nicht wirklich guttun. Auch wenn Sie eine Einzelgängernatur sind und im Privatleben zur Pedanterie neigen, so gelingt es Ihnen kaum diejenigen zurückzustoßen, die sich in Ihre Geschäfte einmischen und dabei auch Ihren Geist vernebeln. Romantisch veranlagt, wie Sie sind, leben Sie gern die Liebe in all ihren Formen aus. Den anderen zuzuhören, sie zu analysieren und sie zu verstehen versuchen, hilft Ihnen bei Ihrer Suche nach dem inneren Gleichgewicht.

Liebe

Sie sind reif, charmant und verständnisvoll und wünschen sich eine stabile, unkomplizierte, zufriedenstellende Liebe.

Geld/Beruf

Sie können gut verhandeln, sind versöhnlich und ehrerbietig; Sie können Großes verwirklichen.

24. Juli

Persönlichkeit

Sie füllen wunderbar Ihr Leben mit Farben, Phantasien und Abenteuern und leben sämtliche, damit verbundene Emotionen aus. Da Sie zu einer gewissen Radikalität neigen, gelingt es Ihnen nicht immer, den richtigen Mittelweg zu finden. Sie sind ehrgeizig, und auch wenn Sie nicht unbedingt Konkurrenz suchen, schrecken sie davor aber auch nicht zurück. Sie sind auf »action« angewiesen, und wenn keine da ist, zögern Sie nicht, die Aufmerksamkeit auf sich zu ziehen. Sie scheuen keine Mühen, um die Rolle gut zu spielen, die Sie für die Ihnen angemessene halten. Sie zeichnen sich durch Beschützerinstinkt aus und verteidigen Ihre Lieben mit Zähnen und Klauen. Sie sind ehrlich und loyal, auf Ihre Treue ist immer Verlass – als Bruder wie als Schwester, als Vater wie als Mutter, als Ehemann wie als Ehefrau, als Freund wie als Freundin.

Liebe

Sie verstehen die Bedürfnisse Ihres Partners und befriedigen sie, so gut es geht.

Geld/Beruf

Sie sind scharfsichtig, können Menschen motivieren und Ihre Zeit sowie Ihre Finanzen gut einteilen.

25. Juli

Persönlichkeit

Ernsthaft und verantwortungsbewusst, erfüllen Sie gewissenhaft Ihre Verpflichtungen, was Sie aber nicht daran hindert, sich zu amüsieren und einen Hauch von Leichtigkeit in Ihr Leben zu bringen. In der Kindheit hat es Ihnen nichts ausgemacht, die zweite Geige zu spielen; als Erwachsener streben Sie den ersten Platz an und erhalten ihn auch. Sie haben eine gute Intuition und wissen, welchen Weg Sie einschlagen müssen, um zur richtigen Zeit am richtigen Ort zu sein und günstige Gelegenheiten beim Schopfe zu packen. Sie haben sehr viel Energie und können auf mehreren Hochzeiten zugleich tanzen, ohne dass die Qualität Ihrer Vorhaben darunter leidet. Verleugnen Sie auf keinen Fall Ihre künstlerischen Talente: Sie könnten Sie weit bringen und Sie zudem sehr glücklich machen.

Liebe

Da Sie spontan sind und zu Exzessen neigen, muss sich Ihr Partner auf Ihren Rhythmus und Ihre Vorlieben einstellen.

Geld/Beruf

Sie machen zwar angemessenen Gebrauch von Ihren Fähigkeiten, aber seien Sie offen für die Ideen und Ratschläge der anderen.

26. Juli

Persönlichkeit

Sie sind ein sensibler, leidenschaftlicher und charismatischer Mensch – und folglich kommen viele zu Ihnen, nicht um etwas von Ihnen zu erwarten, sondern um nur von Ihrer Anwesenheit zu profitieren. Ihre Liebenswürdigkeit und Freundlichkeit hindern Sie dennoch nicht daran, wild gegen diejenigen zu kämpfen, die Ihre Überzeugungen oder die Menschen angreifen, die Ihnen lieb sind. Auch wenn Sie durch und durch freiheitsliebend sind und sich als Einzelkämpfer gut behaupten, schließen Sie sich manchmal Menschen mit Erfahrung an, die oft von Ihrer Kompetenz, Ihrem Potenzial und Ihren zahlreichen Fähigkeiten beeindruckt sind. Wenn Sie nicht Ihre künstlerischen Talente nutzen, um Ihren Lebensunterhalt zu verdienen, dann nutzen Sie sie zumindest in Ihrer Freizeit, um Ihrem Leben ein wenig Würze zu verleihen.

Liebe

Wenn Ihr Partner sich gut um Sie kümmert, wird er hundertfach dafür belohnt werden!

Geld/Beruf

Routine vermittelt Ihnen ein beruhigendes Gefühl, und das Erstellen und Einhalten des Budgets gibt Ihnen finanzielle Sicherheit.

27. Juli

Persönlichkeit

Sie sind sensibel, offen für die Erfahrungen Ihrer Mitmenschen und laden oft die Last ihrer Probleme und Schicksalsschläge auf Ihre Schultern. Achten Sie darauf, nicht Ihre gesamte Energie zu verschwenden und dabei Ihre Bedürfnisse, Ihre Wünsche, Ihr eigenes Leben aus den Augen zu verlieren. Ihre Fähigkeit, zu staunen, führt Sie immer wieder zum Wesentlichen zurück und versetzt sie Sie wieder in Ihre ursprüngliche Rolle. Sie besitzen viele verborgene Talente, und die anderen sind immer überrascht, wenn Sie sie zutage fördern. Das führt dazu, dass Sie sich Ihres Potenzials und all der Ihnen innewohnenden Möglichkeiten bewusst werden. Wenngleich Sie zufrieden sind mit dem, was Sie sind und was Sie wert sind, träumen Sie insgeheim davon, dass man endlich Ihre sinnliche und genüssliche Seite entdecke. Sie sind ruhe- und harmoniebedürftig und treten ungern mit anderen in Konkurrenz.

Liebe

Sie wissen, wie Sie Ihrem Partner und Ihrer Beziehung das zuführen, was für den Erfolg nötig ist.

Geld/Beruf

Sie sind vertrauenswürdig und entschlossen; beruflich und finanziell sind Sie erfolgreich.

28. Juli

Persönlichkeit

Sie sind ungestüm, stürzen sich oft aus innerem Drang in irgendeine Aktivität, was verhängnisvolle Folgen nach sich ziehen kann. Sie sollten lernen, Ihr Ungestüm zu zügeln, Ihre Aktivitäten zu systematisieren und, wenn möglich, ihre Konsequenzen abzusehen. Sie sind die Stütze Ihrer Familie, und Ihre Angehörigen kommen freimütig zu Ihnen, um Ihre Hilfe oder Ratschläge in Anspruch zu nehmen, von Ihrer Erfahrung zu profitieren oder um sich Ihnen anzuvertrauen. Konkurrenz spornt Sie an, und Sie übernehmen gern eine Führerrolle sowohl auf familiärer als auch auf beruflicher Ebene; die Herausforderungen und Risiken, die damit verbunden sind, erschrecken Sie nicht im Geringsten. Hinter Ihrem sanften Äußeren verbirgt sich ein eiserner Wille; Entschlossenheit und Dominanz paaren sich bei Ihnen mit Beschützerinstinkt und Nachsicht.

Liebe

Sie sind zu autoritär und müssen lernen, dem Partner zuzuhören und ihn selbständig entscheiden zu lassen.

Geld/Beruf

Sie wollen nach Ihrer Fasson und Ihren eigenen Regeln arbeiten, überschreiten aber oft Ihr Budget.

29. Juli

Persönlichkeit

Sie legen hohe Maßstäbe an sich selbst, betrachten sich mit kritischen Augen und sind davon überzeugt, dass Sie immer das bekommen werden, was Sie sich wünschen. Obwohl Sie fair und umgänglich zu sein scheinen, handeln Sie in erster Linie, um Ihre Bedürfnisse und Wünsche zu befriedigen, Ihre Träume zu verwirklichen und Ihre eigenen Interessen wahrzunehmen. Vergessen Sie nicht, dass Worte, Gesten, Handlungen und Entscheidungen ihre Folgen nach sich ziehen, und zwar für Sie, indirekt aber auch für andere. Sie sind dafür bestimmt, Menschen kennenzulernen, die genauso ehrgeizig sind wie Sie; Sie sollten sich daher angewöhnen, mit offenen Karten zu spielen und mit Anstand zu verlieren. Sie sind intelligent und energisch – die Welt hält mehrere wichtige Rollen in dem großen Theaterstück des Lebens für Sie parat.

Liebe

Losgelöst von Ihrer Vergangenheit, profitieren Sie voll und ganz von der Gegenwart, die Sie als Paar leben.

Geld/Beruf

Kompetent und impulsiv, machen Sie leicht das große Geld … aber auch Schulden.

30. Juli

Persönlichkeit

Sie haben ein bescheidenes Aussehen und einen unkompliziertem Charakter; doch wer Sie besser kennt, stellt überrascht fest, dass Sie letztendlich nicht diesem Image entsprechen. Sie sind ein ehrlicher, instinktiver, leidenschaftlicher Mensch, ein hervorragender Analytiker und haben ein erstaunlich gutes Gedächtnis und eine Detail- und Arbeitsbesessenheit, die Ihre Mitmenschen sowohl verblüfft als auch entzückt. Sobald man erkennt, dass Sie allen immer Gehör schenken, wie gerecht Ihre Urteile und wie stichhaltig Ihre Argumente sind, werden Sie zu einer »Energiequelle« für Ihre Mitmenschen. Wenn Sie die richtige Position haben und Ihnen die geeigneten Mittel zur Verfügung stehen, sind Sie dazu bestimmt, große Dinge zu verwirklichen. Obwohl Sie sämtliche Fähigkeiten einer Führungspersönlichkeit haben, verwirklichen Sie sich am besten im Alleingang.

Liebe

Wenn Sie sich mit Ihrem Partner wohl fühlen, kennt Ihre Anpassungsfähigkeit keine Grenzen.

Geld/Beruf

Da Sie nicht sehr vorausschauend sind, müssen Sie ein Budget festlegen und es genau einhalten.

31. Juli

Persönlichkeit

Einige bezeichnen Sie als dickköpfig und freiheitsliebend, wenn nicht gar als unsozial, und auch wenn Sie das ein wenig betrübt, verschwenden Sie keinen einzigen Gedanken an solche Einschätzungen; das Leben ist zu kurz und zu schön, um es sich von falschen Meinungen, Tratsch und Vorurteilen verderben zu lassen. Sie können Erfolg haben und die Grenzen, die Sie sich gesetzt haben, überschreiten. Sie besitzen unglaubliche Fähigkeiten und eine große innere Stärke, die Sie so gut wie möglich entwickeln sollten. Alle Anstrengungen, die Sie unternehmen, um voranzukommen, zu lernen, etwas hervorzubringen, sich weiterzuentwickeln und in ein hohes Amt aufzusteigen, werden belohnt. Sie sind ernsthaft, manchmal sogar streng und vergessen, dass man auch Spaß haben kann und sich die Zeit nehmen muss, um körperliche wie seelische Energie aufzutanken und das Leben bunter zu gestalten.

Liebe

Leider ist Liebe für Sie wie ein Geschäft; sie muss Dividende einbringen.

Geld/Beruf

Sie übernehmen gern die Leitung der Arbeitsgänge und investieren mit Besonnenheit.

August

1. August

Persönlichkeit

Sie sind sehr gesellig, immer guter Laune und gewöhnlich ein Glückskind, haben einen großen Freundes- und Bekanntenkreis; und wissen, dass Sie bei Bedarf immer auf ihn zählen können. Sie sind sympathisch und freundlich, haben ein angenehmes Äußeres und fühlen sich bei allem wohl, was mit Publikumskontakt zu tun hat. Sie sind kein verbissener Arbeiter, verlängern immer wieder die Fristen und verschieben das, was Sie heute machen könnten, gern auf morgen. Sie zögern nicht sich zurückzuziehen, um von einer guten Gelegenheit oder einem sicheren Vorteil zu profitieren. Sie wollen das Leben genießen – warum auch nicht, wenn Sie auf diese Weise glücklich sind?

Liebe

Sie wissen genau, was Sie wollen; wenn Ihre Entscheidung einmal gefallen ist, ist sie unwiderruflich.

Geld/Beruf

Sie sind klug, spontan und charmant, und es gelingt Ihnen immer, Ihren Platz zu finden und Ihren Tresor zu füllen.

2. August

Persönlichkeit

Sie sind es sich schuldig, alle Fähigkeiten, die Sie bei Ihrer Geburt mitbekommen haben, so gut wie möglich zu entwickeln. Sie sind anspruchsvoll, gesellig, haben einen guten Geschmack und einen ausgeprägten Beschützerinstinkt; obwohl Sie ein gewisses künstlerisches Talent besitzen, ziehen Sie die Gesellschaft gebildeter Menschen, bereichernde Gespräche und intellektuelle Debatten vor. Sie sind ausgeglichen, suchen nach Harmonie in allem und meiden Konfrontationen sowie Kontroversen. Das hindert Sie nicht daran, Ihre Meinungen, Wertvorstellungen und Interessen hartnäckig zu verteidigen. Manche bezeichnen Sie als exzentrisch; in Wirklichkeit folgen Sie nur Ihrem Instinkt und tun, was Ihnen gerecht und gut erscheint, auch wenn Sie sich manchmal im Grenzbereich bewegen. Sie wollen das Leben, das Ihnen die Möglichkeit bietet, so viele Rollen zu spielen, in vollen Zügen genießen.

Liebe

Liebe inspiriert Sie, bringt Sie voran, beflügelt Sie, macht Sie glücklich.

Geld/Beruf

Sie müssen sich eine gutdotierte Position sichern, damit Ihre Motivation nicht nachlässt.

3. August

Persönlichkeit

Sie haben gute Umgangsformen, sind sehr schlagfertig und wissen immer, was man zur rechten Zeit sagen oder tun sollte. Manche werden sagen, dass Sie Glück haben oder dass es Zufall ist, aber Sie haben es vor allem Ihrer Erfindungsgabe zu verdanken. Engagiert und überzeugend, wissen Sie, wie man eine Zuhörerschaft für sich einnimmt und Menschen um sich versammelt. Sie sind impulsiv und müssen Ihre plötzlich auftretenden Wünsche und Vorlieben mäßigen, um sowohl unpassende Käufe sowie folgenreiche Handlungen zu vermeiden. Wenn Sie sich einer Gruppe anschließen und Ideen und Talente verschiedener Menschen zusammenkommen, gelingt es Ihnen, die Erfolgsleiter zu erklimmen, die Ihnen die Verwirklichung Ihres Traums sichert. In Ihrem sozialen Umfeld spielen Sie eine wichtige Rolle wissen Sie, wie man sich Spaß verschafft und das Publikum zum Lachen bringt!

Liebe

Ihre Stabilität in der Liebe kommt über Vertrauen und eine große Dosis Aufmerksamkeit und Zuneigung zustande.

Geld/Beruf

Sie nehmen gern Herausforderungen an und behalten die Kontrolle über Ihre Finanzen.

4. August

Persönlichkeit

Sie können Ungerechtigkeit, Elend, Gemeinheit, Leiden und Not, die in dieser Welt leider überall präsent sind, nicht gleichgültig gegenüberstehen. Sie schließen sich Menschen an, die die gleiche Vision haben wie Sie und bemühen sich, die Dinge zum Positiven hin zu verändern. Sie verpflichten sich zu handeln, selbst wenn Sie wissen, dass dies Energie und Zeit kostet und manchmal auch Enttäuschung mit sich bringt. Sie empfinden eine gewisse Aufwertung, wenn Sie anderen dabei helfen, Ihr Schicksal zu meistern und Ihre Lebensqualität zu verbessern. Sie sind diplomatisch, neugierig und charismatisch; da Sie über Verhandlungsgeschick verfügen, gelingt es Ihnen, Einfluss auf die öffentliche Meinung zu haben, Denkweisen zu ändern, bestimmte Menschen verantwortungsbewusster zu machen und Hilfestellung zu geben: Das ist die größte Rolle Ihres Lebens.

Liebe

Sie verlangen vom Partner erhöhte Aufmerksamkeit und rückhaltlose Hingabe.

Geld/Beruf

Sie arbeiten schnell und gut, was Ihren Tresor regelmäßig füllt.

5. August

Persönlichkeit

Sie sind verliebt in das Leben, und Sie finden vor allem Erfüllung in Ihrer Arbeit. Sie widmen ihr fast all Ihre Zeit und Energie, opfern dabei manchmal zu ihren Gunsten Ihr Privat- und Liebesleben. Sie sind entschlossen, intelligent und wagemutig und interessieren sich nicht für das Urteil derer, die nicht verstehen, was Ihr Verhalten motiviert. Sie denken immer positiv, sind sehr optimistisch, geben nicht auf; wenn Hindernisse auftreten, fühlen Sie sich veranlasst, sich darauf zu stürzen. Sie sind sensibel, loyal und ehrlich; Ihnen eilt ein guter Ruf voraus, und Ihre engsten Mitmenschen wissen, dass sie immer auf Sie zählen können. Sie sind ein echtes Vorbild für Integrität, Mut und Wohlwollen.

Liebe

Sie brauchen einen Partner, der Sie sowohl sexuell als auch intellektuell anregt.

Geld/Beruf

Als verbissener Arbeiter und Materialist verwalten Sie Ihre Finanzen mit Bravour.

6. August

Persönlichkeit

Sie sind optimistisch veranlagt und haben ein sicheres Auftreten; Ihr durchdringender Blick verrät Entschlossenheit und innere Stärke. Als Außenseiter haben Sie eine eigene Vorstellung von der Gesellschaft und der Rolle, die Sie darin spielen möchten. Obwohl Sie sensibel und bisweilen leicht verletzbar sind, weichen Sie nicht von ihrem Weg ab. Misserfolg erschüttert Sie und bringt Sie aus dem Gleichgewicht, aber Sie fallen schnell wieder auf die Füße und gehen umso entschlossener weiter. Sie sind intelligent, sehen Ihre Fehler ein und lernen daraus. Als Humanist/in stellen Sie sich ständig in Frage und lassen sich durch all das, was schiefläuft, leicht aus der Bahn bringen. Sie sind gesellig und spielen eine wichtige Rolle in Ihrem sozialen Umfeld. Sie sind voller Leidenschaft und Enthusiasmus und ständig auf der Suche nach Ausgeglichenheit und Harmonie.

Liebe

Ihr Partner muss Ihre Extravaganzen nachsichtig hinnehmen und auf Ihre Einfälle eingehen.

Geld/Beruf

Ihr Erfolg verdankt sich Ihren künstlerischen Talenten, Ihrer Emotionalität und Ihrer Willenskraft.

7. August

Persönlichkeit

Sie sind eine ausgesprochene Führernatur und verfügen über eine ausgeprägte Kommunikationsfähigkeit; folglich versteht es sich von selbst, dass Sie immer im Mittelpunkt des Interesses stehen und den Ton angeben. Sie sind klug und großzügig und teilen gern Ihre Kenntnisse und Erfahrungen mit anderen. Sie motivieren Ihre Mitmenschen, lehren, beraten, organisieren und beleben auf unvergessliche Weise jede Gesellschaft. Für Ihre Mitmenschen haben Sie eine Vorbildfunktion, Ihnen vertraut man sich gern an. Ihre Entschlossenheit und Begeisterungsfähigkeit bringen Ihnen Bewunderung und Respekt ein. Sie sind gesellig, habe gute Umgangsformen, mögen die Menschen und möchten von allen geliebt werden. Sie verstehen nicht – und das betrübt Sie –, dass bestimmte Personen sich von Ihnen abwenden.

Liebe

Ihr Partner muss, genau wie Sie, ausgeglichen, einfühlsam und aufrichtig sein.

Geld/Beruf

Sie können auch unter Druck viel leisten, und Sie nutzen Ihr Geld, um gut zu leben.

8. August

Persönlichkeit

Für Sie ist das Leben eine große Spielwiese, ein Vergnügungs-
park. Sie bewegen sich darin mit viel Selbstsicherheit, wobei
Sie Ihre Talente fördern, Ihre Ideen in die Praxis umsetzen
und mit Hindernissen und dem Zufall beinahe waghalsig umgehen. Oft entsprechen die Ergebnisse dieser Aktivitäten Ihren
Erwartungen, manchmal haben Ihre Umtriebe aber einen weniger vorteilhaften Ausgang, und wenngleich Sie nicht gern
verlieren oder versagen, nehmen Sie alles gelassen hin. Ihr
Elan könnte dadurch nur vorübergehend gebremst werden,
denn Sie brechen bald wieder auf zu neuen Abenteuern. Sie
sind aufrichtig und spontan, leben in der Gegenwart, genießen die schönen Augenblicke, schätzen neue Bekanntschaften
und Erfahrungen und entdecken mit Freude unerforschte
Wege.

Liebe

Respekt und große Handlungsfreiheit prägen Ihre Beziehung.

Geld/Beruf

Sie arbeiten zwar sehr gewissenhaft, sind aber auch abenteuerlustig und haben weder für Führungspositionen noch für Eh-
rungen etwas übrig.

9. August

Persönlichkeit

Sie haben eine eher zurückhaltende Art und bringen unauffällig Ihre Weisheit, Vorsicht, Gedanken- und Gefühlstiefe und große innere Kraft ins Spiel. Das hindert Sie jedoch nicht daran, Vorurteile über den Haufen zu werfen oder die Führung zu übernehmen, wenn eine Angelegenheit Ihnen am Herzen liegt. Geduldig und gewissenhaft nutzen Sie Ihre Kenntnisse und Erfahrungen bei der Wahl Ihrer Wege und bekommen stets, was Sie wollen. Da Sie wissen, dass der Anschein fast immer trügt, versuchen Sie, Herzens- und Geistesqualitäten bei den anderen zu entdecken. Loyalität und Treue sind für Sie hohe menschliche Werte.

Liebe

Sie sind ausgeglichen, legen Wert auf Harmonie in Ihrem Leben und warten darauf, dass die Liebe zu Ihnen kommen.

Geld/Beruf

Sie sind ehrlich und zuverlässig, Ihr guter Ruf öffnet Ihnen wichtige Türen.

10. August

Persönlichkeit

Sie sind rational, gut organisiert, fleißig, zuverlässig und arbeiten hart daran, sich einen guten Ruf aufzubauen und die Bewunderung und den Respekt der anderen zu verdienen. Wenngleich einige Menschen nicht Ihr gesamtes Potenzial auf Anhieb erkennen oder Ihre Handlungen nicht begreifen, so sind Sie für viele ein Vorbild, eine Energiequelle oder eine Vertrauensperson. Sie sind eher individualistisch veranlagt und entschließen sich oft zu Alleingängen. Denken Sie gut darüber nach und vergessen Sie nicht, dass ein Zusammenschluss mehrerer Menschen Gruppendynamik auslöst und Erfahrungen und Kenntnisse bündelt. Bei der Verwirklichung Ihrer Pläne und Träume legen Sie sich ins Zeug und setzen nutzbringend Ihre Talente und Ihr Geschick ein. Sie hängen an den Ihren und finden deswegen in der Familie Ihr Gleichgewicht wieder.

Liebe

Sie sind neugierig und abenteuerlustig, darum ist es schwer, Sie einzufangen und lange zu halten.

Geld/Beruf

Sie mögen zwar gut gemachte Arbeit, Sie schätzen es aber auch, wenn sie einfach und lukrativ ist.

11. August

Persönlichkeit

Sie sind gewissenhaft, neigen zur Perfektion und stellen hohe Ansprüche sowohl an sich selbst als auch – und vielleicht vor allem – an die anderen. So sind Sie seit frühester Kindheit, und es lässt mit dem Älterwerden in keiner Weise nach. Bei Ihnen gibt es keine halben Sachen! Was Sie fordern, muss auf der Stelle perfekt ausgeführt werden; Verzögerungen, Schwächen, Lässigkeit, Inkompetenz und Faulheit erregen Ihren Missmut. Sie sind sehr intelligent, lassen sich von der Vernunft leiten, können gut zuhören und erteilen gewöhnlich gute Ratschläge. Sie haben vielfältige Interessen, wenngleich nicht von langer Dauer. Sie warten auf die richtige Gelegenheit, um Ihre Talente und Ihr Geschicklichkeit optimal entwickeln und nutzen zu können. Vergessen Sie nicht, dass das Leben auch aus Vergnügen und Phantasie besteht, und dass es gut ist, wenn man es zu genießen versteht, um sich zu amüsieren.

Liebe

Da Sie Ihre Gefühle diskret und zurückhaltend äußern, muss der Partner sie oft erraten.

Geld/Beruf

Sie haben eine stark ausgeprägte Intuition und einen außerordentlich guten Riecher für gute Geschäfte und lukrative Gelegenheiten.

12. August

Persönlichkeit

Es ist gut, dass Sie intelligent und mutig sind: Das Leben hält mehrere Herausforderungen, schwierige Prüfungen und oft ungerechtfertigte Kritik und Vorwürfe für Sie parat und honoriert leider nicht immer auf angemessene Weise Ihre Arbeit und Ihre Leistungen. Das prägt bereits in sehr jungen Jahren Ihren Charakter, und Beharrlichkeit gehört zu Ihren Stärken. Allen Tücken und Widerständen zum Trotz gehen Sie unbeirrt Ihren Weg und halten manchmal inne, um wieder zu Kräften zu kommen, schöne Momente zu genießen und sich zu amüsieren. Da Sie das Herz auf dem rechten Fleck haben, wachen Sie sorgsam über Ihre Angehörigen und sind bereit, beim ersten Hilferuf einzugreifen. Sie sind gern mit Leuten zusammen, die aufgeweckt und leidenschaftlich sind und ihre Meinung mit Entschiedenheit vertreten.

Liebe

Sie sind freiheitsliebend und eher misstrauisch, darum ist es nicht leicht, Sie wirklich zu zähmen.

Geld/Beruf

Sie sind arbeitsam, aber individualistisch veranlagt; Ihr Hang zum Improvisieren ist oft dem Erfolg Ihrer Unternehmungen abträglich.

13. August

Persönlichkeit

Da Sie freundlich und offen sind, haben Sie einen großen Freundeskreis, und Sie amüsieren sich nach der Mode und den Trends der Zeit. Sie denken positiv und lassen die Vergangenheit und schlechten Erinnerungen hinter sich; Sie genießen die Gegenwart und packen das Leben mit Optimismus an. Sie können gut überzeugen und sind sogar dickköpfig, wenn Sie sich durchsetzen wollen. Mit Ihrem Willen, ein wenig mehr Flexibilität und vor allem, indem Sie sich mit erfahrenen Menschen zusammentun, steigern Sie Ihre Erfolgschancen. Durch den Umgang mit den richtigen Menschen finden Sie die Stabilität und das Gleichgewicht, das Sie brauchen, um voranzukommen. Harte Schläge stecken Sie mit Gelassenheit ein, Hindernisse überwinden Sie mutig, Probleme meistern Sie mit Bravour. In Ihrem Heim finden Sie Ruhe und Ausgeglichenheit.

Liebe

Sie sind aufrichtig, ehrlich und sensibel, mit anderen Worten ein angenehmer, loyaler Lebensgefährte.

Geld/Beruf

Aufgrund Ihrer zahlreichen Talente und Fähigkeiten sind Ihre Möglichkeiten fast unbegrenzt.

14. August

Persönlichkeit

Da Sie das Leben mit den Augen eines Kindes betrachten, sind Sie imstande, sich für Kleinigkeiten zu begeistern, glückliche Momente zu genießen und sich an allem zu erfreuen, was die Welt an Schönem und Gutem zu bieten hat. Sie wissen, dass Sie einzigartig sind, dass das Leben kostbar ist und dass Sie – wenn das Schicksal es vorbestimmt hat – auch Entscheidungen treffen müssen. Sie sind realistisch, vorsichtig, ruhig, haben Ihre Gefühle im Griff, besitzen zahlreiche Talente und eine ungewöhnliche Persönlichkeit, um die andere Sie beneiden. Sie sind großzügig und offen, versuchen, es allen recht zu machen und in erster Linie Ihrem Nächsten zu helfen. Sie fühlen sich aufgewertet, wenn Sie anderen zu Hilfe kommen und sich für etwas einzusetzen können. Ihre Motivation ist das Ergebnis Ihrer Anstrengungen und Handlungen.

Liebe

Sie hungern nach Liebe und Zuneigung, sind aber misstrauisch und brauchen eine gewisse Zeit, bis Sie sich festlegen.

Geld/Beruf

Sie glauben an Ihren guten Stern; die Tatsachen und Ihre Erfolge geben Ihnen recht.

15. August

Persönlichkeit

Wenn Sie Selbstvertrauen besitzen, dann haben Sie alles, was Sie brauchen, um Erfolg zu haben! Die anderen beneiden Sie um die Würde, die Sie in all Ihre Beziehungen und Handlungen zur Schau tragen und sind davon überzeugt, dass dieses Selbstvertrauen Ihr Trumpf ist. Sie sind entschlussfreudig, ehrgeizig und mit der nötigen Energie ausgestattet, haben große Überzeugungskraft und wissen Ihren Charme zu nutzen, um sich durchzusetzen. Sie sind flink, großzügig und haben sich immer unter Kontrolle; Sie sind für viele Menschen ein Vorbild. Sie träumen von Überfluss und Wohlstand, und Sie geben sich alle Mühe, Ihre Träume zu verwirklichen. Sie eignen sich zum Lehren und Führen: Mehrere Möglichkeiten stehen Ihnen offen.

Liebe

Sie bemühen sich, das Gleichgewicht zu halten und den Frieden zu erhalten und vermeiden jedes Aufsehen.

Geld/Beruf

Sie haben einen Riecher für gute Gelegenheiten und fürs Geldmachen.

16. August

Persönlichkeit

Sie sind entschlossen und draufgängerisch; selbst wenn es Ihre Kräfte übersteigt oder Sie verschlossenen Türen finden, bestehen Sie darauf, die Führung zu übernehmen. Sie haben das dringende Bedürfnis, sich selbst zu beweisen, dass Sie imstande sind, Risiken einzugehen, Mauern niederzureißen, Hindernisse zu überwinden, den Unbilden des Wetters zu trotzen. Sie können Leichtigkeit, Gemächlichkeit und Nachlässigkeit nicht ertragen, aber Sie unternehmen nichts, was Ihren Ruf trüben oder beschmutzen könnte. Sie sind sehr charmant, und durch Ihre Anziehungskraft und Ihr Know-how erreichen Sie oft die oberste Sprosse der Erfolgsleiter. Sie haben zwar eine Vorliebe für sportliche Aktivitäten, sind dennoch fasziniert von allem, was geheimnisvoll und übernatürlich ist und woran Ihre Phantasie sich entzünden kann.

Liebe

Da Sie Einsamkeit nicht mögen, achten Sie gut auf Ihren Partner und dessen Bedürfnisse und Wünsche.

Geld/Beruf

Sie sind diszipliniert und ordentlich; Sie können mit finanziellem Erfolg rechnen, egal in welchem Berufszweig.

17. August

Persönlichkeit

Sie sind unternehmungslustig und mutig, stellen sich den schwierigsten Herausforderungen, überschreiten ständig Ihre Grenzen und arbeiten hart, um immer höhere Gipfel zu erreichen. Sie lieben das Leben wegen der Abenteuer, die es bietet, und vor allem der Liebe wegen. Ihre Familie, Ihre Besitztümer, Ihr – zumindest zeitweilig – dickes Portemonnaie erfüllen Sie mit Stolz. Als schillernde Persönlichkeit mit einem Sinn fürs Schauspielern wissen Sie, welche Haltung Sie annehmen müssen, um sich durchzusetzen, und nehmen Niederlagen nicht leicht hin. Sie bleiben sich immer treu und versuchen stets, alle Begleitumstände vorsichtig zu ergründen, bevor Sie eine Entscheidung treffen.

Liebe

Liebe ist Ihre größte Motivation, aber Ihr Partner muss Ihnen ähnlich sein.

Geld/Beruf

Sie legen Ihre Ersparnisse klug und geschickt an.

18. August

Persönlichkeit

Sie sind furchtlos und mit einem eisernen Willen ausgestattet, machen wenige Zugeständnisse und ändern nur selten Ihre Entschlüsse. Sie sind energisch und eigensinnig, nehmen kein Blatt vor den Mund, können peinliche oder unangenehme Situationen nicht ausstehen und machen immer das, was Sie wollen, wann es Ihnen passt. Darum sind Sie ein gefürchteter Gegner oder Konkurrent. Es fällt Ihnen schwer, Ihre Charakterstärke mit der Zärtlichkeit und Liebe auszugleichen, die Ihnen innewohnen. Sie sind loyal und respektvoll Ihrem engsten Kreis gegenüber, ignorieren aber schlicht und ergreifend diejenigen, die Sie nicht mögen. Je älter Sie werden, umso mehr sollten Sie auf Ihre Gesundheit achten, denn Sie kämen mit den Beeinträchtigungen einer zerrütteten Gesundheit bestimmt nicht zurande.

Liebe

Da Sie als Perfektionist immer auf der Suche nach einem Ideal sind, stellen Sie ständig Ihre Maßstäbe auf den Prüfstand.

Geld/Beruf

Da Sie gut organisiert, kreativ, flink und geschickt sind, haben Sie die besten Chancen in Ihrem Beruf.

19. August

Persönlichkeit

Sie sind wachsam, achten auf jedes Detail und sind wild entschlossen, Erfolg zu haben; darum lassen Sie sich weder eine günstige Gelegenheit noch eine lukrative Möglichkeit entgehen. Es ist Ihnen am liebsten, wenn alles der Reihe nach geschieht, jeder seine Rolle kennt und seinen Platz einnimmt und die Ereignisse sich so abspielen, wie vorgesehen. Da Sie klug sind und schnell lernen, haben Sie eine gute Allgemeinbildung und sogar ein umfassendes Wissen, was Ihnen ermöglicht, leicht Kontakt mit den Menschen aufzunehmen, die Ihnen beim Erklimmen der Erfolgsleiter behilflich sein können. Da Sie neugierig und gesellig sind, stellen Sie viele Fragen, haben Sie zig Interessengebiete und speichern eine Vielzahl an Informationen in Ihrem Gedächtnis. Sie sind fröhlich und wohlwollend, sollten aber nicht Ihre Gegner oder Mitstreiter unterschätzen.

Liebe

Für Sie ist eine Beziehung wie ein Abkommen: feste Regeln, Loyalität und Solidarität.

Geld/Beruf

Sie sind integer und respektieren nicht nur die Regeln und Fristen, sondern auch die Menschen und halten Ihr Budget ein.

20. August

Persönlichkeit

Sie sind mutig, sensibel und altruistisch und sehen sich gern in der Rolle des Beschützers der Witwen und Waisen oder in der des tapferen Ritters, der zur Rettung der Prinzessin eilt. Ohne an die Folgen zu denken, stürzen Sie sich blindlings in ein Unternehmen und sind für alle Ratschläge und Warnungen taub. Egal, wie Ihr Kampf ausgeht, Sie bereuen es nie, sich für eine gute Sache eingesetzt zu haben. Es ist rührend zu sehen, wie Sie es lieben, sich um die Schwachen und Verletzten oder um streunende Tiere kümmern. Sie nehmen sich die Zeit, sich umzuschauen, die Schönheit des Lebens zu genießen und Spaß zu haben in dieser Welt, die einem so viele Möglichkeiten bietet. Da Sie entschlossen und leidenschaftlich sind, können Sie alles erreichen, was Sie wollen.

Liebe

Sie sind aufrichtig, ehrlich und spontan und legen Wert auf klare Verhältnisse.

Geld/Beruf

Sie können nur gewinnen, wenn ein Finanzberater sich um Ihre Geldanlage kümmert.

21. August

Persönlichkeit

Sie sind ernst, unternehmungslustig und davon überzeugt, dass Arbeit und erbrachte Leistungen immer gerecht belohnt werden. Als Stützpfeiler Ihrer Familie kommt Ihnen die Aufgabe zu, zu planen, Vermögen zu verwalten und Dinge in Gang zu setzen. Sie nehmen gern Herausforderungen an; je größer sie sind, umso stolzer sind Sie, wenn sich der Erfolg einstellt. Sie sind glücklich, wenn Sie Entscheidungen treffen und Unternehmungen auf die Beine stellen, von denen Sie hoffen, dass sie lukrativ sind. Obwohl Sie sich freuen, wenn das Glück Ihnen ein wenig nachhilft, so verlassen Sie sich nie darauf, um sich durchzusetzen. Sie sind zwar immer bereit zuzuhören und Ratschläge und Empfehlungen anderer zu berücksichtigen, lassen sich jedoch nicht beeinflussen.

Liebe

Sie sind konservativ und detailverliebt; Ihr Partner muss folglich Ihren zahlreichen Erwartungen gewachsen sein.

Geld/Beruf

Gut gemachter Arbeit und finanziellem Wohlstand räumen Sie Priorität in Ihrem Leben ein.

22. August

Persönlichkeit

Sie sind überaus glücklich, wenn Sie sich vertrauensvoll und optimistisch fühlen, denn dann können Sie am besten anderen helfen und besonnene Entscheidungen treffen. Da Sie großzügig und gütig sind, wissen die Ihren, dass sie immer auf Sie zählen können, sowohl wenn Sie Ihre Unterstützung als auch Ihre Meinung benötigen, und Sie wissen hinwieder, dass dies auf Gegenseitigkeit beruht. Obwohl Sie gewöhnlich imstande sind, Kritik zu ignorieren, legen Sie oft eine extreme Dünnhäutigkeit an den Tag. Sie sind eher eine künstlerische als eine kämpferische Natur; statt sich mit dem Gegner auseinanderzusetzen, ziehen Sie es vor, die Waffen zu strecken und sich zu verschanzen, es sei denn, die Angelegenheit liegt Ihnen zutiefst am Herzen.

Liebe

Sie versichern sich zunächst der Tiefe der Gefühle des Partners, bevor Sie sich engagieren.

Geld/Beruf

Sie sind ehrgeizig und sparsam und wissen, wie man zu Geld kommt und wie man es vermehrt.

23. August

Persönlichkeit

Man mag die Begeisterung und den Eifer, die Sie in Ihre Worte wie in Ihre Handlungen legen. Um sich nicht bedrängt zu fühlen, wählen Sie sich Ihre Freunde sorgfältig aus und behalten nur die, die Ihnen ähnlich sind. Da Sie sich bereits in sehr jungen Jahren Ihrer Talente bewusst sind und sie fördern, steigen Sie auf der gesellschaftlichen Leiter schnell nach oben. Indem Sie ständig Ihr Äußeres pflegen und Ihren Horizont erweitern, gewinnen Sie an Anziehungskraft und Charisma. Sonst haben Sie kein großes Selbstvertrauen, und es fällt Ihnen eher schwer, Ihre Gefühle zu äußern und auszuleben. Ihre gesellschaftlichen Beziehungen, Ihr Gefühls- und Liebesleben sind das Barometer Ihrer Stimmung und Ihres Glücks.

Liebe

Sie schwanken zwischen dem Spaß am Flirten und der Sicherheit einer stabilen Liebe.

Geld/Beruf

Sie wissen, was Sie wollen und was Sie nicht wollen; Sie können es sich erlauben.

24. August

Persönlichkeit

Sie sind gewissenhaft, leistungsfähig und genau, haben alle Trümpfe in der Hand, die es Ihnen ermöglichen, die Dinge auf Ihre Art zu tun, das heißt: perfekt. Das Lösen kniffliger Probleme, komplexer Situationen oder das Annehmen von Herausforderungen erfüllt Sie mit Stolz. Wenngleich Sie manchmal dazu neigen, zerstreut zu sein, können Sie sich gut konzentrieren, wenn die Umstände es erfordern. Loyal und ehrlich, halten Sie stets Ihre Versprechen und sind ein Mensch, auf den man sich immer verlassen kann. Sie sammeln gern Erfahrungen, weil Sie daraus Neues lernen können. Sie besitzen die notwendige Geduld und Großzügigkeit, um andere zu lehren, zu betreuen, zu leiten und auszubilden.

Liebe

Sie sind optimistisch und positiv eingestellt und brauchen einen ausgeglichenen Partner, der für Sie da ist.

Geld/Beruf

Trotz Ihrer beneidenswerten finanziellen Situation, steht für Sie die Lebensqualität an erster Stelle.

25. August

Persönlichkeit

Sie sind freiheitsliebend und eher individualistisch und ertragen es nicht, wenn man Ihnen Anweisungen erteilt oder die Nase in Ihre Angelegenheiten steckt. Sie sind zwar offen für alles Neue und für die Ratschläge erfahrener Menschen, man braucht allerdings sehr gute Argumente, um Sie Ihre Meinung ändern zu lassen, wenn Sie bereits eine Entscheidung gefällt haben. Mit großem Selbstvertrauen und einem kühlen Kopf ausgestattet, haben Sie stets Ihre Gefühle und Handlungen unter Kontrolle, machen sich Ihre Erfahrungen und Kenntnisse zunutze und setzen Ihren ausgeprägten gesunden Menschenverstand ein, um Ihre Entscheidungen zu treffen und sich im Privat- wie im Berufsleben zu orientieren. Da Sie keine Auseinandersetzungen mögen, ziehen Sie sich einfach zurück, wenn Sie Spannung in der Luft spüren.

Liebe

Da Sie nicht gern Risiken eingehen, muss der Partner sich erst beweisen, bevor er das Leben mit Ihnen teilen darf.

Geld/Beruf

Sie haben das Zeug dazu, es weit zu bringen, aber es fehlt Ihnen an Ehrgeiz, auf der Erfolgsleiter steigen Sie nur die Sprossen empor, die Sie mögen.

26. August

Persönlichkeit

Sie sind sehr aktiv, und Ihr Kopf steckt voller Ideen und Pläne; Sie sind stets rührig, arbeiten schnell und gut. Da Sie nicht gern auf der Stelle treten, müssen die anderen Sie packen, wenn Sie da sind, und sich nicht wundern, dass Sie im nächsten Moment schon wieder woandershin verschwunden sind, auf der Suche nach neuen Herausforderungen, Abenteuern und Erfahrungen. Obwohl Sie individualistisch sind, missfällt Ihnen die Teamarbeit nicht, sofern man Ihnen keine Anweisungen erteilt. Sie sind sehr einfühlsam, und man kann sich auf Sie verlassen, wenn es um eine kleine Hilfestellung oder einen Rat geht. Da Sie vielseitig und unbeständig sind, ändern Sie sowohl Ihre Meinung als auch Ihren Weg aus dem Bauch heraus, je nach Ihrer momentanen Stimmung oder von der Neugier angetrieben, das zu sehen, was woanders passiert.

Liebe

Sie fühlen sich wohl in einer ruhigen, harmonischen Beziehung voller Sanftmut.

Geld/Beruf

Sie sind energisch, aufopferungsvoll, denken positiv und steigen rasch die gesellschaftliche Erfolgsleiter empor.

27. August

Persönlichkeit

Sie haben ein großes Einfühlungsvermögen und sind sehr aufopferungsvoll, sowohl in Ihrem privaten als auch im gesellschaftlichen Rahmen. Den Bedürftigen helfen, sie verteidigen und leiten – das ist die schönste Rolle Ihres Lebens. Sie besitzen ein ausgezeichnetes Urteilsvermögen und vollbringen fast Wunder, wenn es darum geht, Konflikte zu schlichten, Beziehungen zu kitten, Wut oder Frust zu besänftigen. Sie verlassen sich nie auf Ihr Glück, freuen sich aber sehr, wenn es Ihnen unter die Arme greift. Geduldig, tolerant und beharrlich, lassen Sie sich durch auftretende Schwierigkeiten oder Problemen nicht beirren. Sie schließen schnell und leicht Freundschaften mit den Menschen, die Ihren Weg kreuzen. Die Sorge um die Umwelt treibt Sie um, und Sie suchen nach Lösungen.

Liebe

Ewiges Hinterfragen schadet der Stabilität Ihrer Liebesbeziehung.

Geld/Beruf

Ihre Lebensqualität hat Vorrang vor Reichtum, aber da Sie realistisch sind, wissen Sie, wie Sie Ihr Geld vermehren.

28. August

Persönlichkeit

Sie sind gewohnt, dass Ihre Mitmenschen Ihnen ihre Aufmerksamkeit zuwenden und Mut zusprechen, darum sind Sie immer überrascht und verunsichert, wenn man sich nicht mehr um Sie kümmert. Da Sie Ihr Leben lang mit Lernen und der Lösung von Problemen beschäftigt sind, verpassen Sie oft das, was sich vor Ihren Augen abspielt, und Sie richten nicht Ihre Aufmerksamkeit auf all die Schönheiten dieser Welt. Sie verfügen über zahlreiche Talente, die Sie in einem Arbeitsverband gut einbringen könnten. Sie können mit Ausdauer arbeiten, um Ihre Unternehmungen zu einem guten Ende zu führen, und zeichnen sich durch große Belastbarkeit aus. Da Sie nicht ehrgeizig sind, verlassen Sie ungern ausgetretene Pfade und versäumen es, sich auf Abenteuer und neue Erfahrungen einzulassen, sich neue Kenntnisse anzueignen, Ihren Horizont zu erweitern, Gipfel zu erstürmen.

Liebe

Als freiheitsliebender Einzelgänger haben Sie Schwierigkeiten, tiefe Bindungen einzugehen.

Geld/Beruf

Da Sie vorsichtig und besonnen sind, fühlen Sie sich wohl, wenn sich Ihr Leben in den gewohnten Bahnen bewegt.

29. August

Persönlichkeit

Sie sind mit vielen Talenten und Fähigkeiten ausgestattet, puristisch und revolutionär, müssen aber lernen, Ihre Kreativität zum Ausdruck zu bringen, Ihre Meinungen zu verteidigen, Ihren Weg zu finden und Ihre Ambitionen zu verwirklichen, ohne zwangsläufig die Ordnung der Dinge oder feste Regeln umzustoßen. Freundschaft und Loyalität sind für Sie sehr wichtig, aber Sie können es nicht ertragen, wenn man sich in Ihre Angelegenheiten mischt oder Ihre Privatsphäre verletzt. Wenn eine Beziehung lau, kompliziert, schmerzhaft oder unbequem wird, ziehen Sie sich ohne großes Aufheben vorsichtig zurück. Sie sind zwar grundlegend friedliebend, zögern aber nicht, bei Bedarf auf die Barrikaden zu gehen und sich auf einen Kampf einzulassen. Obwohl Sie eher ein Außenseiter sind, sind Sie durchaus imstande, mit der Herde zu laufen, wenn das zur Wahrung Ihrer Interessen oder zur Erleichterung Ihrer Aufgabe dient.

Liebe

Von vielen Freunden umgeben, verwirklichen Sie sich doch am besten in der Liebe.

Geld/Beruf

Sie sind vielseitig und ehrgeizig und brauchen eine Arbeit ohne Routine, um Ihr Interesse wachzuhalten.

30. August

Persönlichkeit

Alle, die mit Ihnen zu tun haben, wissen, dass Sie ein außergewöhnliches Wesen sind und schätzen Sie zu Recht. Wenn es erforderlich ist, sind Sie zu großer Reife und Ernsthaftigkeit fähig; Sie sind aber auch durchaus zum Feiern aufgelegt, wenn Amüsement angesagt ist. Sie sind sich Ihrer Stärken bewusst, wissen Ihre Vorzüge angemessen zu nutzen und Ihren Standpunkt zu vertreten. Da Sie sehr aufgeschlossen, höflich, hilfsbereit, freundlich und zuverlässig sind, kann man Ihnen nichts abschlagen. Ihr Sinn für Humor und die Richtigkeit Ihres Urteils sowie Ihrer Ratschläge sichern Ihnen Erfolg und eine große Bewunderung seitens Ihrer Umwelt. Sie haben das dringende Bedürfnis, sich nützlich zu machen, brauchbar zu sein, andere zu beschützen und Licht ins Dunkel zu bringen.

Liebe

Sie brauchen einen aktiven, eigenständigen, intelligenten und respektvollen Partner.

Geld/Beruf

Sie suchen nach guten Gelegenheiten und investieren Ihr Geld gewinnbringend und sinnvoll.

31. August

Persönlichkeit

Um sich wohl zu fühlen, müssen Sie in Aktion sein; Sie brauchen das Bad in der Menge, lebhafte Diskussionen, tausend Projekte in Sichtweite. Ruhe und Eintönigkeit sind nicht Ihre Sache. Sie sind ehrlich, halten stets Ihr Wort und Ihre Versprechen, daher rühren Ihr ausgezeichneter Ruf und Ihre Glaubwürdigkeit, die bei den anderen Neid und Bewunderung hervorrufen. Obwohl Sie Abwechslung und tiefgreifende Veränderungen mögen, bringen Sie sich nicht ein, bevor Sie nicht Risiken und Folgen abgeschätzt haben. Als gute/r Redner/in haben Sie große Überzeugungskraft und führen Menschen zusammen, die Sie gern an Ihrer Seite hätten. Als Naturliebhaber/in reisen Sie gern, erforschen Sie unbekannte Gegenden, machen Sie neue Bekanntschaften, erweitern Sie Ihren Horizont. Dabei behalten Sie lukrative Gelegenheiten im Auge.

Liebe

Sie bringen ständig Veränderungen in Ihre Beziehung, damit sich keine Langeweile einstellt.

Geld/Beruf

Realistisch und ehrgeizig folgen Sie dem Weg, der Sie zum Erfolg führt.

September

1. September

Persönlichkeit

Da Sie gern handeln, erstellen Sie immer sehr lange Merkzettel! Da Sie sehr wendig reagieren, haben Sie rasch eine Ausrede parat, wenn die anderen Ihnen zu viel Zeit abverlangen, und mit Hilfe Ihres diplomatischen Geschicks gelingt es Ihnen, diese gut vorzubringen. Da Sie gern Geheimnisse lüften, Rätsel aufklären und die Mysterien des Lebens ergründen, bleibt Ihnen bald nichts mehr verborgen. Sie sind ungestüm und feurig und verabscheuen es, untätig herumzusitzen und zu warten. Kündigt sich Untätigkeit an, so eilen Sie woandershin, suchen Bewegung und Aktivität. Sie sind gesellig und mögen bereichernde Gespräche, unvorhergesehene Begegnungen und Abenteuer. Da Sie charmant und sehr charismatisch sind, fällt es Ihnen leicht, Bindungen einzugehen und Kontakte zu knüpfen.

Liebe

Sie denken logisch, sind ausgeglichen und lassen es sich in einer stabilen, dauerhaften Beziehung gut gehen.

Geld/Beruf

Sie verfügen über diplomatisches Geschick und ausreichend Motivation, um Erfolg im Beruf zu haben; Ihre finanzielle Lage ist gut.

2. September

Persönlichkeit

Obwohl Sie gewöhnlich Ihre Gefühle und Ihr Leben unter Kontrolle haben, geben Sie nur sehr selten etwas von sich preis; wer es schafft, Einblick in Ihr Herz und in Ihre Träume zu bekommen, kann sich glücklich schätzen. Ihre Freunde müssen sich mit dem zufriedengeben, was Sie ihnen darüber sagen, und dürfen Ihnen vor allem keine Fragen über Ihr Privatleben stellen, sonst kündigen Sie ihnen die Freundschaft bald auf. Um Ihre Ideen zu verteidigen und Ihre Ziele zu erreichen, sind Sie bereit, Kompromisse zu schließen und Opfer zu bringen. Stolz schwellt Ihre Brust, wenn Sie Erfolg haben. Sie wären gern frei wie ein Vogel, aber Sie wissen, dass viele Menschen sich auf Sie verlassen – und das erhöht Ihr Ansehen.

Liebe

Sie sind zwar sehr zärtlich, bevorzugen aber einen freiheitsliebenden, eigenständigen Partner.

Geld/Beruf

Sie suchen vor allem eine dauerhafte Arbeit, die Ihnen finanzielle Sicherheit garantiert.

3. September

Persönlichkeit

Sie sind mit zahlreichen Talenten ausgestattet und können entscheiden, ob Sie sie für das Gute oder für das Böse nutzen. Ihre Wahl hängt wahrscheinlich von der sozialen Gruppe ab, der Sie sich anschließen. Sie sind kreativ und phantasievoll und wissen auf alles eine passende Antwort oder finden rasch die Lösung eines Problems. Sie sind sehr gesellig und haben keinerlei Schwierigkeiten, Menschen zu überzeugen und für sich einzunehmen. Vergessen Sie nicht, dass man so behandelt wird, wie man andere behandelt; ein Lächeln kann Berge versetzen, so, wie Kühle und Kritik jede Gefühlsregung im Keim ersticken lassen. Nutzen Sie doch bitte Ihr Feuer zum Erhellen Ihres Weges und nicht zum Niederbrennen dessen, was sich auf Ihrem Weg auftut.

Liebe

Ihr Partner muss genauso zuversichtlich und freiheitsliebend wie Sie sein.

Geld/Beruf

Sie sind entschlossen und hartnäckig; daher muss immer alles nach Ihrem Kopf gehen; Ihr Gehalt ist das angemessene Entgelt für Ihre Mühe.

4. September

Persönlichkeit

Wenn es einem einmal gelungen ist, Ihre Aufmerksamkeit auf sich zu ziehen und Ihr Interesse zu wecken, sind Sie bereit, sich in die Aktion zu stürzen, neue Erfahrungen zu machen, sich in eine neue Gruppe einzufügen, sich davon überzeugen zu lassen, dass Ihnen beinahe keine Grenzen gesetzt sind. Da Sie manchmal ein wenig geistesabwesend, vergesslich und naiv sind, fällt es einem leicht, Sie zu beeinflussen und in alles Mögliche zu verwickeln – einige dieser Geschichten sind sehr witzig und interessant, andere könnten Sie in Verlegenheit bringen. Sie verfügen über Intelligenz und gute Allgemeinbildung und nehmen sich die Zeit, Ihre Mitmenschen an Ihren Erfahrungen und Kenntnissen teilhaben zu lassen, anderen zuzuhören, ihnen Rat und Mut zuteilwerden zu lassen. Alles, was mit Stärke, Kraft und Macht zusammenhängt, übt eine große Anziehungskraft auf Sie aus.

Liebe

Sie sind großzügig und herzlich und bringen sich in Ihre Beziehung voll und ganz ein.

Geld/Beruf

Sie nutzen all Ihre Talente, um Ihre finanzielle Lage zu sichern.

5. September

Persönlichkeit

Sie sind der Sonnenschein Ihrer Angehörigen und Bekannten. Da Sie fröhlich und begeisterungsfähig sind, vermag allein schon Ihre Anwesenheit, Hoffnung zu geben, Mut einzuflößen, Träume und Handlungen zu beleben. Sie haben ein freundliches Naturell, sind stets verfügbar und haben immer eine rührende Geschichte mit Happy End oder einen guten Witz auf Lager. Man hört Ihnen entzückt zu und lässt sich von Ihrer positiven Ausstrahlung und Ihrer Lebensfreude mitreißen. Da Sie gern Freude bereiten, stimmen Sie fast immer bereitwillig zu, wenn man Sie um etwas bittet; seltsamen oder zu anspruchsvollen Ansinnen kommen Sie jedoch nicht nach. Sie sind zwar gesellig, ziehen sich bisweilen aber gern zurück, um einen Sonnenuntergang zu betrachten oder um mit der Natur zu verschmelzen, deren Teil wir alle sind.

Liebe

Obwohl Sie Verwirrspiele und Verführung mögen, entfalten Sie sich eher in einer stabilen Paarbeziehung.

Geld/Beruf

Ihre Stärke liegt im Analysieren und Spekulieren; Sie können eine interessante Karriere machen, bei der Ihre Aktien steigen.

6. September

Persönlichkeit

Sie genießen einen ausgezeichneten Ruf, haben einen angeborenen Geschäftssinn, jedoch große Schwierigkeiten, etwas zu delegieren oder Ihre Unternehmungen von anderen verwalten zu lassen. Sie haben einen unglaublichen Riecher, wenn es darum geht, einen Glücksfall oder gute Investitionen aufzustöbern. Sie besitzen einen erstaunlichen Sinn fürs Timing und sind zur rechten Zeit am rechten Ort. Sie vergeuden nicht Ihre Zeit, da Sie sich bewusst sind, dass sie kostbar ist und Geld bedeutet. Da Sie stets Ihre Versprechen halten und einem strengen Ehrenkodex folgen, werden Sie sowohl von denen, die mit Ihnen Geschäfte machen, als auch von Ihren Freunden und Ihrer Familie sehr geschätzt. Sie sind charmant, unprätentiös und liebenswürdig und üben in Ihrer knapp bemessenen Freizeit gern Sport oder Gruppenaktivitäten aus, wobei Sie wegen Ihrer guten Eigenschaften sehr geschätzt werden.

Liebe

Ihr Partner muss aktiv sein, aber auch in der Lage, manchmal Ihr Ungestüm zu bremsen.

Geld/Beruf

Ihre Talente befähigen Sie zu einer gehobenen Position mit finanzieller Sicherheit.

7. September

Persönlichkeit

Sie würden gern die Welt anhalten, damit sie sich nicht so schnell dreht, die Menschen davon überzeugen, weniger materialistisch zu sein, und zu den Wurzeln beziehungsweise zur Einfachheit zurückkehren. Da Sie aber trotzdem an Ihren Gütern hängen und ehrgeizig sind – Sie wollen bis ganz nach oben, um sich einen Platz an der Sonne zu sichern –, behalten Sie Ihren Traum von Mäßigkeit und Weltfrieden für sich. Sie sind aufopferungsvoll und begabt und bringen sich in alle Ihre Unternehmungen voll und ganz ein, ebenso wie bei den Angelegenheiten, die Ihnen am Herzen liegen. Sie hängen an Ihrer Familie und nehmen Ihre Rolle und Ihre Verantwortung sehr ernst. Sie mögen keine schicksalergebenen oder pessimistischen Menschen: Ihrer Meinung nach ist alles möglich, man braucht es nur zu wollen und sich dementsprechend anzustrengen.

Liebe

Sie geben dem Partner viel und erwarten im Gegenzug das Gleiche von ihm.

Geld/Beruf

Während Sie sich im Geschäftsleben sehr solide verhalten, fällt es Ihnen schwer, Ihr eigenes Budget einzuhalten.

8. September

Persönlichkeit

Sie lassen die Dinge auf sich zukommen, ohne etwas herauszufordern oder zu überstürzen. Da Sie zur Unentschlossenheit neigen, verlassen Sie sich oft auf die Meinung und Entscheidungen der anderen. Sie streben nicht danach, alles zu wissen oder zu verstehen, aber Sie merken sich schnell die Informationen und Daten, die für Ihre Aktivitäten nützlich sind. Da Sie stets das Einfache bevorzugen und Verwicklungen verabscheuen, halten Sie sich von zweideutigen, verfänglichen Situationen fern. Sie lesen lieber das Fallobst auf, als dass Sie auf den Baum klettern, um die Früchte zu pflücken. Sie sollten Ihre vielen kleinen Unpässlichkeiten nicht zu ernst nehmen; Sie sollten eher nach psychologischen als nach körperlichen Gründen dafür suchen.

Liebe

Sie ziehen einen gesetzten, wenn nicht gar passiven Partner vor, der Ihre Gefühle nicht verwirrt.

Geld/Beruf

Sie sind verantwortungsbewusst und ehrlich, jedoch zu misstrauisch, um in einer Gruppe zu arbeiten.

9. September

Persönlichkeit

Sie sind integer und sich Ihres Wertes durchaus bewusst. Sie verstellen sich nicht. Aufgrund Ihrer individuellen Vision des Lebens, Ihrer originellen, manchmal sogar extravaganten Ideen sowie Ihrer oft überzogenen Handlungen sind Sie eine sehr interessante, schillernde Person. Sie nehmen gern an philosophischen Gesprächen teil, wo sich Tatsachen mit Fiktion und Meinungen mit Ideologien mischen. Sie werden es nicht leid, die Welt neu zu erschaffen – zumindest in Worten. Aus diesem Grund halten Sie sich wahrscheinlich gern an lauten, kurzweiligen, stark bevölkerten Orten auf, wo Überzeugungen heiß diskutiert und Urteile erbittert angefochten werden. Schließlich ist das der Ort, wo jeder versucht, seiner Stimme Gehör zu verschaffen, andere zu überzeugen und das letzte Wort zu haben.

Liebe

Sie suchen sich Ihre Partner sorgfältig aus, es fällt Ihnen aber schwer, sich voll und ganz einzubringen.

Geld/Beruf

Sie unternehmen große Anstrengungen um einer besseren Zukunft willen.

10. September

Persönlichkeit

Sie lieben das Leben und schätzen seine Reize und seine Schönheit. Sie fühlen sich sowohl in der Ruhe der Natur als auch im Stimmengewirr eines Einkaufszentrums wohl. Wie kaum jemand anders streben Sie nach dem Besitz von Gütern. Sie besitzen ein natürliches Talent, um gute Gelegenheiten zu wittern und wahrzunehmen, Profit zu machen und das Glück zu nutzen, das Sie manchmal begünstigt, mit anderen Worten: Sie führen all Ihre Geschäfte mit Meisterhand. Sie sind charmant und attraktiv, schließen schnell Freundschaften und erhalten sie über mehrere Jahre hinweg aufrecht. Ihr Lebensstil und Ihre Kleidung sind einfach, aber Sie sind jederzeit zu Abenteuern und Entdeckungen bereit und lernen gern Menschen unterschiedlicher Nationalitäten und Kulturen kennen.

Liebe

Sie sind direkt, liebevoll und voller Phantasie; dennoch haben Sie kein Interesse an One-Night-Stands.

Geld/Beruf

Sie haben den richtigen Riecher für Geschäfte, und Ihre finanzielle Situation ist der beste Beweis dafür.

11. September

Persönlichkeit

Da Sie positiv denken, können Sie die Sonne hinter den Wolken sehen und sind davon überzeugt, dass Prüfungen des Lebens nur Etappen auf dem Weg zum Erfolg sind. Sie sind kreativ, phantasievoll und optimistisch und meiden freudlose, weinerliche und kritische Menschen sowie solchen, die sich in der Opferrolle gefallen. Sie nehmen sich die Zeit, das Leben zu genießen, sich seiner angenehmen Seiten zu erfreuen, seine Reize zu schätzen und die einfachen Freuden des Alltags auszukosten. Sie sind keineswegs faul, aber Sie wissen, dass die Zeit schnell vergeht und das Leben kurz ist, und Sie sind fest entschlossen, von all seinen guten Seiten zu profitieren. Für Sie ist Glück die wahre Freiheit des Menschen. Unter diesem Aspekt organisieren Sie Ihren Terminkalender, machen Pläne und erwägen alle Möglichkeiten.

Liebe

Sie fühlen sich wohl in einer unkomplizierten Beziehung, in der Sie Ihre Freiheit nicht aufzugeben brauchen.

Geld/Beruf

Sie sind gut organisiert und verantwortungsbewusst und kümmern sich um Ihre Geschäfte, wie es sich gehört.

12. September

Persönlichkeit

Sie fragen sich, hinter was die Menschen in dieser wirren, ge-
stressten und materialistischen Welt eigentlich herlaufen. Da
Ihnen bewusst ist, dass die Zeit schnell vergeht, haben Sie keine Lust, hinter Schimären herzujagen. Statt die Hände in den
Schoß zu legen und darauf zu hoffen, dass das Glück Sie ir-
gendwann begünstigen wird, bemühen Sie sich, Ihre Lebensqualität zu verbessern, gute Menschen um sich zu scharen und
die Augenblicke der Freude und des Glücks zu genießen, die
sich Ihnen bieten. Sie glauben nicht, dass Erfolg Glücksache
ist, sondern für Sie ist Glück eher der Lohn für die Mühen, die
man auf sich nimmt. Sie müssen von Zeit zu Zeit in Ruhe innehalten, um Ihre Energiereserven aufzutanken, Bilanz zu ziehen, Ihre Bedürfnisse und Ziele neu zu definieren, und vor
allem, um das Leben zu genießen.

Liebe

Sie sind unkompliziert und phantasievoll und legen Wert auf
Ehrlichkeit und Gleichberechtigung in Ihrer Beziehung.

Geld/Beruf

Im Beruf streben Sie nach finanzieller Sicherheit.

13. September

Persönlichkeit

Sie wurden an einem guten Tag, unter einem günstigen Stern geboren. Meistens sind Sie großzügig, ehrlich, zuversichtlich und gefühlsbetont; manchmal allerdings, ohne dass Sie selbst verstehen warum, sind Sie eingebildet und halsstarrig. Sie nehmen sich dann zusammen, ändern rasch Ihr Verhalten und finden wieder zu der Ihnen eigenen Freundlichkeit, Geduld, Verantwortlichkeit und Hilfsbereitschaft anderen gegenüber. Sie haben zeit Ihres Lebens das Herz eines Kindes, womit es Ihnen gelingt, das Unmögliche möglich zu machen, besonders für die Ihnen nahestehenden Menschen. Man kann immer auf Sie zählen, wenn es darum geht, jemanden tatkräftig zu unterstützen, Ihre Mahlzeiten mit jemandem zu teilen oder denjenigen Ratschläge zu geben, die Sie darum bitten.

Liebe

Sie brauchen eine gut strukturierte Beziehung, um glücklich zu sein.

Geld/Beruf

Sie befolgen mühelos Vorschriften und Anweisungen und achten auf Ihre Finanzen.

14. September

Persönlichkeit

Sie sind stets damit beschäftigt, den Sonnenschein zu genießen, einem Freund hilfreich unter die Arme zu greifen, sich ein Gläschen Wein zu gönnen und dabei über das Leben zu philosophieren. Wenn es allerdings ernst wird, die Situation angespannt oder kompliziert wird, analysieren Sie immerfort die Lage, zerpflücken sie und jonglieren mit den verschiedenen Lösungen. Da Sie sympathisch und äußerst zuvorkommend sind, schätzen Ihre Mitmenschen Ihre guten Eigenschaften und Talente, aber die zahlreichen kleinen Aufmerksamkeiten, mit denen Sie Ihre Nächsten verwöhnen, bleiben Ihre größte Stärke. In Ihrem Alltag führen Vergangenheit und Gegenwart ein harmonisches Miteinander. Sie verleihen Ihren Geschichten eine besondere Aura, indem sie Ihre Erfahrungen und Kenntnisse einbringen und Ihre Augen in einem wundervollen Glanz erstrahlen lassen.

Liebe

Sie verhalten sich leider immer wieder nach demselben Muster und begehen dieselben Fehler.

Geld/Beruf

Sie laufen nicht hinter dem Reichtum her, wollen aber genügend Geld verdienen, um gut leben zu können.

15. September

Persönlichkeit

Sie sind ungestüm und begeisterungsfähig, preschen mit Lichtgeschwindigkeit voran – beim Vergnügen, bei der Arbeit und bei der Jagd nach dem Besten, Größten, Weitesten. Routine ist wirklich nichts für Sie! Sie haben Ihre eigenen Regeln, eine individuelle, eigenwillige Sicht vom Leben und was Sie daraus machen wollen, und wissen genau, welche Wege Sie einschlagen wollen, um Ihr Ziel zu erreichen. Sie sind gesellig und freuen sich, wenn jemand gemeinsam mit Ihnen eine Wegstrecke geht, eine Mahlzeit einnimmt, ein Thema durchspricht oder einen Traum verwirklicht. Sie lassen sich von Hindernissen nicht entmutigen, glauben nicht an die Fügungen des Schicksals und sind felsenfest entschlossen, Erfolg zu haben, koste es, was es wolle. Wenn das Glück auf Ihrer Seite ist, umso besser, Sie sollten aber nicht darauf zählen.

Liebe

Sie sind ein offener Mensch und können sich gut artikulieren: Ihr Partner weiß immer, woran er mit Ihnen ist.

Geld/Beruf

Sie sind effizient, arbeitsam und ordentlich und nehmen die finanziellen Gelegenheiten, die sich Ihnen bieten, scharf unter die Lupe.

16. September

Persönlichkeit

Sie sind alles andere als ein Stubenhocker, begnügen sich nicht damit, ein gemütliches Heim zu bauen, um darin untätig zu verweilen. Sie haben das dringende Bedürfnis, immer höher und weiter hinauszugehen, sich auf Schatzsuche zu begeben oder einer Schimäre hinterherzujagen, zu lernen und sich zu vervollkommnen. Wer Ihre Sichtweise zu ändern oder Ihren Elan zu bremsen versucht, wird sofort in seine Schranken verwiesen. Sie suchen die Gesellschaft gebildeter, brillanter, erlesener Menschen. Sie können sich glücklich schätzen, mit einer mutigen und feurigen Natur ausgestattet zu sein, denn Sie können nicht auf das Glück zählen. Setzen Sie Ihr Lachen und Ihren Humor ein, um sich Stress zu ersparen, angespannte Situationen zu entschärfen oder um das Leben unter einem andern Blickwinkel zu sehen.

Liebe

Sie sind sehr empfindsam und frustriert, wenn Sie nicht das erhalten, was Sie wollen oder erwarten.

Geld/Beruf

Sie sind zu allen Zugeständnissen bereit, um das Beste zu bekommen: Arbeit, Geld, Familie.

17. September

Persönlichkeit

Sie sind sympathisch und freundlich und immer bereit, etwas zu unternehmen, sich unters Volk zu mischen oder an vorderster Front zu stehen. Obwohl Sie nicht besonders umgänglich sind, tun Sie alles mit überschäumender Leidenschaft. Ihr Humor und Ihre Verfügbarkeit hängen zum größten Teil von der Art und Weise ab, mit der man Sie um etwas bittet; höflichen und respektvollen Menschen stehen Sie gern zur Verfügung, aber diejenigen, denen es an Takt und Benehmen fehlt, finden keinen Zugang zu Ihnen. Sie verfügen über Charme, Charisma, Einfühlungsvermögen und finden leicht Lösungen für alles; darum muss man Sie einfach lieben und schätzen. Sie folgen der Stimme Ihres Herzens, sind zuverlässig, loyal, gerecht und großzügig. Ihren Freunden, Ihrer Familie und Ihrem/Ihrer Partner/in gegenüber verhalten Sie sich liebevoll und warmherzig.

Liebe

Sie stellen keine großen Ansprüche und gestatteten Ihrem Partner, frei seine Träume zu leben und seinem Elan zu folgen.

Geld/Beruf

Sie sind verantwortungsbewusst, treten gern in Wettbewerb und sind überzeugt, dass immer noch etwas Besseres kommt.

18. September

Persönlichkeit

Sie sind vernunftbestimmt; darum sind Sie nicht empfänglich für Schmeicheleien, großartige Versprechungen und sanft ins Ohr geflüsterte Worte. Sie glauben nur an Konkretes: an die Macht des Geldes, an originelle, gewinnbringende Ideen, an schriftlich fixierte Vorschläge und unterzeichnete Verträge. Wer Ihre Natur respektiert, empfindet Zuneigung für Sie, bewundert Ihre Rechtschaffenheit, Ihre Intelligenz und Ihre Allgemeinbildung. Sie sind vernünftig und ausdauernd und ziehen stabile, aufrichtige Beziehungen vor, die Ihr Bedürfnis nach Unabhängigkeit respektieren. Obwohl Sie sehr talentiert und in vielerlei Hinsicht beneidenswert sind, bleiben Sie ein einfacher, anspruchsloser Mensch, der Natur und Kunst liebt und immer bereit ist, seinem Nächsten zu helfen.

Liebe

Ihr Partner muss es ernst meinen, liebevoll sein und eine positive Einstellung zum Leben haben.

Geld/Beruf

Sie nutzen Ihr gesamtes Potenzial, um einen guten Job und eine angemessene gehobene, gut honorierte Stellung zu bekommen.

19. September

Persönlichkeit

Sie wurden unter einem besonders günstigen Stern geboren, bei allem, was Liebe, Abenteuer, Freundschaft, zwischenmenschliche Beziehungen überhaupt betrifft. Sie sind charmant und sehr angenehm im Umgang; es gelingt Ihnen ausgezeichnet, ernste Menschen aufzuheitern, Schüchterne zum Sprechen zu bringen, Verzweifelte zu ermutigen. Mit denen, die Sie für eine/n Schönredner/in und Schmeichler/in halten, wollen Sie nichts zu tun haben. Sie stehen zu dem, was Sie sind, und haben keineswegs die Absicht, Ihre Persönlichkeit, Ihre Meinungen oder Ihre individuelle Sicht vom Leben zu ändern. Da Sie aufgeweckt sind, originelle Ideen haben und über eine ausgeprägte Kommunikationsfähigkeit verfügen, haben Sie die Möglichkeit, unter vielen Bereichen zu wählen: Politik oder Jura, Mediation oder Public Relations sind nur einige davon.

Liebe

Sie sind aufmerksam und aufopferungsvoll, spielen immer mit offenen Karten und streben eine harmonische Beziehung an.

Geld/Beruf

Sie geben Ihr Bestes in einem gut organisierten Rahmen, denn für Sie ist Zeit Geld.

20. September

Persönlichkeit

Sie sind begeisterungsfähig und leidenschaftlich; Sie lesen und nehmen alle Informationen auf, die für Sie nützlich sein könnten, und diskutieren so oft wie möglich mit kompetenten Menschen, die Sie mit Fragen löchern. Aber was wollen Sie denn eigentlich? Lernen, um weiterzukommen? Ihr Selbstbewusstsein stärken? Durch das Aneignen zahlreicher Kenntnisse Stabilität finden? Da Sie vielseitig und selbst in den schwierigsten Situationen positiv eingestellt sind, können Sie sich nach Belieben die Arbeit, den Ort, an dem Sie leben möchten, und das Umfeld aussuchen, das Ihnen zusagt. Wenn Wettbewerb und Widerstand Sie anstacheln, so sollten Sie jedoch bei bestimmten Menschen achtgeben, die zwar zuckersüß zu Ihnen sind, aber heimlich an Ihrem Stuhl sägen.

Liebe

Sie stellen den Partner auf ein Podest und sorgen dafür, dass es ihm an nichts fehlt.

Geld/Beruf

Sie setzen sich für Wahrheit, Rechtschaffenheit und die Unterdrückten ein: Ihnen stehen alle Türen offen.

21. September

Persönlichkeit

Sie kommen langsam, aber sicher voran, hören nie auf, sich zu bilden und Fragen zu stellen; Ihre innere Ruhe ist bewundernswert. Sie haben eine ausgeprägte Intuition und achten besonders auf Vorzeichen; Sie können die Gedanken Ihrer Mitmenschen regelrecht lesen und merken mühelos, was sie anregt oder traurig macht. Mit viel Einfühlungsvermögen ausgestattet, tragen Sie, soweit es geht, zur Linderung von Schmerzen und Verbesserung der Lebensqualität der Menschen in Ihrem Umfeld bei. Bevor Sie sich auf ein Projekt einlassen, schmieden Sie Pläne, organisieren seinen Ablauf, stellen Regeln auf und schätzen selbstverständlich seine Erfolgschancen ein. Sollten Sie manchmal eine gewisse Intoleranz an den Tag legen, denken Sie daran, dass auch Sie schon Fehler gemacht haben.

Liebe

Aufgrund Ihrer analytischen Begabung urteilen Sie sehr differenziert und sind ein reifer, wacher und ehrlicher Partner.

Geld/Beruf

Für Sie hängt der Erfolg von der Planung der Unternehmung ab, und Ihre Finanzen beweisen es.

22. September

Persönlichkeit

Sie wurden zwar nicht unter einem glücklichen Stern geboren, aber es gelingt Ihnen dennoch, sich aus eigenem Antrieb emporzuschwingen. Sie wissen, wo Ihr Platz ist, und haben einen ausgesprochenen Sinn fürs Timing. Sie sind vielseitig, umgänglich und zuvorkommend, ziehen die Aufmerksamkeit auf sich und stellen berechtigte Forderungen an das Leben. Sie wissen Ihre Erfahrungen zu nutzen, gute Gelegenheiten zu wittern, sich die wichtigen Fragen zu stellen, kluge und richtige Entscheidungen zu treffen, kurzum, Sie sind eine Siegernatur! Im Einklang mit Ihren Gefühlen schmieden Sie Pläne, nehmen die Herausforderungen an, planen und organisieren Ihre Unternehmungen, um sich den Erfolg zu sichern. Sie sind sympathisch, gesellig und zuvorkommend und gehen leicht sowohl freundschaftliche als auch berufliche Bindungen ein.

Liebe

Da Sie einfühlsam sind und sehr genau beobachten, fällt es Ihnen leicht, die Wünsche Ihres Partners zu erraten und zu erfüllen.

Geld/Beruf

Die großen Erfolge anderer inspirieren Sie bei der Durchführung Ihrer Unternehmungen.

23. September

Persönlichkeit

Sie sind romantisch veranlagt, großzügig, apart, gerechtig-keitsliebend und an den Geheimnissen des Lebens besonders interessiert. Mutig, unabhängig, großherzig und fair, bauen Sie sich ein Heim, das Ihren Stempel trägt; dort können Sie turteln und Ihre Träume ausleben, während Sie darauf warten, eine höhere Ebene zu ereichen. Wenn für Sie sehr viel auf dem Spiel steht, legen Sie die erforderlichen Anstrengungen an den Tag, um Stürmen zu trotzen und Hindernisse zu überwinden. Obwohl in all Ihren Beziehungen Wohlwollen ausschlagge-bend ist, sind Sie mit allen Wassern gewaschen, wenn es dar-um geht, sich durchzusetzen. Sie mögen die Ruhe, Stille und Einsamkeit. Dennoch lassen Sie sich durchaus zähmen, wenn sich das Verlangen nach einer Beziehung oder einer Gruppe in Ihnen bemerkbar macht.

Liebe

Sie wissen, wie Sie den Partner auf nette Weise manipulieren müssen, damit er Ihnen Zuneigung und Aufmerksamkeit schenkt.

Geld/Beruf

Da Sie viel Professionalität an den Tag legen, sind Sie ein Vor-bild an Kraft und Integrität.

24. September

Persönlichkeit

Da Sie unentwegte Tätigkeit und Bewegung mögen, nehmen Sie gleichzeitig mehrere Projekte in Angriff, bringen sie aber leider nur selten zu Ende. Für Sie ist das nicht weiter wichtig, solange Ihnen Ihre Tätigkeiten Zufriedenheit bringen. Sie haben zwar viele originelle Ideen im Kopf, aber da Leistung oder anstrengende Arbeit nicht Ihre Stärke sind, bleiben sie oft im Keim stecken. Ihre Motivation muss schon sehr groß sein, damit Sie sich darauf einlassen, Opfer zu bringen oder Zugeständnisse an Ihren Lebensstil zu machen. Da Sie oft in Ihrer Haltung unentschlossen und ratlos bei Ihren Entscheidungen sind, fällt es einem leicht, Sie zu einer Meinungsänderung zu bewegen. Da Sie loyal und großzügig sind, werden Sie von Ihrem Umfeld sehr geschätzt. Sie sind fest entschlossen, von den guten Dingen des Lebens zu profitieren, selbst wenn es manchen lieber wäre, wenn Sie etwas mehr Vernunft walten ließen.

Liebe

Als Romantiker/in sind Sie ständig auf der Suche nach der vollkommenen Liebe.

Geld/Beruf

Sie sind brillant und kreativ: Routine und starre Arbeitszeiten sind nichts für Sie.

25. September

Persönlichkeit

Sie sind mit viel Phantasie und einer erstaunlichen Kreativität ausgestattet und beurteilen Menschen in erster Linie nach ihrem inneren Wert. Einfühlsam und zu großem Verständnis fähig, nehmen Sie gewöhnlich die Rolle eines Vertrauten und Energiespenders in Ihrer Umgebung ein. Ihre ausgeprägte geistige Stärke ermöglicht es Ihnen, anderen bei Ihrer Wegsuche zu helfen. Sie können großen Charme und überraschenden Einfallsreichtum an den Tag legen, wenn Sie die allgemeine Aufmerksamkeit auf sich ziehen wollen. Sie sind arbeitsam und haben das Bedürfnis, sich zu beweisen. Der Schlüssel Ihres Erfolgs – und zwar in allen Bereichen Ihres Lebens – sind Wissen, Erziehung, Kultur und unentwegtes Lernen.

Liebe

Sie sind rational und besonnen und legen sich in einer Liebesbeziehung nicht leichtfertig fest.

Geld/Beruf

Sie arbeiten gern im Team; dennoch müssen Sie für Ihre Impulsivität und Ihre Vorlieben manchmal einen hohen Preis zahlen.

26. September

Persönlichkeit

Gewöhnlich zeichnen Sie sich durch ein sehr ansprechendes, verführerisches Aussehen aus und werden oft wegen Ihrer äußeren Erscheinung angesprochen und beglückwünscht. Auch wenn Sie sich geschmeichelt fühlen und nichts dagegen haben, gelegentlich der Star zu sein, so ist es nicht das, was Ihre Handlungen leitet oder Ihre Ziele bestimmt. Ihr praktischer, rationaler Geist bewirkt, dass Sie mit beiden Beinen fest auf der Erde stehen, und führt Sie immer wieder zu Ihren Grundwerten zurück. Sie haben eine genaue Vorstellung von dem, was Sie wollen und wie Sie es bekommen können, sowie von der Stelle, die Ihnen vorschwebt, und Sie zögern nie, sich Ihre physischen, kreativen und geistigen Stärken zunutze zu machen, um Ihre Ziele zu erreichen. Sie werden von Menschen mit einer geheimnisvollen Aura angezogen, die es Ihnen ermöglichen, Ihre Phantasie umherschweifen zu lassen, und Ihre Neigung zu Verwicklungen unterstützen.

Liebe

Über die körperliche Liebe hinaus brauchen Sie vor allem geistiges Einvernehmen.

Geld/Beruf

Aufgrund Ihres Taktgefühls und Ihres diplomatischen Geschicks werden Sie sowohl von Ihren Kollegen als auch von Ihren Konkurrenten geschätzt.

27. September

Persönlichkeit

Über Ihren beinahe legendären Gerechtigkeitssinn hinaus sind Sie mit mehreren Talenten und Fähigkeiten ausgestattet. Sie verfügen über Anmut, Anziehungskraft, einen sicheren Geschmack und große Liebenswürdigkeit, auch fehlt es Ihnen nicht an Freunden, die Ihre Gegenwart, Ihr Urteil und die ganze Liebe zu schätzen wissen, die Sie großzügig verteilen. Ihr untrüglicher Instinkt betrügt Sie nie und sagt Ihnen, wann Sie etwas anpacken und wann Sie die Finger davon lassen sollten. Sie sind immer bereit, anderen Gehör zu schenken, zu helfen und Ratschläge zu erteilen; oft vernachlässigen Sie Ihre eigenen Gefühle und Bedürfnisse, um auf die Ihrer Mitmenschen Rücksicht zu nehmen. Sie sind ruhig und besonnen und kommen schlecht mit Druck und Stress zurecht. Sie sind imstande, in allem das Schöne zu erkennen – die Welt der Kunst steht Ihnen offen.

Liebe

Sie sind zärtlich und liebevoll und lassen sich in Ihrer Paarbeziehung vollkommen fallen.

Geld/Beruf

Sie sind aufopferungsvoll, erfinderisch, begeisterungsfähig und ein/e hochgeschätzte/r Angestellte/r und Kollege/Kollegin.

28. September

Persönlichkeit

Wie der Zauberer, der ein Kaninchen aus seinem Hut zieht, sind Sie imstande, ein Lächeln auf ein trauriges Gesicht zu zaubern, den größten Brummbär zum Lachen zu bringen und einen Funken Hoffnung auf den Mutlosesten überspringen zu lassen. Sie besitzen viel positive Energie, die sich auf alle überträgt, die mit Ihnen zu tun haben, und die Ihr Leben erhellt. Trotz eines gewissen Hangs zum Müßiggang sind Sie in der Lage, große Mühen auf sich zu nehmen, um Ihre Ziele zu erreichen. Rational und zugleich mit dem Universum verbunden, haben Sie einen großen Einfluss auf die Menschen Ihres Umfelds, die auf Ihre Worte und Ratschläge hören und Sie oft um Ihre Meinung bitten. Sie fühlen sich wohl in der Stille und Einsamkeit, in der Sie sich nie langweilen. In der Ausgewogenheit der Formen, der Harmonie der Farben und der angenehmen Atmosphäre, die es verströmt, passt Ihr Heim zu Ihnen.

Liebe

Sie brauchen einen Partner, der Ihren Rhythmus respektiert, ohne Ihre Hand je loszulassen.

Geld/Beruf

Sie neigen zur Perfektion, arbeiten gewissenhaft und sind gut organisiert; das spiegelt sich auch darin wider, wie Sie Ihr Geld anlegen.

29. September

Persönlichkeit

Sie sind charmant, attraktiv und glaubwürdig in sämtlichen Rollen, die Sie in Ihrem Leben spielen. Sie neigen ein wenig zum Bohemeleben und sind in der Lage, die Aufmerksamkeit einer Zuhörerschaft einzufangen, Menschen um sich zu scharen und manchmal sogar Berge zu versetzen. Sie zeichnen sich durch große Offenheit sowie durch erstaunliche Anpassungsfähigkeit aus und fühlen sich in Gesellschaft armer Menschen genauso wohl wie an der Tafel eines Königs. Wenn die Leidenschaft Sie manchmal in die Irre führt, so nehmen Sie die Folgen bereitwillig in Kauf. Sie möchten bei allen beliebt sein und scheuen keine Mühen, um jemanden zu umgarnen. Sie sind wirklich in Bestform, wenn man Sie so sein lässt, wie Sie sind: einfach, unverfälscht und zwanglos.

Liebe

Sie leben auf Ihre Art, genießen den Augenblick und ziehen die Leidenschaft der Beständigkeit vor.

Geld/Beruf

Sie arbeiten, um sich schöne Dinge und einen gewissen Komfort leisten zu können.

30. September

Persönlichkeit

Oft lassen Sie Ihren verborgenen Gefühlen heimlichen Wünschen freien Lauf ungeachtet des Klatsches, der Vorurteile und des Gemunkels Ihrer Umwelt. Sie stehen zu Ihren Ideen und Ihren Handlungen; Sie verfolgen Ihre Vorhaben mit Geduld und Beharrlichkeit, oft sogar insgeheim. Um Ihr Ziel zu erreichen, gehen Sie unbeirrt Ihren Weg, der zahlreiche Abenteuer und neue Erfahrungen für Sie bereithält. Sie stellen sicher, dass Sie stets die Kontrolle über Ihr Berufs- und Ihr Privatleben behalten. Dabei überschreiten Sie bisweilen sogar Ihre eigenen Grenzen, um sich nicht auf Zugeständnisse, Kompromisse oder gar auf eine Kapitulation einzulassen.

Liebe

Für Ihren Partner sowie für Ihre Beziehung sind Sie eine Quelle der Inspiration und Motivation.

Geld/Beruf

Sie sind sich der Macht des Geldes bewusst und sichern sich eine beneidenswerte finanzielle Situation.

Oktober

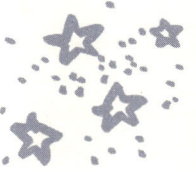

1. Oktober

Persönlichkeit

Sie sind nicht nur am Ersten des Monats geboren, Sie fühlen sich auch wie die Nummer eins! Hinter Ihrer ruhigen und unerschütterlichen Art brodelt ein Meer von Emotionen mit all ihren Höhen und Tiefen. Sie lernen, Ihre Sache mit Erfolg zu betreiben, wobei Sie aus der Vergangenheit lernen, und scheuen nicht davor zurück, sich in eine Aktivität zu stürzen. Als Mann/Frau mit Herz, auf den/die Verlass ist, sind Sie ein/e treue/r Freund/in, auf den/die man in guten wie in schlechten Zeiten zählen kann. Sie verstehen die Menschen und sind imstande, ihnen zuzuhören, sie zu unterstützen und ihnen zu helfen. Es ist wichtig für Sie, in Ihren Beziehungen die Spreu vom Weizen zu trennen, denn sie sind der Gradmesser Ihrer Energie und beeinflussen Ihr Leben in vielen Bereichen.

Liebe

Sie bieten dem Partner das Beste von Ihnen und erwarten das Gleiche im Gegenzug.

Geld/Beruf

Es bedarf nur einer kleinen Portion guten Willens, um Ihre zahlreichen Talente in Geld umzumünzen.

2. Oktober

Persönlichkeit

Sie legen eine erstaunliche Energie und Großzügigkeit an den Tag und führen auch Ihrem Umfeld Energie zu. Sie haben das Talent, Sorgen zu vertreiben, Not zu lindern, Mut zuzusprechen und Menschen aufzumuntern. Um das zu bewerkstelligen, sind Sie auf ein gutes Umfeld angewiesen, das Ihre Gedanken- und Handlungsfreiheit begünstigt, und zwar sowohl in der Freundschaft und der Liebe als auch in der Familie und im Beruf. Mit Ihrer Lebensfreude, Ihrer guten Laune und der Gewandtheit, mit der Sie Aufsehen erregen, fällt es Ihnen leicht, Bindungen einzugehen und zu festigen. Dennoch sollten Sie darauf achten, sich nicht mit Manipulatoren, Profiteuren oder »Energiefressern« einzulassen.

Liebe

Ihrer Beziehung widmen Sie viel Zeit, Energie und Liebe.

Geld/Beruf

Da Sie Luxus mögen, achten Sie genau auf Ihre Finanzen und gehen keine großen Risiken ein.

3. Oktober

Persönlichkeit

Da Sie über Abenteuergeist verfügen, sind Sie stets bereit, sich in die Aktion zu stürzen und interessante Projekten in Angriff zu nehmen; Sie freuen sich, dass das Leben Ihnen so viel Überraschendes und Unerwartetes bietet. Sie haben zwar vielseitige Interessen, bevorzugen aber das Liebesabenteuer, weil dabei Ihr Jagdinstinkt zur Geltung kommt und Ihnen viel Glück beschieden ist. Es hängt jedoch ganz von Ihnen ab, ob Ihre Liebesphantasien Wirklichkeit werden oder es für Sie letztlich nicht doch interessanter ist, wenn diese Träume bleiben. Sie sind gesellig und sympathisch, haben einen großen Freundes- und Bekanntenkreis und langweilen sich nie. Da es Ihnen in stressigen Situationen ein wenig an Geduld fehlt, sollten Sie lernen, tolerant zu sein, um Ihre Botschaft übermitteln zu können.

Liebe

Ihr/e Partner/in muss Respekt und Diplomatie unter Beweis stellen und einen starken Charakter besitzen.

Geld/Beruf

Sie verwalten zwar recht gut Ihr Geld, Ihre Emotionalität schadet aber manchmal Ihren Unternehmungen.

4. Oktober

Persönlichkeit

Hinter Ihrem ruhigen Äußeren verbirgt sich ein handfester Sinn fürs Praktische, ein großes Vertrauen in all Ihre Unternehmungen sowie die erbitterte Entschlossenheit, sie mit Erfolg zum Abschluss zu bringen. Ihnen stehen unendlich viele Möglichkeiten offen, und Sie finden leicht Menschen, die Ihre positive Art und Ihre Hartnäckigkeit schätzen und bewundern. Wenn eine Angelegenheit Ihnen am Herzen liegt, bieten Sie großzügig Ihre Zeit und Ihre Energie auf, um sie durchzufechten. Sie sind klug und einfallsreich; Sie planen, organisieren und arbeiten lieber allein an Ihren Projekten, denn so können Sie sich in die Arbeit stürzen, wann es Ihnen passt, das Tempo bestimmen und Ihre Unternehmungen nach Ihrem Gutdünken durchführen. Sie besitzen zwar große körperliche sowie geistige Kraft, Ihre Gefühle machen Ihnen aber oft einen Strich durch die Rechnung.

Liebe

Sie sind ehrlich und zärtlich; Ihre Liebe wird von den positiven Reaktionen des Partners angeregt.

Geld/Beruf

Sie sind realistisch und besonnen, mögen feste Regeln und leben nie über Ihre Verhältnisse.

5. Oktober

Persönlichkeit

Da Sie ehrgeizig und etwas berechnend sind, wissen Sie Ihre Trümpfe und Talente zu nutzen, um das zu bekommen, was Sie wollen. Leider hat diese Haltung manchmal verhängnisvolle Folgen für Ihr Umfeld; das bremst Sie allerdings in keiner Weise, denn Sie sind der Ansicht, dass es Ihnen gelingen muss, Ihre Ziele zu erreichen, egal zu welchem Preis. Sie verfügen über Intelligenz und ein riesiges Potenzial an Fähigkeiten und nehmen gern Herausforderungen an. Sie wollen der ganzen Welt – und vielleicht auch sich selbst – beweisen, wozu Sie fähig sind. Ihre Erfahrungen und Kenntnisse verleihen Ihnen Stärke; Sie stehen den Ihren stets zur Verfügung, sei es um ihnen Hilfe zukommen zu lassen, einen Rat zu erteilen oder Geld in ein Unternehmen zu investieren.

Liebe

Sie sind ein freiheitsliebender Mensch, und es fällt Ihnen schwer, sich in der Liebe langfristig festzulegen.

Geld/Beruf

Da Sie diszipliniert und vorsichtig sind, entgehen Ihnen manche Glücksfälle aufgrund zu langen Zögerns.

6. Oktober

Persönlichkeit

Sie wollen immer höher hinaus. Sie sind sich dessen bewusst, dass Sie unzählige Fähigkeiten besitzen, um sich bis nach oben durchzukämpfen. Sie haben bestimmte Vorstellungen, eine Liebe zum Detail und sehen Entwicklungen voraus. Wenn es darum geht, sich eine Meinung zu bilden, eine Wahl zu treffen, Situationen abzuschätzen, Entscheidungen zu treffen, können Sie sich auf Ihren Instinkt und Ihr Urteilsvermögen verlassen. Obwohl Sie freiheitsliebend sind und Vorhaben lieber im Alleingang durchführen, schließen Sie sich manchmal mit kompetenten Menschen zusammen, um schneller oder unter besseren Bedingungen voranzukommen. Da Sie ganz in Ihrem Beruf aufgehen, sondern Sie sich manchmal von der Familie und der Gesellschaft ab. Ein guter Rat: Verlieren Sie nie den Kontakt zu Ihren Angehörigen, egal was passiert.

Liebe

Sie sind charmant und verführerisch – die Liebe und all ihre Wohltaten sind in greifbarer Nähe.

Geld/Beruf

Für Sie ist Ehrlichkeit die einzige Art zu handeln, und Zeit ist Geld.

7. Oktober

Persönlichkeit

Sie sind jovial und großzügig und zu noch mehr Güte fähig, wenn Sie spüren, dass diese Eigenschaften von den anderen geschätzt werden. Sie scharen gern kluge Menschen um sich, die über große geistige Offenheit und umfassendes Wissen verfügen und Ihnen möglicherweise helfen könnten. Sie sind freundlich und mit großer Intuition ausgestattet; wenn man Sie um etwas bittet oder an Ihre Erfahrung appelliert, sind Sie bereit, alles zu geben. Wenn Sie die Gelegenheit und die Möglichkeit dazu haben, sind Sie in der Lage, die Dinge zum Positiven hin zu verändern. Fühlen Sie sich in einer Situation nicht wohl, dann steigen Sie einfach auf etwas anderes um. Ohne zwangsläufig alles hinter sich zurückzulassen, finden Sie einen Ort, an dem Sie sich besser fühlen oder einen Posten einnehmen, der Ihnen mehr zusagt.

Liebe

Sie sind mitteilsam und herzlich, aber Ihre Eifersucht sorgt manchmal für unnötige Reibungen.

Geld/Beruf

Sie lassen nie zu, dass Ihre beruflichen und finanziellen Entscheidungen von Ihren Gefühlen geleitet werden.

8. Oktober

Persönlichkeit

Sie verfügen sowohl über praktische Intelligenz als auch über logisches Denken; Ihnen liegt die Welt zu Füßen, Ihre Möglichkeiten sind beinahe unbegrenzt. Da Sie findig und mit guter Intuition ausgestattet sind, gibt es für Sie nur wenige Beschränkungen, wenn Sie sich für einen Weg oder eine Richtung entscheiden müssen. Oft werden Sie beneidet, jedoch immer respektiert; Sie haben eine sehr genaue Vorstellung von den Zielen, die Sie sich gesetzt haben, und den Träumen, die Sie verwirklichen wollen. Sie spielen eine wichtige Rolle in Ihrem Familienkreis sowie innerhalb Ihrer Gemeinschaft, und es liegt Ihnen am Herzen, mehr oder besser zu arbeiten als Ihre Vorgänger beziehungsweise als man es von Ihnen erwartet. Sie lernen schnell und ziehen stets Lehren aus Ihren guten sowie schmerzlichen Erfahrungen.

Liebe

Entgegen dem Anschein sind Sie konservativ und brauchen einen aufopferungsvollen Partner.

Geld/Beruf

Sie sind kreativ und mögen keine Routine; vergessen Sie nicht, dass wohldosierte Nächstenliebe bei einem selbst anfängt.

9. Oktober

Persönlichkeit

Sie haben eine lebhafte Phantasie und originelle Ideen, die Sie in Verbindung mit Ihrem kindlichen Herzen beinahe mit einem Hauch von Exzentrik umgeben. Für schwierige Arbeit eignen Sie sich nicht besonders gut; da Sie sich aufgrund Ihrer Kreativität und Ungebundenheit nicht mit jedem verstehen, müssen Sie die Menschen, die mit Ihnen in Verbindung stehen, gut auswählen. Sie sind zu großer Liebenswürdigkeit fähig und werden alles in allem sehr geschätzt von den Menschen, mit denen Sie sich für ein Vorhaben engagieren. Sie gehen Meinungsverschiedenheiten und hitzigen Debatten aus dem Weg, denn Sie ziehen es vor, in einer ruhigen, harmonischen Atmosphäre zu Wort zu kommen. Da Ihre Energie schnell erschöpft ist, müssen Sie Ihren Terminkalender und Ihre Vorhaben gut organisieren.

Liebe

Als Realist in Liebesdingen wissen Sie, was Sie suchen, und lassen nicht zu, dass die Wirklichkeit von Gebilden der Phantasie überschattet wird.

Geld/Beruf

Da Sie lieber im Hintergrund agieren, kennen Sie Ihre Grenzen und respektieren sie immer.

10. Oktober

Persönlichkeit

Sie haben ein sehr ansprechendes Äußeres und erlesene Umgangsformen; es umgibt Sie eine Aura von Harmonie und Ausgeglichenheit. Der Erfolg ist Ihnen sicher, und zwar in allen Bereichen Ihres Lebens. Das bedeutet nicht, dass Ihnen alles in den Schoß fällt, aber Sie ernten die schönsten Früchte mit einem Minimum an Leistung. Aufgrund Ihrer künstlerischen Veranlagung haben Sie einen besonderen Sinn für Form und Harmonie. Sie stöbern gern in Antiquariaten und Luxusboutiquen und wollen sich sowohl mit schönen Dingen als auch mit gebildeten und oft recht wohlhabenden Leuten umgeben; Letztere sollen Ihnen den Zugang zu Reichtum und Vergnügen ermöglichen. Mit Ihren vielfältigen Talenten, Ihrer natürlichen Anmut und den zahlreichen Trümpfen, die Sie in den Händen haben, gibt es keinen Zweifel darüber, dass es Ihnen gelingt, Eingang in ihre Kreise zu finden und akzeptiert zu werden.

Liebe

Wie ein Schmetterling flattern Sie von Blume zu Blume, wobei Sie die Möglichkeiten analysieren und den besten Ort aussuchen, an dem Sie sich niederlassen können.

Geld/Beruf

Sie gehen zwar großzügig mit Geld um, haben aber kein Talent, es zusammenzuhalten.

11. Oktober

Persönlichkeit

Sie heben gern alle Ihre Eigenschaften hervor, um geschätzt und bewundert zu werden. Sie sind neugierig und gehen auf Entdeckungsreise, sobald es Ihnen möglich ist, und es gelingt Ihnen, Ihren Weg zu gehen, ohne Regeln oder Menschen umzustoßen. Engagiert und gesellig trotz Ihres Individualismus, brauchen Sie eine gute Portion Mut, um von sich, Ihren Erfahrungen und Kenntnissen zu reden, aber Sie tun es, falls nötig, um anderen oder einer Sache zu helfen. Mittels Ihrer zahlreichen Interessengebiete suchen Sie nach einem Sinn in Ihrem Leben und nicht nach Ruhm oder Beliebtheit, wie viele meinen. Sie sind für den Erfolg bestimmt; es genügt, wenn Sie einfach nur daran glauben.

Liebe

Auch wenn Sie die Zweisamkeit mögen, brauchen Sie Raum zum Atmen in Ihrer Beziehung.

Geld/Beruf

Sie sind bedächtig, gut organisiert und strukturiert: Ihr beruflicher und materieller Erfolg ist gesichert.

12. Oktober

Persönlichkeit

Wenn Sie von einer Leidenschaft besessen sind, dann zählt nichts anderes mehr, und Sie stürzen sich kopfüber in ein Vorhaben, wobei Sie manchmal sogar vergessen, Tempo und Grenzen zu respektieren. Sie sind feurig und wahrscheinlich ein energischer, dynamischer Sexualpartner. Spiritualität nimmt einen wichtigen Platz in Ihrem Alltag ein; aus ihr schöpfen Sie Ihre innere Kraft, suchen und finden Sie die Antworten auf Ihre Fragen. Da Sie Ihre größte Motivation in der Verwirklichung Ihrer Vorhaben finden, geben Sie immer Ihr Bestes und zögern nie, auch schwere Geschütze aufzufahren, falls nötig. Sie schrecken vor Herausforderungen zwar nicht zurück, wissen aber genau, wann es Zeit ist, sich zurückzuziehen, um sich auszuruhen oder einen neuen Anlauf zu nehmen.

Liebe

Sie sind gelassen, haben einen Sinn fürs Praktische und sehen klar in Ihrer Liebesbeziehung.

Geld/Beruf

Sie sind draufgängerisch, wenn es sich um originelle Ideen handelt, aber Sie sind vorsichtig bei allem, was mit Ihren Finanzen zu tun hat.

13. Oktober

Persönlichkeit

Hätten Sie mehr Freiheit, würden Sie weniger arbeiten; hätten Sie mehr Geld, würden Sie die Welt retten! Das ist das, was Sie sagen, aber entgegen dem äußeren Anschein möchten Sie keine Revolution anzetteln, sondern eher die Welt im Allgemeinen verbessern. Trotz Ihrer Reife haben Sie nicht die geringste Lust, sich schnell festzulegen, sondern ziehen es vor, Schimären nachzujagen, sich ein Baumhaus zu bauen, um dort bei Gelegenheit Zuflucht zu finden, auf Abenteuersuche zu gehen, um neue Erfahrungen und Kenntnisse zu sammeln und von der großen Liebe zu träumen. Sie lernen schnell und sind ein bemerkenswerter Redner; da Sie sich aber sofort wieder für etwas anderes interessieren, kann man leider nie Ihr gesamtes Potenzial entdecken, da Sie nie lange genug am selben Ort verweilen.

Liebe

Sie neigen zum Egoismus in der Liebe und suchen jemanden, der alle Ihre Wünsche erfüllt.

Geld/Beruf

In Ihrer von Phantasie und Idealismus gesteuerten Welt ist kein Platz für Routine und einen geregelten Arbeitstag.

14. Oktober

Persönlichkeit

Aufgrund der Originalität, die Sie an den Tag legen, können Sie niemandem gleichgültig sein. Einige fühlen sich von Ihrer eigenwilligen Persönlichkeit angezogen; für andere ist sie störend, um nicht zu sagen erschreckend. Sie sind gern immer in Aktion, wenn die Aktion ausbleibt, lösen Sie sie einfach aus. Sie sind bescheiden, herzlich und gesellig und umgeben sich mit Menschen, die Sie verstehen oder Ihnen ähneln. Sie sind zwar in der Lage, Ihre Meinung zu ändern, wenn Sie auf Widerstand stoßen oder wenn schlagende Argumente ins Feld geführt werden, behalten aber stets das Herz eines Kindes und eine ungeheure Leidenschaftlichkeit und verlieren nie Ihr Ziel aus den Augen. Auch wenn Sie auf Popularität und Ruhm aus sind, so möchten Sie doch bemerkt und geschätzt werden.

Liebe

Ihre Neigung, sich eher von Ihren Gefühlen als von Ihrem Verstand leiten zu lassen, bringt Ihren Partner aus der Fassung.

Geld/Beruf

Sie sind zwar phantasievoll, aber denken durchaus logisch und haben Ihre Arbeit und Ihre Finanzen voll unter Kontrolle.

15. Oktober

Persönlichkeit

Sie sind wirklich ein Glückspilz! Aufgrund Ihrer großen geistigen Offenheit, Ihrer Anziehungskraft, Ihrer freundlichen Art und Ihrer erbitterten Entschlossenheit sind Sie ein echter Weltbürger. Da Sie bald merken, was nicht in Ordnung ist, und Sie nicht die Hände in den Schoß legen und warten, bis die Dinge sich von alleine regeln, nehmen Sie das Heft in die Hand, korrigieren, rekonstruieren und stellen sogar in Frage, um wieder Ordnung hineinzubringen. Als Perfektionist träumen Sie von einer perfekten Welt, in der jedes Ding seinen Platz hat, jeder Mensch korrekt seine Rolle spielt, in der nur Schönheit, Freundlichkeit und Einfühlungsvermögen herrschen. Sie lernen viel auf Ihrem Weg und stellen Ihre Erfahrung stets anderen zur Verfügung. Für Sie ist der Gipfel das einzig in Frage kommende Ziel.

Liebe

Da Sie ein dringendes Bedürfnis nach Stabilität haben, sind flüchtige Liebesbeziehungen nichts für Sie.

Geld/Beruf

Sie sind ehrgeizig, charismatisch und besonnen – ein/e Gewinner/in auf der ganzen Linie.

16. Oktober

Persönlichkeit

Ungeachtet der Komplimente und der Anerkennung, die Ihnen in Ihrem Umfeld zuteilwird, scheinen Sie weder Ihren wahren Wert zu kennen, noch sich Ihrer zahlreichen Talente bewusst zu sein. Vorsichtig gehen Sie Stufe um Stufe hinauf, gehen sie aber beim geringsten Hindernis oder Widerstand wieder hinunter in der Überzeugung, dass Sie den Dingen nicht gewachsen und für ganz oben nicht bestimmt sind. Dabei verfügen Sie über ein großes Potenzial. Wenn Sie mehr Selbstvertrauen an den Tag legen, dem Wettbewerb die Stirn bieten und sich endlich dessen bewusst werden, dass Ihnen sämtliche Hilfsmittel zur Verfügung stehen, um die Hindernisse zu überwinden, können Sie den Platz an der Sonne einnehmen, der Ihnen zusteht. Sie sind sehr freiheitsliebend, klarsichtig, einfühlsam und mit einem ausgeprägten Gerechtigkeitssinn ausgestattet und verstehen die Menschheit schlechthin.

Liebe

Ihre Erwartungen sind realistisch; Sie brauchen Stabilität und Gewissheit.

Geld/Beruf

Sie sind in der Lage, Ihre Position und Ihre Erfolgschancen realistisch einzuschätzen.

17. Oktober

Persönlichkeit

Hinter Ihrem zuvorkommenden Lächeln und Ihrem herzlichen Äußeren verstecken sich Phantasie, Gewitztheit, Findigkeit sowie ein aufbrausender Charakter. Sie sind stolz, konservativ, diplomatisch und sehr intelligent; Sie fühlen sich genauso wohl bei leichten wie bei philosophischen Gesprächen oder Debatten. Da Sie ein starkes Selbstvertrauen, große Reife und geistige Tiefe besitzen, stehen Ihnen viele Türen offen und sind Ihnen mehrere Bereiche zugänglich. Ihr ausgeprägter Sinn für Wettstreit drängt Sie, noch weiter zu gehen, es besser zu machen und nicht darauf zu warten, dass Ihnen die gebratenen Tauben in den Mund fliegen. Obwohl Sie immer beschäftigt sind, können Sie sich durchaus auch amüsieren und innehalten, um das Leben zu genießen.

Liebe

Sie sind phantasie- und liebevoll und scheuen sich nicht davor, Ihre Emotionen und Gefühle zu zeigen.

Geld/Beruf

Sie arbeiten, um sich eine stabile und bequeme finanzielle Situation zu sichern.

18. Oktober

Persönlichkeit

Nur sehr wenige Menschen können sich damit brüsten, Sie wirklich zu kennen. Sie sind wie ein Chamäleon: Je nach der Situation, den Umständen und den Menschen, mit denen Sie zusammen sind, sind Sie imstande, Ihre Persönlichkeiten zu ändern. Sie sind in Ihrem Rollenwechsel sehr geschickt; Ihre schauspielerischen Talente sind unbestreitbar! Da Sie Verwicklungen und Geheimnisse lieben, machen Sie sich gern einen Spaß daraus, Ihr Umfeld zu täuschen, indem Sie Ihre Stimme und Ihr Äußeres ändern. Als unabhängiger Geist gestalten Sie Ihr Leben auf Ihre Weise und hassen es, wenn jemand seine Nase in Ihre Angelegenheiten steckt, besonders in Ihr Privatleben. Sie sind charmant und großzügig und bieten gern Ihre Dienste oder Ratschläge an. Wenn Sie feststellen, dass die Atmosphäre gespannt und feindlich ist, suchen Sie schnell das Weite.

Liebe

Ihre Beziehung muss auf Gemeinschaftlichkeit, geistiger Offenheit, Ehrlichkeit und Aufrichtigkeit beruhen.

Geld/Beruf

Sie kennen Ihre Stärken und Schwächen und wissen Ihren Vorteil daraus zu ziehen.

19. Oktober

Persönlichkeit

Da Sie Ihre Meinung oder Ihre Ideen oft für sich behalten, müssen die anderen Himmel und Hölle in Bewegung setzen, um Ihre Entscheidungen zu verstehen. Sie sind diplomatisch und intelligent, aber unentschlossen, und oft fällt es Ihnen schwer zu entscheiden, welchen Weg Sie gehen oder welche Handlungen Sie unternehmen sollen. Sie sind zwar arbeitsam, haben aber nichts dagegen, Ihren Einsatz zu reduzieren, sobald sich die Möglichkeit bietet. Sie sind ein wenig empfindlich: Ihre Mitmenschen müssen Sie manchmal mit Samthandschuhen anfassen, wenn sie ihre Argumente darlegen oder sie Ihnen ihre Hilfe oder ihren Rat anbieten. Sie sind zu großer Konzentration fähig und können in der Öffentlichkeit gewandt auftreten; Ihre Stärke liegt in Ihrer Kommunikationsfähigkeit. In der Ruhe und Einsamkeit gelingt es Ihnen am besten, neue Energie und Motivation zu tanken.

Liebe

Ihr Partner muss gesellig, offen und intellektuell anregend sein.

Geld/Beruf

Sie haben kein besonderes Talent für Geldangelegenheiten; Sie sollten sich besser beraten und leiten lassen.

20. Oktober

Persönlichkeit

Da Sie immer sehr beschäftigt sind, müssen Sie sich Notizen machen, damit Sie nichts vergessen. Da Sie auf Ordnung, Organisation und eine genaue Zeiteinteilung Wert legen, können Sie Ihr Bestes geben, wenn alles geregelt ist. Sie sind sehr damit beschäftigt, Ihre Pflichten zu erfüllen, Ihre Ziele zu erreichen und Ihre Versprechen zu halten und räumen sich nicht genügend Zeit für Erholung und Hobbys ein. Sie müssen lernen, Ihr Tempo zu drosseln und nicht täglich Ihre Energiereserven aufzubrauchen. Die Menschen in Ihrem Umfeld wissen, dass Sie bereit sind, ihnen jederzeit beizustehen und zu helfen. Dieses Hilfsangebot muss allerdings von Ihnen kommen; man kann Sie nicht zu etwas zwingen, was Sie nicht wollen. Kommunikation ist wichtig für Sie, und Sie sorgen dafür, dass sie immer im Fluss ist.

Liebe

Sie sind freiheitsliebend und genügsam und machen selten den ersten Schritt in der Liebe.

Geld/Beruf

Sie sind produktiv, kooperativ und leistungsstark und haben das Bedürfnis nach Bewegung und Fortschritt.

21. Oktober

Persönlichkeit

Sie sind wirklich ein Herzchen! Sie sind verträumt und idealistisch und erleben alles mit Gefühl und Romantik. Aufgrund Ihrer philosophischen, menschenfreundlichen Veranlagung müssen Sie immer irgendetwas verteidigen, einem Freund helfen, eine Erfahrung austauschen. Sie sind die Bezugsperson Ihres sozialen und familiären Umfelds; man schätzt Ihr gutes Urteilsvermögen und Ihre Ratschläge. Sie glauben an die Zeichen des Schicksals und haben stets ein offenes Ohr für die Botschaften des Universums. Sie nehmen sich die Zeit zu leben – indem Sie im Bistro an der Ecke eine Tasse Kaffee trinken, vor sich hinträumen oder Ihre Überzeugungen vertreten. Sie haben das dringende Bedürfnis, in Harmonie mit Ihrer Umwelt zu leben, eine gute Lebensqualität mit hohem Komfort zu erreichen.

Liebe

Sie erwarten, dass der Partner nach den richtigen Prinzipien lebt – das heißt nach Ihren eigenen.

Geld/Beruf

Sie sind originell, wenn nicht gar ein/e Außenseiter/in, und möchten gern das Heft in der Hand haben.

22. Oktober

Persönlichkeit

Sie ziehen Menschen stark an, haben ein angenehmes Äußeres und schaffen es immer, Gleichgesinnte um sich zu scharen, um sich für eine Angelegenheit einzusetzen oder einfach nur um des Vergnügens eines freundschaftlichen Beisammenseins willen. Ein wenig beeinflussbar und verletzbar, gehen Sie gern auf Entdeckungsreise, um die Schönheit, Geheimnisse und Rätsel der Welt kennenzulernen, und zwar ohne jeglichen Zwang oder Druck, ganz nach Ihrem Gutdünken, auch wenn dies manchmal Zweifel und Eifersucht in Ihrem Umfeld auslöst. Sie begeben sich dorthin, wo Sie nützlich sein können und wo Ihre guten Taten gerecht belohnt werden, kurzum, dorthin, wo Sie eine Chance auf Erfolg haben und die Stabilität und Sicherheit finden können, nach der Sie streben.

Liebe

Ihr Partner muss Verständnis aufbringen für Ihren Tiefsinn und Ihr Freiheitsbedürfnis.

Geld/Beruf

Sie arbeiten gern im Team, das Sie durch Ihre Originalität und Ihre erfrischende Arglosigkeit bereichern.

23. Oktober

Persönlichkeit

Sie sind vom Glück begünstigt bei allem, was mit Finanzen zu tun hat: Geld und materielle Güter. Sie haben eine künstlerische Ader und sind imstande, Schätze und Erfolge anzuhäufen. Sie haben gute Manieren, sind kommunikationsfreudig, zuversichtlich und verantwortungsbewusst und vermögen sich die Mittel zu verschaffen, um Ihre Träume zu verwirklichen. Seien Sie vorsichtig bei der Wahl Ihrer Teilhaber, Partner oder Weggefährten: Ein fauler Apfel steckt hundert an. Da Arbeit Ihnen oft anstrengend vorkommt, wenden Sie Ihre Zeit und Ihre Energie lieber auf die Künste (ihre Erschaffung oder Bewunderung) oder auf einen Spaziergang durch die eleganten Viertel der Stadt auf, wo die großen Geschäfte getätigt werden. In der Ruhe und der Stille erholen Sie sich und tanken Energie auf.

Liebe

Sie fordern nicht viel, möchten allerdings, dass Ihr Partner Sie versteht.

Geld/Beruf

Ihre Inspiration, Ihr Ehrgeiz und Ihr Wille sind der Schlüssel zu Ihrem Erfolg.

24. Oktober

Persönlichkeit

Die Pflichten des Lebens fordern von Ihnen all Ihre Aufmerksamkeit; Sie leisten dabei einen sehr lobenswerten Beitrag. Man muss manchmal einen Schritt zurück machen, um einen neuen Anlauf zu nehmen und mehr zu bekommen. Sie sind entschlossen und mit einem ausgeprägten Sinn fürs Praktische ausgestattet und lassen nicht zu, dass Ihre Gefühle Ihren Lebenswandel bestimmen. Da Spannungen und Wettstreit Ihre Energie untergraben, bemühen Sie sich um eine möglichst gute Kommunikation; Ihre Handlungen und Unternehmungen sind immer durchsichtig. Sie sorgen immer dafür, dass alles wie am Schnürchen läuft, bitten die anderen nie um etwas, das Sie nicht selbst bieten oder tun können. Ihre Intelligenz, Ihre Ehrlichkeit und Ihre zahlreichen Talente öffnen Ihnen sämtliche Türen Ihrer Wahl.

Liebe

Es gelingt Ihnen, sehr schnell ein fast perfektes Einverständnis und Einvernehmen herzustellen.

Geld/Beruf

Sie haben einen angeborenen ausgeprägten Geschäftssinn, da Sie wissen, wann Sie handeln und wann Sie sich zurückziehen müssen.

25. Oktober

Persönlichkeit

Sie sind Ihr eigener Herr und meistern Ihr Leben mit ruhiger Hand. Sie sind verantwortungsbewusst und möchten nicht, dass jemand die Verantwortung für Sie übernimmt. Sie haben das Bedürfnis, dass man Ihren Wert, Ihren Mut, Ihre Entschlossenheit und Ihren kühlen Kopf würdigt. Sie kämpfen an allen Fronten zugleich. Sie sind eigenständig und freiheitsliebend, blicken stets nach vorn und haben nur Geringschätzung übrig für Menschen, die ihr Leben damit verschwenden, die Vergangenheit wiederzukäuen. Ihre Konzentration und Ihr Fleiß stehen immer im Verhältnis zu dem Interesse, das die jeweilige Situation in Ihnen weckt. Sie sind furchtlos und gehen vor niemanden in die Knie. Ihre Hartnäckigkeit und Ihr Eigensinn sind legendär.

Liebe

Sie stellen klare Forderungen, und wenn sie nicht erfüllt werden, gehen Sie fort.

Geld/Beruf

Sie sind gewissenhaft und effizient und haben den richtigen Riecher, um sich eine goldene Nase zu verdienen.

26. Oktober

Persönlichkeit

In Ihrem Leben machen Sie immer nur das, was Sie wollen, und verhalten sich nur den eigenen Vorstellungen gemäß. Dabei schätzen Sie sehr die Gesellschaft von Menschen, die charakterstark sind und einen eigenen Standpunkt vertreten. Sie haben nichts dagegen, wenn man Ihnen die Stirn bietet, denn dann können Sie ihren Standpunkt klar und deutlich darlegen. Wer Sie dazu bringen will, Ihre Meinung zu ändern, muss sich mit Energie und Geduld wappnen. Sie haben eine Vorliebe fürs Kräftemessen und für Wortgefechte. Dennoch sind Sie sensibel und sehr hilfsbereit. Sie sind sehr wählerisch und haben Ihren Freundeskreis von sich aus eingeschränkt. Sie sind mit sich selbst eins und konsequent und wissen Verantwortung zu übernehmen.

Liebe

Da Sie immer am Planen und Organisieren sind, fällt es Ihnen schwer, Nutzen zu ziehen aus dem, was Sie haben.

Geld/Beruf

Sie sind stolz und leidenschaftlich; es gelingt Ihnen, Ihre Ziele zu erreichen und sogar zu überschreiten.

27. Oktober

Persönlichkeit

Da Sie bescheiden und einfach sind, haben Sie keine Angst vor Mittellosigkeit, denn Sie messen materiellen Gütern und Luxus nur eine relative Bedeutung bei. Von Grund auf ehrlich, hegen Sie eine offene Abneigung gegen Lügner und Heuchler; wenn Sie welche kennenlernen, lehnen Sie diese ohne Wenn und Aber ab, weil Sie davon überzeugt sind, dass jemand, der gelogen hat, wieder lügen wird. Sie haben eine große Vorliebe für Philosophie und die Gabe, alles stets in Frage zu stellen, selbst die etabliertesten Werte, und sei es nur, um ihre Gültigkeit zu testen. Es fällt Ihnen sehr schwer einzugestehen, dass Sie unrecht haben; um es zuwege zu bringen, müssen Sie sich zunächst zurückziehen, um nachzudenken und um die Kränkungen, die Ihr Selbstwertgefühl erlitten hat, zu überwinden, bevor Sie den Mut aufbringen, es offen zuzugeben. Sie schätzen es wirklich nicht, wegen Belanglosigkeiten gestört zu werden.

Liebe

Sie haben einen eigenen, strengen Wertekodex und sind überzeugt, dass nur Ehrlichkeit den Bestand einer Beziehung sichern kann.

Geld/Beruf

Sie verwirklichen Ihre Ziele lieber allein, um den ganzen Profit daraus zu ziehen.

28. Oktober

Persönlichkeit

Sie betrachten das Leben mit einer gewissen Ausgeglichenheit, wobei Sie eher in die Zukunft als in die Vergangenheit blicken. Sie gieren regelrecht nach Herausforderungen und messen sich gern mit Ihren Kontrahenten. Sie hassen Routine, die Ihren Geist ebenso lähmt wie Ihren Körper. Sie schätzen Bewegung, Veränderung und unvorhergesehene Ereignisse. Falls ein Ort, eine Arbeit oder eine Person Sie langweilt, kann nichts Sie zum Bleiben überreden. Da Sie das Risiko lieben, sind Sie oft die geeignete Person, die man mit schwierigen Aufträgen betraut. Sie verfolgen Ihre Pläne mit Ausdauer und ergreifen gern die Initiative. Wenn Sie vor einem Problem stehen, das Sie nicht alleine lösen können, werden Sie aggressiv und rachsüchtig.

Liebe

Ihr übermächtiges Ego engt Ihren Partner und dessen Entscheidungsfreiheit ein.

Geld/Beruf

Sie sind zwar ein finanzieller Sieger, Ihr Misstrauen macht Sie allerdings unbeliebt.

29. Oktober

Persönlichkeit

Als zurückgezogener Beobachter, der allerdings immer genau darauf achtet, was passiert und gesagt wird, mischen Sie sich nur in eine Diskussion ein, wenn Sie etwas Substanzielles beizutragen haben. Sie erkennen mühelos Zusammenhänge und beherrschen die Kunst, die Menschen mit wenigen Worten zu verunsichern. Sie sind ein wenig misstrauisch und trauen nie dem äußeren Anschein. Sie sind eigenwillig und freiheitsliebend, haben großes Vertrauen in Ihre eigenen Fähigkeiten und verlassen sich stets nur auf sich selbst. Sie neigen dazu, Ihre Mitmenschen leicht zu manipulieren, und wissen, wie Sie ihnen Geheimnisse und Vertraulichkeiten entlocken können. Was auch geschehen mag, es gelingt Ihnen immer, eine Situation zu Ihrem Vorteil umzukehren. Sie schäumen über vor Energie und sind sexuell anspruchsvoll. Als neugieriger Mensch stürzen Sie sich gern in ein Abenteuer.

Liebe

Für Sie sind Ehrlichkeit und Wahrheit wertvoller als Leidenschaft und hochgespannte Erwartungen.

Geld/Beruf

Finanzielle Sicherheit ist wichtig für Sie, und Sie arbeiten daran Ihr Leben lang.

30. Oktober

Persönlichkeit

Sie verfügen über eine ausgeprägte Beobachtungsgabe, und es macht Ihnen Spaß, die Menschen ohne ihr Wissen zu beobachten. Da Sie neugierig sind wie ein kleines Kind und alles wissen und verstehen wollen, haben Sie das Geschick entwickelt, die Menschen zum Reden zu bringen, sowohl über sich selbst als auch über die anderen. Ihr Gehirn ist immerfort in Aufruhr: Die Fragen überstürzen sich pausenlos in Ihrem Kopf. Die Bildung und Belesenheit der anderen wecken Ihr Interesse und flößen Ihnen Respekt ein. Sie sind sehr intelligent und messen gern Ihre Kenntnisse an denen der Menschen in Ihrem Umfeld. Da Sie allerdings immer recht und damit das letzte Wort haben wollen, sind Diskussionen aufgrund Ihrer Unnachgiebigkeit oft unergiebig. Sie sind sehr professionell, streben nach Perfektion und möchten gern alles intellektualisieren, selbst die einfachsten Dinge.

Liebe

Sie spielen gern Katz und Maus mit dem Partner und versuchen, seine Manöver vorauszusehen.

Geld/Beruf

Sie machen gern schnelles Geld und investieren es gewinnbringend.

31. Oktober

Persönlichkeit

Sie sind zwar ein schlauer Kopf, aber stur wie ein Esel; Ihnen kann keiner etwas vormachen oder Sie dazu bringen, etwas zu tun, wozu Sie keine Lust haben. Geschickt und scharfsinnig überlisten Sie mühelos jeden Schwindler: Da Sie direkt und offen sind, können Sie es nicht ausstehen, wenn man Sie an der Nase herumführt. Sie sind ein/e Antikonformist/in und wählen nicht immer den leichtesten Weg, um Ihre Ziele zu erreichen, da Sie gewöhnlich eine Vorliebe für zwar holprigere, aber wesentlich anregendere Wege haben. Vorgefasste Meinungen und vorschnelle Urteile bringen Sie auf die Palme; Sie bevorzugen das Neue und Originelle. Rätsel und Geheimnisse faszinieren Sie: Sie stacheln Ihre Neugier an und bringen Ihre Neuronen in Gang. Sie neigen dazu, Menschen zu tyrannisieren; Sie sollten sich bemühen, diesen Hang in den Griff zu bekommen.

Liebe

Die Art und Weise, wie Sie Ihre Beziehung auf die Probe stellen, ist ein gefährliches Spiel.

Geld/Beruf

Wenn Sie Geduld und Beharrlichkeit an den Tag legen, wird Ihre Sehnsucht nach Reichtum erfüllt.

November

1. November

Persönlichkeit

Sie sind freiheitsliebend und vielseitig und brauchen Anregung, um etwas zu leisten. Ein wenig Wettstreit stachelt Ihre Fähigkeiten an und bringt Sie dazu, Ihr Bestes zu geben, aber Sie arbeiten lieber allein: Sie sind nicht gern von jemandem oder etwas abhängig. Sie sind Autodidakt, haben zahlreiche Interessengebiete und eine gewisse künstlerische Veranlagung. Aber was auch immer Sie tun, Sie haben das Bedürfnis, gesehen und anerkannt zu werden sowie etwas zu schaffen, zu bewegen und zu unternehmen. Sie verfügen über Organisationstalent und Führungsqualitäten, sind scharfsichtig und besitzen die Gabe, die Wahrheit hinter den Dingen zu sehen. Sie sind mit großer Charakterstärke ausgestattet, vertrauen in sich und in Ihre Talente.

Liebe

Sie brauchen einen freiheitsliebenden, eigenständigen, loyalen und aufopferungsvollen Partner.

Geld/Beruf

Sie stehen zu Ihrer Verantwortung und häufen Geld zwar langsam, aber stetig an.

2. November

Persönlichkeit

Es ist manchmal schwierig, wenn nicht gar unmöglich zu wissen, was Sie wirklich denken, Ihre Gefühle oder Ihre Absichten zu erraten. Sie geben nur wenig und selten etwas von sich preis, da Sie es vorziehen, sich mit einer geheimnisvollen Aura zu umgeben. Sie schenken aber den anderen gern Gehör und erraten sogar intuitiv, was sie denken und empfinden. Esoterik und Geheimwissenschaften faszinieren und ziehen Sie an, und von Zeit zu Zeit nehmen Sie sogar an okkultistischen Experimenten teil. Sie neigen ein wenig zur Beschaulichkeit und stellen gern spirituelle Überlegungen an. Trotz Ihrer großen Zurückhaltung und Ihrer Geringschätzung für die Aufregung und Fieberhaftigkeit der Außenwelt laden Sie gern Leute zu sich ein und lassen sich ebenso gern einladen.

Liebe

Bevor Sie sich festlegen, analysieren Sie sorgfältig sämtliche Facetten des Partners.

Geld/Beruf

Es befriedigt Sie mehr, eine Arbeit erfolgreich zu Ende zu bringen, als Reichtum oder Statussymbole zu erwerben.

3. November

Persönlichkeit

Sie sind mit einer verführerischen Persönlichkeit ausgestattet und zeichnen sich durch intensive geistige Arbeit aus. Sie haben stets tausend Ideen und Gedanken im Kopf, die sich überstürzen und in ungeheurer Geschwindigkeit aufeinanderfolgen. Sie haben das Bedürfnis, alles kennenlernen und verstehen zu wollen; Ihre Kenntnisse teilen Sie gern Ihren Gesprächspartnern mit. Ihre Interessengebiete sind sehr vielseitig, und Ihr Wissensdurst ist unstillbar. Sie haben eine erfrischend offene Weltsicht, große Ambitionen und hohe Ideale. Sie verfügen über Charisma, sind sehr verführerisch und intuitiv und können mühelos mit den anderen kommunizieren. In Gesellschaft sind Sie sehr gewandt und lassen sich gern feiern. Sie haben ein ausgeprägtes Verantwortungsbewusstsein und sträuben sich dagegen, von anderen abhängig zu sein.

Liebe

Da Sie begierig nach Neuem sind, gelingt es Ihnen kaum, stabile Beziehungen aufzubauen.

Geld/Beruf

Man bewundert Ihre Kühnheit, Ihre Disziplin, Ihre Beharrlichkeit und Ihr Organisationstalent.

4. November

Persönlichkeit

In Ihrem Leben ist alles auf festen Grund gebaut: Ihre Karriere, Ihre Beziehungen und selbst Ihre Gedanken. Sie sind weder träumerisch veranlagt noch risikofreudig und unternehmen nur das, was Sie zu verwirklichen imstande sind. Da Sie gern Menschen führen, hassen Sie es, wenn man sich gegen Ihre Anweisungen auflehnt, und noch mehr, wenn man Ihnen welche erteilt. Sie sind starrsinnig und weigern sich, sich selbst in Frage zu stellen oder Ihre eigenen Fehler einzusehen. Die Menschen in Ihrem Umfeld erkennen Ihren Mut und Ihre Entschlossenheit an – etwas weniger davon würde aber auch genügen. Um sich ausgeglichen zu fühlen, brauchen Sie Stabilität in sämtlichen Bereichen Ihres Lebens. Sie sind unbestechlich, aufopferungsvoll, belastbar und respektvoll und haben das Bedürfnis, sich zu bewegen, etwas zu schaffen und zuwege zu bringen.

Liebe

Ihre Gefühle unterliegen ungeheuren Schwankungen; Stabilität ist nicht Ihre Sache.

Geld/Beruf

Wenn Sie Ihre Ideen klar zum Ausdruck bringen, sind Sie leistungsstärker und haben mehr Handlungsfreiheit.

5. November

Persönlichkeit

Sie haben hohe moralische Werte und ein ausgeprägtes Pflichtbewusstsein. Sie sind altruistisch und immer bereit, anderen
zu helfen. Als geselliger Mensch umgeben Sie sich gern mit
Freunden, mit denen Sie endlose philosophische Diskussionen führen. Sie sind streng, aber gerecht und fair, mild und
tolerant trotz eines gewissen Hangs zum Moralisieren und Ab-
kanzeln. Sie lieben zwar die Geselligkeit, sind aber dennoch
freiheitsliebend. Wenn Sie die Wahl haben, entscheiden Sie
sich für eigenständige Arbeit, denn Sie hassen es, sich an die
Regeln anderer Menschen zu halten. In einer autoritären Ar-
beitsbeziehung oder wenn man Gehorsam von Ihnen fordert,
befinden Sie sich immer in einem Zustand innerer Spannung.
Als ausgezeichnete/r Ratgeber/in und Menschenkenner/in haben Sie die Fähigkeit, anderen zuzuhören.

Liebe

Sie sind phantasie- und aufopferungsvoll und bringen sich in
Ihre Beziehung voll und ganz ein.

Geld/Beruf

Als Autoritätsperson werden Sie mehr von geistiger als von
körperlicher Arbeit angeregt.

6. November

Persönlichkeit

Sie sind begeisterungsfähig und zuversichtlich und »sündigen« manchmal aus übertriebenem Optimismus, der aber Ihre Erfolgschancen erhöht, denn er ist ansteckend. Von einer starken Leidenschaft getrieben, treiben Sie gern kleine Verführungsspiele und lassen sich manchmal zu Ausschweifungen hinreißen. Wie ein Chamäleon scheinen Sie in der Lage zu sein, sich an jede nur mögliche Situation in jedem beliebigen Bereich Ihres Lebens anzupassen. Sie begeistern sich schnell und sind immer bereit, zu unbekannten Ufern aufzubrechen. Offen und direkt, sagen Sie geradeheraus Ihre Meinung, jedoch ohne jede Boshaftigkeit. Mit einem ausgeprägten Geschäftssinn ausgestattet, scheinen Sie stets zu wissen, wann man investieren und wann man sich zurückziehen muss.

Liebe

Sie leben voll in der Gegenwart, definieren Ihre Paarbeziehung aber ständig neu.

Geld/Beruf

Ein Budget aufstellen, es respektieren und Geld anhäufen – das alles scheint Ihnen leichtzufallen.

7. November

Persönlichkeit

Sie sind eigenständig und äußerst freiheitsliebend und ertragen es nicht, wenn Menschen versuchen, Sie zu beherrschen. Es fällt Ihnen übrigens überhaupt nicht schwer, ihre Unterwerfungsversuche zu vereiteln. Ehrlich und offen, stellen Sie gern Ihre eigenen Verhaltensregeln auf, statt die zu befolgen, die man Ihnen auferlegt. Sie haben eine Führer- und Kämpfernatur und sind nur glücklich, wenn Sie eine leitende Stellung innehaben, in der Sie Verantwortung übernehmen können. Wenn Sie sich für etwas einsetzen, sparen Sie weder an Energie noch an Zeit oder Mühen. Und wenn Sie es schaffen, dann haben Sie den Sieg ausschließlich sich selbst zu verdanken. Dennoch sind Sie eher in Ihrem Element, wenn es um Theorie und Konzeption geht als um Praxis und Aktion. Einen Rat: Hüten Sie sich vor Stress und Überarbeitung.

Liebe

Man kann Sie kaum beeindrucken, Sie unterscheiden bestens zwischen Phantasie und Realität.

Geld/Beruf

Als Führungspersönlichkeit sind Sie genauso effektiv wie als Finanzplaner.

8. November

Persönlichkeit

Sie scheinen zwar eine rauhe Schale zu haben, sind aber sehr empfindsam, und es fällt Ihnen schwer, Ihren Gefühlen freien Lauf zu lassen. Da sich Ihre Gefühle oft in Aufruhr befinden, appellieren Sie gern an Ihren Verstand, wenn Sie ein Problem zu lösen haben, denn das erfordert ein weniger großes persönliches Engagement. Meistens weigern Sie sich, Ihre Gefühle zu verraten: Sie befürchten, dass die Enthüllung Ihrer seelischen Regungen Sie in den Augen der anderen angreifbar oder lächerlich machen könnte. Darum stülpen Sie ihnen Ihre Rationalität über, wodurch Sie sich vor möglichen Verletzungen schützen, in der Überzeugung, dass Vorsicht besser ist als Nachsicht. Sie sind solide und verlässlich und engagieren sich nur mit Sachkenntnis für alle anstehenden Vorhaben. Sie haben einen Hang zur Perfektion und dulden weder Unordnung noch schludrige Arbeit.

Liebe

Engagiert und optimistisch arbeiten Sie ständig an der Verbesserung Ihrer Beziehung.

Geld/Beruf

Die Leichtigkeit, mit der Sie Ausnahmesituationen bewältigen, sichert Ihnen eine gute finanzielle Situation.

9. November

Persönlichkeit

Sie wirken oft streng, kühl oder gar hochmütig, aber der Eindruck täuscht. Diese Strenge, die Sie ausstrahlen, ist auf Ihre große Diskretion zurückzuführen. Im Übrigen sind Sie sich selbst genug und brauchen niemanden, der Sie leitet und beschützt. Nüchtern und vorsichtig wie Sie sind, lassen Sie sich selten zu Gefühlsäußerungen hinreißen; wenn Sie es tun, dann immer in Anwesenheit von Menschen, denen Sie restlos vertrauen. Sie ziehen sich immer so weit es geht von dem Wirbel um Sie herum zurück, da Sie die Ruhe Ihres Innenlebens vorziehen. Sie haben ein echtes Bedürfnis nach Einsamkeit und ruhigen Zeiten des Nachdenkens. Sie sind beharrlich, und wenn Sie etwas in Angriff nehmen, führen Sie es immer bis zum Ende durch.

Liebe

Sie sind rational und vernunftbetont und meiden Konfrontationen und Kräftemessen.

Geld/Beruf

Ihre Neugier treibt Sie dazu, nachzuprüfen, ob es woanders besser zugeht und finanziell nutzbringender ist.

10. November

Persönlichkeit

Sie versuchen gern Ihr Glück und fordern das Schicksal heraus, indem Sie neue Wege ausprobieren. Sie mögen Veränderungen, Umschwünge, unvorhergesehene Ereignisse und kleine Revolutionen. Sie sind spontan, überraschen gern und freuen sich über alles Unvorhergesehene. Sie verabscheuen Routine und ausgetretene Pfade. Unwiderstehlich von Neuheit und Originalität angezogen, neigen Sie manchmal dazu, sich zu verzetteln. Aufgrund Ihrer Kompetenzen und Fähigkeiten können Sie in jedem beliebigen Bereich Erfolg haben; wenn man Ihnen allerdings die Wahl lässt, entscheiden Sie sich für die ungewöhnlichste und gefährlichste Arbeit. Gelegentlich mischen Sie sich gern in Ränkespiele und kleine Komplotte ein. Das Glücksspiel zieht Sie unwiderstehlich an.

Liebe

Sie gewähren nur Ihre Liebe, wenn Sie sich sicher sind, dass Ihre Gefühle auf Gegenseitigkeit beruhen.

Geld/Beruf

Sie sind perfektionistisch veranlagt, geben immer Ihr Bestes und sorgen für Ihre finanzielle Sicherheit.

11. November

Persönlichkeit

Sie sind energisch und furchtlos und haben ein widerspenstiges, undiszipliniertes Naturell. Falls jemand versucht, Ihnen seinen Willen aufzuzwingen oder Ihnen die Zustimmung zu seinen Forderungen abzuringen, sehen Sie rot, und Ihre Wut schlägt schnell in Rachegelüste um. Niemand hat das Recht, Ihnen irgendetwas aufzuzwingen, und damit basta! Sie sind mit einem unerschütterlichen Willen, einem außergewöhnlichen Selbstvertrauen und einer unerschöpflichen Energie ausgestattet und möchten Ihre Erfolge nur sich selbst verdanken. Sie sind verantwortungsbewusst und eigensinnig und bewahren einen klaren Kopf selbst in den knifffligsten Situationen. Sie besitzen eine außerordentliche Lebenskraft und scheinen in der Lage zu sein, alles realisieren zu können. Dennoch sollten Sie sich bemühen, Ihre Reizbarkeit in den Griff zu bekommen.

Liebe

Da Sie zu sehr an Ihren Erfahrungen hängen, leben Sie nicht ganz in der Gegenwart.

Geld/Beruf

Für Sie ist es ein Kinderspiel, sämtliche Möglichkeiten auszuloten, ein Budget aufzustellen und Ihr Geld zu vermehren.

12. November

Persönlichkeit

Als echte/r Freund/in sind Sie für die anderen immer da und ein Anker, an den man sich in stürmischen Zeiten klammern kann. Sie zeichnen sich durch große Opferbereitschaft aus und widmen sich mit Leib und Seele Ihrem Nächsten. Da Sie es allen recht machen und kein Aufsehen erregen wollen, vernachlässigen Sie Ihre eigenen Bedürfnisse, vertuschen Ihre Schwächen und Ihre Verletzlichkeit und verbergen Ihre Gefühle hinter einem permanenten Lächeln. Sie haben das dringende Bedürfnis, zu gefallen und Freude zu bereiten, egal, was es Sie auch kosten mag. Da Sie eine Vorliebe für Spiritualität haben und Ihre materiellen Wünsche mehr als bescheiden sind, fällt es Ihnen schwer, sich in die materialistische Gesellschaft einzufügen. Sie sind introvertiert und leiden oft unter einer dumpfen Angst.

Liebe

Obwohl Sie wissen, was Sie wollen, so haben Sie doch Schwierigkeiten, Ihre Gefühle auszudrücken.

Geld/Beruf

Da das Glück Ihnen nachhilft, haben Sie den Dreh heraus, im richtigen Moment am richtigen Ort zu sein.

13. November

Persönlichkeit

Da Sie eher verschlossen sind und sich einen Panzer anlegen, fällt es einem schwer, Ihre Gedanken oder Gefühle zu erraten. Unbeirrt verfolgen Sie entschlossen und hartnäckig Ihren Weg, meistens ohne je die Hilfe Ihrer Mitmenschen zu beanspruchen. Sie sind freiheitsliebend, individualistisch und unnachgiebig, haben das Heft in der Hand und lassen nicht zu, dass jemand sich in Ihre Angelegenheiten einmischt. Dennoch sollte man nicht meinen, Sie seien nicht sensibel. Im Gegenteil, hinter der Maske der Gleichgültigkeit und Kühle verbergen sich Ihre Empfindlichkeit und Ihr tiefes Mitgefühl für Ihren Nächsten. Sie bekämpfen eher Ihre eigenen Gefühle, vor denen Sie unüberwindbare Barrieren errichten.

Liebe

Sie werden von Partnern angezogen, die mehr von Ihnen fordern, als sie Ihnen bieten.

Geld/Beruf

Sie sind zwar erfolgreich im Spekulieren mit dem Geld anderer, mit Ihrem eigenen sieht es allerdings ganz anders aus.

14. November

Persönlichkeit

Sie neigen zur Großzügigkeit, sind sanftmütig, gefügig und eher beeinflussbar und beugen sich im Allgemeinen freiwillig den Forderungen der anderen; sollten Sie allerdings merken, dass man Sie zu manipulieren versucht, sind Sie zu den schlimmsten Wutanfällen fähig. Sie vertrauen den Menschen auf eine ganz natürliche Art, aber wenn dieses Vertrauen missbraucht wird, sollten sich die Verräter in Acht nehmen! Sie zerbrechen sich nicht gern den Kopf; leben und leben lassen, lautet Ihre Devise. Sie verabscheuen Konfrontationen und Rivalität. Sie besitzen bestimmte heilende Fähigkeiten, mit denen Sie sich aber nicht brüsten und die Sie bei Ihren Freunden nutzbringend anwenden. Mystik und Spiritualität ziehen Sie an, solange sie Ihr So-sein und Ihre Lebensweise nicht in Gefahr bringen.

Liebe

Sie brauchen einen ruhigen, eigenständigen Partner, der Ihr Vertrauen verdient.

Geld/Beruf

Sie sind ein/e Individualist/in und geben nicht viel auf die Meinung der anderen; Verschwendung ist für Sie ein Greuel.

15. November

Persönlichkeit

Sie sind extrem instinktiv und schäumen geradezu über vor Eifer, Energie und Sinnlichkeit. Sie sind charismatisch und widerspenstig zugleich und üben eine hypnotische Wirkung auf Ihre Mitmenschen aus. Als brillante/r Redner/in faszinieren Sie Menschenmengen durch die unglaubliche Energie, die Sie ausstrahlen. Mit dieser unerhörten Lebenskraft ausgestattet, stürzen Sie sich ins Leben, leidenschaftlich und begeistert, geleitet nur von Ihren Eingebungen und Ihren Vorlieben. Als Genussmensch möchten Sie nicht auf die angenehmen Dinge des Lebens verzichten, das Sie übrigens in vollen Zügen auskosten. Sie sind vielseitig, extravagant und waghalsig; Ihnen machen nur Routine und Monotonie Angst. Sie sind sehr stolz und gern der Chef, sind allerdings auch der Sklave Ihrer Triebe.

Liebe

Die Angst, sich zu irren, bremst Sie, sich zu engagieren.

Geld/Beruf

Sie neigen dazu, Ihre Fähigkeiten zu überschätzen; anschließend müssen Sie den Preis dafür zahlen.

16. November

Persönlichkeit

Sie sind stolz wie ein Pfau und gehören nicht zu den Menschen, die hinter anderen zurückbleiben. Egal was Sie tun, Sie haben das Bedürfnis, im Rampenlicht zu stehen, ein Star oder der Beste zu sein. Es nützt nichts, Ihnen zu sagen, dass Sie etwas vernünftiger sein sollten; Sie stellen sich taub. Sie sind freiheitsliebend, eigenständig und materialistisch eingestellt. Sie sind immer auf der Suche nach Herausforderungen und denken oft nicht genügend nach, bevor Sie handeln. Da Sie ständig das Bedürfnis haben, sich selbst zu übertreffen, scheinen Sie ständig unzufrieden zu sein mit dem, was Sie haben. Sie vermitteln wirklich den Eindruck von jemandem, der nie zu kämpfen und etwas nachzujagen aufhört. Dennoch haben Sie ein großes Herz und fühlen sich an einen verbindlichen Wertekanon gebunden.

Liebe

Ihr angeborenes Misstrauen flößt Ihnen Angst vor der Verantwortung in Ihrer Beziehung ein.

Geld/Beruf

Sie sind kompetent und bereit, jemandem unter die Arme zu greifen; Geld verleihen Sie allerdings nur sehr selten.

17. November

Persönlichkeit

Sie sind begeisterungsfähig und herzlich, und in Ihrem Leben suchen Sie nur nach dem Glück. Da Sie zu Verträumtheit neigen, fällt es Ihnen manchmal schwer, in einer Welt zu leben, in der die Wirklichkeit oft so hart und grausam ist. Mit einer tiefgründigen Persönlichkeit, Sensibilität, Mut und einer leicht dichterischen sowie philosophischen Ader ausgestattet, streben Sie Ihren Idealen erhobenen Hauptes und mit einem Lächeln auf den Lippen nach, ohne sich darum zu kümmern, was die anderen von Ihnen denken. Entschlossen und ausdauernd, führen Sie mit Bescheidenheit und Rechtschaffenheit Ihre Vorhaben bis zum bitteren Ende durch. Sie verfügen über einen ausgeprägten Freundschaftssinn und lassen Ihre Freunde nie im Stich. Immer und unter allen Umständen nehmen Sie sich die Zeit, Ihnen zuzuhören und zu helfen. Manchmal haben Sie das Gefühl, an der Verantwortung schwer zu tragen.

Liebe

Sie stellen Ihre Beziehung auf eine sichere Basis mit dem Ziel, sie dauerhaft auszubauen.

Geld/Beruf

Sie arbeiten schnell und gut in der Hoffnung, Geld, Erfolg und Ehre einzuheimsen.

18. November

Persönlichkeit

Sie sind teils ein Gewohnheitsmensch, teils ein Stubenhocker und schätzen über alles ein gemütliches Heim und, wenn möglich, eine kleine Familie um Sie herum. Sie umgeben sich gern mit Menschen, zu denen Sie einen guten Draht haben und die Ihren Erwartungen entsprechen. Ihr Heim ist Ihnen heilig, nicht jeder darf es betreten! Da Sie gern polemisieren, haben Sie eine Vorliebe für Diskussionen, Debatten und Meinungsäußerungen. Sie besitzen eine gute Intuition, fordern gerne andere heraus, stellen hohe Ansprüche, sind integer und leidenschaftlich und haben eine erfrischend offene Weltsicht. Mit einer überschäumenden Energie ausgestattet, neigen Sie dazu, sich Szenarien auszudenken, die nicht immer rosig und witzig sind, und an sie zu glauben – so viel Gefühl legen Sie dort hinein.

Liebe

Sie äußern deutlich Ihre Erwartungen, Bedürfnisse und Ihre Vision eines Lebens zu zweit.

Geld/Beruf

Zuversichtlich nehmen Sie Herausforderungen an in der Überzeugung, auf dem richtigen Weg zu sein.

19. November

Persönlichkeit

Sie träumen von einem glücklichen und harmonischen Leben in Liebe und Zärtlichkeit. Obwohl Sie eigentlich sehr liebenswürdig und wohlgesinnt sind, finden Sie nicht immer die richtigen Worte, um Ihre Gefühle auszudrücken. Sie bereiten gern Freude und bieten Ihren engsten Vertrauten bedingungslose Unterstützung an, egal unter welchen Umständen. Sie sind irgendwie gespalten: Einerseits scheren Sie sich nicht um die Meinung anderer, andererseits sind Sie sehr aufgeschlossen für fremde Standpunkte. Diese Dualität bringt widersprüchliche Gefühle mit sich, unter denen Sie manchmal leiden. Sie vertragen keine Vorwürfe und sind ziemlich nachtragend. Sie beschützen bereitwillig Ihre Familie und Ihre Freunde. Sie können hart arbeiten und scheuen keine Mühen bei der Arbeit; Ihre Kreativität aber bringen Sie in der Kunst zum Ausdruck.

Liebe

Sie legen großen Wert darauf, dass die Kommunikation immer im Fluss ist.

Geld/Beruf

Sie brauchen eine heitere und friedliche Arbeitsatmosphäre, um Ihr Bestes geben zu können.

20. November

Persönlichkeit

Wenn Sie etwas unternehmen, das Ihnen wichtig erscheint, oder Sie sich für etwas einsetzen, geht von Ihnen eine erstaunliche Kraft aus, die es Ihnen ermöglicht, die nervöse Unrast, die Sie erfüllt, zu kanalisieren und auszuleben. Wenn Ihrer Ansicht nach viel auf dem Spiel steht, kommt Ihnen Ihr Einfallsreichtum zu Hilfe. Sie sind voller Widersprüche – Sie können nachgiebig und nachtragend, zurückhaltend und extrovertiert, redegewandt und schweigsam, offen und ehrlich oder aber verschlossen und unredlich sein. Sie sind gastfreundlich und sorgen immer dafür, dass es Ihren Gästen an nichts fehlt; Sie erlauben aber nicht, dass sie in Ihre Privatsphäre eindringen. Sie sind witzig und bisweilen zu Späßen aufgelegt, und es bereitet Ihnen Vergnügen, die Leute um Sie herum zum Lachen zu bringen.

Liebe

Sie verlieren nie das Wesentliche der Liebe und das, was sie am Lodern hält, aus den Augen.

Geld/Beruf

Für einträgliche Gelegenheiten und Preisnachlässe sind Sie immer zu haben.

21. November

Persönlichkeit

Sie haben ein vornehmes Wesen und schätzen Raffinement, gute Manieren und Eleganz über alles. Aufgrund Ihres diplomatischen Geschicks sind Sie imstande, mit Hilfe Ihrer zahlreichen Tricks sämtliche Engpässe zu bewältigen. Sie sind neugierig und begabt, interessieren sich für alles, was Ihr kulturelles Rüstzeug verbessern und Ihren Horizont erweitern kann. Obwohl Sie bescheiden sind, freut es Sie, die Augen Ihrer Gesprächspartner vor Bewunderung und Anerkennung leuchten zu sehen. Sie beeindrucken nicht nur durch Worte, sondern auch durch Taten und gehören zu den Menschen, die einem auffallen, selbst wenn Sie schweigen. Sie sind zwar großzügig und tolerant, stellen jedoch hohe Ansprüche an sich selbst und die anderen. Als Perfektionist sind Sie davon überzeugt, dass eine Arbeit, die getan werden muss, es verdient, gut getan zu werden. Sie sind scharfsinnig, aufmerksam und sensibel und nehmen jede Stimmungsschwankung wahr, so klein sie auch sein mag.

Liebe

Ihre überschäumende Vorstellungskraft lässt Sie mehr im Traum als in der Wirklichkeit leben.

Geld/Beruf

Sie erzielen gute Ergebnisse im Beruf, die Verwaltung Ihrer Finanzen gestaltet sich allerdings etwas mühseliger.

22. November

Persönlichkeit

Alles, was ungewöhnlich, sonderbar, rätselhaft und abweichend von der Norm ist, übt einen unwiderstehlichen Reiz auf Sie aus. Als ausgesprochener Nonkonformist sind Sie von allem begeistert, wenn nicht gar fasziniert, was vom Gewöhnlichen abweicht. Die Welt der Magie, insbesondere die der Esoterik, zieht Sie in ihren Bann, denn sie weckt in Ihnen eine unstillbare Neugier auf alles Seltsame. Wohin auch immer Sie gehen, dank Ihrer tollen Geschichten und Ihrer geistreichen Beiträge ziehen Sie immer alle Blicke auf sich. Sie mögen Reisen, die Sie ins Unbekannte führen. Sie lieben auch Herausforderungen; wenn sie sich Ihnen nicht von selbst stellen, provozieren Sie sie regelrecht. Ungeachtet Ihrer extravaganten Art sind Sie ein Mensch, der in der Lage ist, nicht nur Verantwortung für sich selbst, sondern auch für die anderen zu übernehmen.

Liebe

Von Ihrem Partner verlangen Sie seine uneingeschränkte Aufmerksamkeit und Zuneigung. Sie möchten für ihn der Mittelpunkt der Welt sein.

Geld/Beruf

Sie sind zwar nicht geizig, respektieren aber das Geld und geben es nicht für Firlefanz aus.

23. November

Persönlichkeit

Da Sie ein/e Konformist/in sind, haben Sie das Bedürfnis, sich in eine Welt mit etablierten Werten einzufügen, die einem ein Gefühl der Sicherheit geben. Dennoch haben Sie eine aufrührerische Ader, die Sie gerade gegen jene Werte und die Moral, die sich von ihnen ableitet, aufbegehren lässt. Mit einer facettenreichen Persönlichkeit ausgestattet, verhalten Sie sich mal tolerant, mal unversöhnlich, mal rebellisch, mal respektvoll den Regeln gegenüber. Zumeist entscheiden Sie sich eher für ein ehrenhaftes als für ein aufwieglerisches Verhalten. Sie haben Ihre eigene Werteskala – und diejenigen, die sie nicht beachten wollen, haben Pech gehabt! Als lebenslustiger Mensch, der sich in seiner Haut wohl fühlt, sind Sie ein freundlicher, charmanter Zeitgenosse. Wenn Sie im Übrigen Humor mit der richtigen Dosis Ironie zu gebrauchen wissen, so sind Sie auch imstande, mit der richtigen Dosis Sympathie zu kritisieren.

Liebe

Sie bauen eine stabile, tiefe Beziehung auf und sorgen dafür, dass die Kommunikation im Fluss bleibt.

Geld/Beruf

Sie vermögen die Dinge mit Distanz zu betrachten und verhalten sich konservativ bei Ihren Investitionen.

24. November

Persönlichkeit

Sie sind kämpferisch, dynamisch und begeisterungsfähig und haben breit gefächerte Interessen. Sie ereifern sich leicht und würden gern tausend Dinge auf einmal machen. Zwar vermitteln Sie manchmal den Eindruck, dass Sie sich verzetteln, meistens gelingt es Ihnen aber, Ihre unterschiedlichen Aktivitäten zu koordinieren. Als Hobbyphilosoph/in diskutieren Sie gern über Gott und die Welt. Sie sind ein wenig verträumt und ziehen sich bisweilen in Ihre Innenwelt zurück, in der alle Reisen erlaubt sind. Da Sie ständig Ihrem Ideal nachstreben, überprüfen Sie immer wieder Ihren Standpunkt und stellen sich selbst in Frage, wenn es der Sache dienlich ist. Dank dieser Eigenschaften sind Sie imstande, gute Gelegenheiten wahrzunehmen, wenn sie sich bieten. Sie sind offen, direkt und mit einer guten Portion Selbstvertrauen und Selbstbewusstsein ausgestattet.

Liebe

Da Sie Auseinandersetzungen hassen, setzen Sie sich dafür ein, dass Friede und Ausgeglichenheit herrschen.

Geld/Beruf

Da es Ihnen leichfällt, Situationen einzuschätzen, ist Ihnen beruflicher und finanzieller Erfolg so gut wie sicher.

25. November

Persönlichkeit

Sie haben ein gespanntes Verhältnis zu Macht, Autorität und jede Art von Behörden. Ihre Unabhängigkeit und das Bedürfnis, stets alles unter Kontrolle zu haben, bedingen Verhaltensweisen, die von einem deutlichen Mangel an Takt und Diplomatie gekennzeichnet sind. Sie sind ein/e Feinschmecker/in und Schlemmer/in, verhandeln und treffen gern Entscheidungen bei einem guten Essen. Wer Sie für sich gewinnen will, muss das zu einem Zeitpunkt tun, wo Sie verfügbar und entspannt sind; es muss ihm gelingen, Ihre Neugier und Ihre Vorliebe für Herausforderungen anzustacheln. Da Sie ausgeglichen und verantwortungsbewusst sind, können Sie es nicht ertragen, wenn man Sie zur Ordnung ruft oder Sie an Ihre Pflichten erinnert. Sie haben bemerkenswerte Ambitionen, die durch Kompetenz, Eigenständigkeit, Koordination und Planung restlos befriedigt werden können.

Liebe

Da Sie in allem maßlos sind, müssen Sie sich oft neu positionieren und sich auf das Wesentliche besinnen.

Geld/Beruf

Leben und leben lassen, lautet Ihr Motto, und da machen Sie keine Zugeständnisse.

26. November

Persönlichkeit

Sie sind standhaft und autoritär, doch gerecht und aufmerksam Ihrer Familie und Ihrem Partner sowie Ihrem Chef oder Ihren Angestellten gegenüber. Sie können perfekt organisieren, und es macht Ihnen Spaß, den Wünschen und Bedürfnissen der Menschen in Ihrem Umfeld zuvorzukommen. Da Sie ein logisch denkender, gut strukturierter, ordnungsliebender Mensch sind, liegt Ihnen das Wohlbefinden aller (einschließlich Ihrer selbst) am Herzen, Sie wissen aber auch Prioritäten zu setzen. Sie geben den Menschen in Ihrer Umgebung oft das Gefühl, durch sie hindurchzusehen, was zu deren Verunsicherung beiträgt. Bei allem, was Sie unternehmen, gehen Sie methodisch und diszipliniert vor. Obwohl Sie eher von kühler, manchmal sogar ein wenig mürrischer Natur sind, verlieren Sie die Kontrolle, sobald man Ihnen eine Herausforderung oder einen Wettstreit vorgaukelt. Nur große Herausforderungen können Sie aus dem Gleichgewicht bringen.

Liebe

Sie brauchen einen verantwortungsbewussten, heiteren Partner, der sich um Sie kümmert.

Geld/Beruf

Sie haben das Bedürfnis, sich in einem gut organisierten, strukturierten Umfeld zu bewegen, das keine Überraschungen bereithält.

27. November

Persönlichkeit

Sie betrachten die Welt um sich herum mit großer Klarsicht. Obwohl Sie sich stets tausend Fragen stellen, gelingt es Ihnen, sich nicht im Labyrinth der großen existenziellen Fragen zu verlieren. Vergangenheit und Traditionen schätzen Sie zwar sehr, dennoch richten Sie Ihren Blick auf die Zukunft. Sie sind sehr anpassungsfähig, können in einem Konflikt ausgezeichnet vermitteln und wissen, wie man erhitzte Gemüter kühlt. Ihre Mitmenschen nehmen gern Ratschläge von Ihnen an. Sie sind vernünftig und reif und haben die Gabe, andere die Kunst des Relativierens bei Problemen und Konflikten zu lehren. Sie mögen die Beschaulichkeit und ziehen es vor, die Menschen zu beobachten, statt sich in ihr buntes Treiben zu mischen.

Liebe

Sie sind sich Ihrer Bedürfnisse und Erwartungen bewusst und suchen nach einem entsprechenden Partner.

Geld/Beruf

Sie sind zwar nicht wettbewerbsorientiert, aber dennoch entschlossen und nehmen Niederlagen nur schwer hin.

28. November

Persönlichkeit

Sie sind faszinierend und brillant, neugierig und begierig nach allem. Sie haben eine ausgeprägte Intuition und erkennen mühelos die Gefühle und Absichten der Menschen in Ihrem Umfeld. Abenteuerlustig und auf Ihren guten Stern vertrauend, gehen Sie von einer Aktivität zur anderen über. Ihre Vielseitigkeit und Ihr Mut öffnen Ihnen zahlreiche Türen. Als Draufgänger/in haben Sie keineswegs Angst vor Veränderung, und das Glück scheint immer auf Ihrer Seite zu sein. Sie sind zwar optimistisch, jedoch vernünftig, vertrauen auf Ihre Fähigkeiten und halten damit nicht hinterm Berg. Sie ertragen keine Niederlagen, da Sie sich in Ihrem Stolz verletzt fühlen. Die meisten Rückschläge, die Sie erleben, sind allerdings auf ein übertriebenes Selbstvertrauen und eine gewisse Unfähigkeit zurückzuführen, die Ratschläge und Meinungen der Menschen in Ihrem Umfeld zu berücksichtigen. Versuchen Sie, ein wenig Bescheidenheit und Demut walten zu lassen.

Liebe

Um eine harmonische Beziehung zu haben, sollten Sie lernen, besser zuzuhören.

Geld/Beruf

Sie sind unfähig, Ihr eigenes Mittelmaß zu finden, darum wechseln Sie lieber den Weg, als danach zu suchen.

29. November

Persönlichkeit

Sie sind ein Mensch, der Exzesse liebt, und bei Ihnen muss immer etwas los sein. Sie sind dynamisch, begeistern sich schnell und ereifern sich bei der geringsten Herausforderung; es ist sehr schwer, Ihnen zu folgen. Sie lieben Ihre Freiheit und lassen sich nicht anketten. Wenn Sie nicht genügend Luft zum Atmen haben, fühlen Sie sich wie ein Löwe im Käfig. Sie sind zwar aufsässig, respektieren jedoch Ihre Mitmenschen und hierarchische Strukturen. Sie sind großzügig und verabscheuen Unterwürfigkeit und Grausamkeit. Als Liebhaber/in reeller wie virtueller Reisen verfügen Sie über Eroberungsgeist, Verführungskraft und Redegewandtheit. Sie nehmen gern Herausforderungen aller Art an, solange diese Sie beruflich oder emotional voranbringen.

Liebe

Da Sie stets auf der Suche nach neuen Erfahrungen sind, ist es recht schwierig, Sie einzufangen.

Geld/Beruf

Sie dulden keine Inkompetenz und sichern sich rasch materielle Sicherheit.

30. November

Persönlichkeit

Sie sind klug und besonnen und bemühen sich unentwegt, Ihre Kenntnisse zu erweitern – das Leben ist kurz, und es gibt so viel zu tun, zu lernen, zu verstehen. Auch wenn Sie gern in Gesellschaft sind, mit anderen über Ihr Wissen und Ihre Lektüre reden, so benötigen Sie doch von Zeit zu Zeit auch Einsamkeit – jedoch nicht zu lange! Sie stecken immer voller Ideen und Pläne, sind aber eher theoretisch als praktisch veranlagt. Da Sie ein origineller Kopf sind, mögen Sie gern originelle Menschen. Sie verabscheuen Vorurteile und ertragen keine Zwänge. Im Übrigen hassen Sie es, sich im Schatten anderer zu bewegen. Da Sie redegewandt und sympathisch sind, brauchen Sie Publikum, um Vertrauen in sich und Ihre Fähigkeiten zu bekommen. Sie besitzen einen erstaunlichen Riecher zum Aufstöbern von Fallen.

Liebe

Sie verfügen über ein ausgeprägtes Einfühlungsvermögen, Sie wissen immer, woher der Wind weht, und können somit Ihr Verhalten nötigenfalls noch einmal überdenken.

Geld/Beruf

Egal ob Sie für Geld oder Ruhm arbeiten, der Erfolg bleibt bei Ihnen nicht aus.

Dezember

1. Dezember

Persönlichkeit

Meistens sind die Projekte, die Sie durchführen, von großem Erfolg gekrönt, unter der Bedingung allerdings, dass Sie bei ihrer Verwirklichung immer diejenigen respektieren, die Ihren Weg kreuzen. Sie haben es absolut nicht nötig, anmaßend zu sein, denn Sie haben das Potenzial und das Know-how, um alles Mögliche an jedem beliebigen Ort zu vollbringen. Die Angeberei und Arroganz, die Sie manchmal an den Tag legen, können nur Niederlage und Ungnade zur Folge haben. Sie sind mit einem nahezu unfehlbaren Instinkt ausgestattet, sind imstande, gute Gelegenheiten zu erkennen und wahrzunehmen, wenn sie sich Ihnen bieten. Sie sind vielseitig, interessieren sich für alles; Ihre Gewandtheit, Ihre Intelligenz, Ihr Selbstvertrauen und Ihr Unternehmungsgeist gleichen das aus, was Ihnen manchmal an Erfahrung fehlt.

Liebe

Sie sind unkompliziert, ehrlich und vertrauensvoll und lassen den Dingen ihren Lauf.

Geld/Beruf

Vom Erfolg der anderen angeregt, sind Sie offen für Zusammenschlüsse, die beträchtliche Gewinne versprechen.

2. Dezember

Persönlichkeit

Für Sie sind die wichtigsten Siege nicht diejenigen, die man über die anderen, sondern über sich selbst davonträgt, das heißt, die Kämpfe, die der Mensch nach bestem Wissen und Gewissen austrägt und die zu seiner Entwicklung bestimmt sind. Sie sind introvertiert und reden nicht gern über sich selbst oder Ihre innere Stimme. Dennoch sind Sie sehr offen und empfänglich für das Mitteilungsbedürfnis Ihrer Mitmenschen. Ihre Gesprächspartner wählen Sie sorgfältig aus. Sie sind zwar ein wenig verschlossen, dennoch ein Genussmensch, der den sinnlichen Freuden zugetan ist. Ein schön gedeckter Tisch, ein leckeres Essen, ein guter Wein – und schon sind Sie glücklich. Ihre Bedürfnisse sind einfach und bescheiden, aber Sie brauchen ein gemütliches, sauberes und bequemes Zuhause.

Liebe

Da Sie Auseinandersetzungen hassen, bemühen Sie sich größtenteils um eine heitere, friedliche Atmosphäre.

Geld/Beruf

Sie sind aufopferungsvoll und geben sich große Mühe, um Ihre Lebensqualität zu verbessern und eine finanzielle Rücklage zu bilden.

3. Dezember

Persönlichkeit

Wenn sich der konformistische und traditionelle Aspekt Ihrer Persönlichkeit durchsetzt, dann spielen Sie gern Gesellschaftsspiele, lösen Rätsel, lesen, lernen, informieren oder bilden sich weiter. Wenn sich allerdings Ihre rebellische und undisziplinierte Natur behauptet, dann gehen Sie lieber aus, suchen den Kontakt mit Menschen – Freunden oder Unbekannten –, um Ihre Ideen und Pläne mit ihnen auszutauschen. Sie sind intellektuell, intelligent und belesen und haben nur wenig Zeit und Energie für Ihre Sexualität – was Sie übrigens absolut nicht bekümmert, weil Sie vollauf damit beschäftigt sind, das, was auf der Welt passiert, zu beobachten und zu analysieren. Sie sind vielseitig und eignen sich bestens für alle Aufgaben, die ein ausgeprägtes pädagogisches Geschick erfordern. Sie sind übrigens sehr empfänglich für Komplimente.

Liebe

Sie sind zwar ein/e Idealist/in, aber nicht blind und lassen nicht zu, dass Ihre Emotionen Ihre positiven gegenseitigen Gefühle beeinträchtigen.

Geld/Beruf

Sie halten Termine und Absprachen ein und schätzen es, wenn man Sie gut betreut und unterstützt.

4. Dezember

Persönlichkeit

Sie sind eine Führernatur, resolut, anständig, mutig und integer. Da Sie gerecht sind – dabei aber anspruchsvoll und oft sogar unflexibel –, fordern Sie nie etwas von anderen, was Sie nicht in der Lage wären, selbst zu tun. Sie sind diszipliniert und können Chaos und Verwirrung nicht ertragen. Da Sie eigenwillig und hartnäckig sind, lassen Sie es nicht zu, dass man Sie zurückweist. Auch in schwierigen Situationen sind Sie imstande, Ihre Fehler zuzugeben. In sämtlichen Bereichen Ihres Lebens haben Sie das Bedürfnis, solide Grundlagen zu schaffen, zu lesen, zu lernen und zu verstehen, um Ihr Selbstbewusstsein zu stärken. Sie bauen nur auf Wahrem, Bekanntem, Solidem auf, nie auf Schimären. Sie sind realistisch, praktisch und ordnungsliebend und haben viel Verantwortungsbewusstsein.

Liebe

Sie sind zwar eigensinnig und hartnäckig, wollen jedoch nicht immer alles unter Kontrolle halten und verfügen über große Sensibilität.

Geld/Beruf

Sie müssen nicht nur den anderen, sondern auch sich selbst etwas beweisen.

5. Dezember

Persönlichkeit

Sie sind streng und unerbittlich und vertreten die Meinung, dass in einer Gruppe, einer Familie oder einem Arbeitsteam jeder Einzelne zum Wohl der Gemeinschaft seinen Teil an Verantwortung tragen muss. Sie selbst erledigen Ihre Aufgaben stets mit außerordentlichem Pflichtbewusstsein. Sie sind trotzdem auch wohlwollend, aufgeschlossen für die Bedürfnisse und Probleme der Menschen in Ihrem Umfeld und immer bereit, ihnen zu Hilfe zu kommen und sie zu unterstützen. Sie mögen weder Leichtfertigkeit noch oberflächliche oder wankelmütige Menschen, weil man nie weiß, woran man ist. Sie haben keinen besonderen Sinn für Veränderungen und sind glücklich, wenn jeder seinen Platz einnimmt und seine Rolle kennt. Für Ihren inneren Frieden sind sowohl gefühlsmäßige als auch berufliche und materielle Sicherheit erforderlich.

Liebe

Sie legen Ihre Prioritäten und Bedürfnisse klar dar und lassen sich auf keine Kompromisse ein.

Geld/Beruf

Sie planen Ihr Budget realistisch und sind ein/e vorbildliche/r Angestellte/r und Kollege/Kollegin.

6. Dezember

Persönlichkeit

Trotz Ihres analytischen Geistes und Ihrer ausgeprägten Kritikfähigkeit versuchen Sie, das Leben nicht allzu ernst zu nehmen. In Wirklichkeit betrachten Sie es so, als befänden Sie sich in einem Theater und als wäre es eine Abfolge von Szenen, in denen Sie eine Rolle spielen. Sie sind lebensfroh, verabscheuen Konflikte und sind zu einigen Kompromissen bereit, um ihnen auszuweichen. Sie neigen zum Flirten und mögen es, zu verführen und sich jung und umschwärmt zu fühlen. Sie begeistern sich leicht, schätzen kleine Aufmerksamkeiten, messen der Schönheit einen großen Wert bei, scheuen sich nicht, Ihre Gefühle zu äußern, und zögern nicht, um Hilfe zu bitten, wenn Sie welche brauchen. Im Übrigen sind Sie stets bereit, anderen zu helfen, und haben immer tausend Fragen im Kopf.

Liebe

Sie hoffen immer, dennoch sind Sie realistisch; Sie sind leidenschaftlich und gleichwohl zuverlässig und streben nach Beständigkeit.

Geld/Beruf

Sie sind diplomatisch und idealistisch, meistern Ihre Arbeit und gehen mit Ihrem Geld behutsam um.

7. Dezember

Persönlichkeit

Sie sind zuverlässig und stark und sträuben sich nie, wenn Ihnen Verantwortung übertragen wird, so groß und schwer sie auch sein mag. Sie tun es gern und in dem Bewusstsein, dass Sie die Fähigkeit haben, sie übernehmen zu können. Wenn die Situation es erfordert, legen Sie Takt und Diplomatie an den Tag; gewöhnlich handeln Sie mit Vorsicht und Weitblick. Bevor Sie sich für ein Vorhaben engagieren, nehmen Sie sich die Zeit, es zu untersuchen und die nötigen Kenntnisse zu erwerben, um es meisterhaft und sicher durchführen zu können. Sie sind freiheitsliebend und mögen es nicht, Rechenschaft abzulegen oder sich bei irgendjemandem für irgendetwas zu rechtfertigen. Da Sie imstande sind, Ihre Emotionen unter Kontrolle zu halten, lassen Sie sich selten lange von Angst und Unsicherheit beherrschen.

Liebe

In Ihrer Beziehung messen Sie konventionellen Werten Bedeutung bei und stellen goldene Regeln auf.

Geld/Beruf

Sie wollen immer mehr Geld verdienen, mehr besitzen, etwas Besseres haben.

8. Dezember

Persönlichkeit

Da Sie feste Ansichten haben, lassen Sie sich nur schwer auf Kompromisse ein. Ihre Lieblingswörter sind Struktur, Ordnung, Methode und Disziplin. Sie interessieren sich ernsthaft für das Leben und die Probleme Ihrer Mitmenschen und tun alles, was in Ihrer Macht steht, um ihnen das Leben angenehm zu gestalten. Sie nehmen sich immer viel Zeit, wenn Sie sich für ein Vorhaben engagieren oder für eine Sache einsetzen; wenn Sie es allerdings auf sich nehmen, dann voll und ganz, ohne Wenn und Aber. Ihre Redegewandtheit kommt Ihrer Logik zu Hilfe, wenn Sie versuchen, jemandem etwas verständlich zu machen. Ihr Ehrgeiz und Ihre Konkurrenzfähigkeit halten sich in Maßen, bei allem, was Sie anpacken, legen Sie Besonnenheit an den Tag.

Liebe

Da Sie Ihre Liebe nie zufällig verschenken, ist Ihre Bindung sehr stark.

Geld/Beruf

Sie verfolgen beharrlich Ihre Ziele und verwalten geschickt Ihr Geld.

9. Dezember

Persönlichkeit

Sie messen die Zeit nach der Bedeutung, die die Menschen ihrem Ablauf beimessen; für die einen vergeht sie schnell, für die anderen zu langsam und dennoch unwiederbringlich. Sie schrecken nicht davor zurück, sich für Projekte zu engagieren, die Jahre bis zu ihrer Vollendung in Anspruch nehmen, weil Sie, im Gegensatz zu Ihren Zeitgenossen, nicht ständig unter Zeitdruck leben. Sie sind aufmerksam, geduldig und vorsichtig und haben Vertrauen in das Leben und die Zukunft. Sie verfügen über eine erstaunliche Selbstbeherrschung; wenn Sie sich engagieren, dann vorbehaltlos. Die Menschen in Ihrem Umfeld mögen und bewundern Ihre Gedankentiefe, Ihre besonnenen Ratschläge und Ihre Reife. Sie sind ein besinnlicher, ruhiger, edelmütiger Mensch, und Ihre Persönlichkeit entfaltet sich am besten in einem nüchternen, zweckmäßigen Rahmen.

Liebe

Sie sind ein strahlender, freundlicher und friedliebender Mensch und besonders attraktiv für das andere Geschlecht.

Geld/Beruf

Sie sind gewohnt, logisch und methodisch vorzugehen, und brauchen einen klar umrissenen Rahmen mit festen Regeln.

10. Dezember

Persönlichkeit

Sie sind nicht gern allein; sollte das einmal vorkommen, dann darf dieser Zustand nicht lange dauern, denn Sie laden ihre Batterien mit Hilfe der anderen wieder auf, die Ihnen die Anregung und die nötige Energie vermitteln, um sich zu entfalten. Da Sie sehr umgänglich sind, haben Sie für komplizierte Menschen oder Situationen nicht besonders viel übrig. Sie leben in den Tag hinein und ergreifen gute Gelegenheiten, wenn sie sich Ihnen bieten; Sie möchten Spaß haben, das Leben genießen, und Sie gehen gern Risiken ein. Sie sind geistreich und amüsant und pflegen Ihren Humor und Ihre gute Laune. Sie urteilen nicht über die anderen und möchten auch nicht, dass andere dies tun. Sie finden Gefallen an Herausforderungen und an den Adrenalinstößen, die sie mit sich bringen.

Liebe

Sie legen sich nur mit großer Vorsicht fest; Sie mögen keine Niederlagen.

Geld/Beruf

Da Sie allein über Ihre Investitionen und Ihren Geldbeutel bestimmen, sprechen Sie nicht gern über Finanzen.

11. Dezember

Persönlichkeit

Eine außergewöhnliche, sowohl körperliche als auch geistige Energie treibt Sie an. Fast nichts kann Ihrer Kraft und Ihrem Willen widerstehen. Dennoch müssen Sie verstehen, dass der Mensch nicht immer Herr des eigenen Schicksals ist; gelegentlich muss er sich wohl oder übel anderen Menschen anpassen und sich in überraschende, unangenehme Umstände fügen. Sie sind zwar stark und energisch, aber nicht unverletzbar. Sie haben das Recht, von Zeit zu Zeit die Waffen niederzulegen, um wieder zu Atem und zu Kräften zu kommen und sich in Geduld zu üben, was Ihnen eher schwerfällt. Ihr Freiheitsbedürfnis stachelt Sie zur Abenteuersuche an, aber Ihr Sicherheitsbedürfnis verleitet Sie eher zur Sesshaftigkeit. Zwei Seelen wohnen in Ihrer Brust; Sie haben ein unerschütterliches Vertrauen in sich selbst, Ihre Fähigkeiten und Talente.

Liebe

Da Sie zuverlässig sind, halten Sie Ihre Versprechen und erwarten dies auch von Ihrem Partner.

Geld/Beruf

Sie arbeiten lieber allein, denn dann haben Sie alles unter Kontrolle und verschwenden weder Zeit noch Geld.

12. Dezember

Persönlichkeit

Egal ob Mann oder Frau, Sie besitzen besondere Eigenschaften, die gewöhnlich mit den schönsten Seiten der Weiblichkeit in Verbindung gebracht werden. Sie sind großzügig und nachsichtig. Sie ordnen sich freiwillig den Menschen in Ihrem Umfeld unter und erklären sich oft bereit, ihnen zu Diensten zu sein. Sie sind ein sanftmütiger, gefügiger Mensch und stellen Ihre Vorhaben gern hintan und lassen den anderen den Vortritt bei der Verwirklichung ihrer Projekte. Für die Menschen in Ihrer unmittelbaren Umgebung sind Sie eine Art Engel, der über sie wacht. Sie sind sehr verträumt, und Materialismus ist Ihnen vollkommen fremd. Sie leben nur durch und für die anderen in der Hoffnung auf ein wenig Bewunderung, ein Lächeln oder ein anerkennendes Schulterklopfen.

Liebe

Sie sind sehr gefühlsbetont; Ihrem Partner und seinen Bedürfnissen räumen Sie Priorität in Ihrem Leben ein.

Geld/Beruf

Sie sind aufgeweckt und geschickt und legen im Beruf Wert auf Ordnung, Organisation und Planung.

13. Dezember

Persönlichkeit

Ihre Beharrlichkeit und Ihr Eigensinn sind beispiellos. Wenn Sie eine Entscheidung getroffen, ein Urteil gefällt oder eine Seite im Buch Ihres Lebens umgeschlagen haben, machen sie nie einen Rückzieher. Kritik hat keinerlei Auswirkung auf Sie, denn Sie sind der Meinung, dass ausschließlich Sie befugt sind, über Ihre Handlungen zu richten. Sie sind bodenständig, und Ihre Willenskraft und Ihre Entschlossenheit können nur in reellen, konkreten Geschäften zur Geltung kommen. Sie sind nicht besonders diplomatisch und nehmen oft kein Blatt vor den Mund, wenn Sie Ihre Meinung oder Ihre Unzufriedenheit kundtun. Sie haben sich selbst sehr unter Kontrolle und bewahren unter allen Umständen einen kühlen Kopf. Da Sie misstrauisch sind und oft Dinge in Zweifel ziehen, muss man schon schlagende Argumente vorbringen, um Sie zu überzeugen. Da Sie ein/e große/r Individualist/in sind, können Sie schlecht delegieren.

Liebe

Sie haben keine Lust, Ihre Angewohnheiten zu ändern oder Ihre Zeit im Namen der Liebe zu verschwenden.

Geld/Beruf

Sie fordern, nach Ihren Arbeitszeiten, Methoden und unter Ihren Bedingungen arbeiten zu können.

14. Dezember

Persönlichkeit

Ihre größte Tugend ist zweifellos der Respekt – der Respekt vor sich selbst sowie vor den anderen. Man sucht gern Ihre Gesellschaft, da Sie liebenswürdig und lässig sind: Mit Ihnen ist alles einfach, und das Leben kommt einem leichter vor. Da Sie in Ihrem Leben dem Vergnügen den Vorrang geben, lassen Sie nie zu, dass Sorgen Ihnen den Schlaf rauben. Was Ihrem Glück im Wege steht, wird mit schallendem Lachen vom Tisch gefegt. Dennoch übernehmen Sie mit der nötigen ernsthaften und reifen Haltung alle Verantwortungen und Verpflichtungen, die Ihnen zufallen. Was Ihre Lebensart ausmacht, ist die Art und Weise, mit der Sie Probleme relativieren und alle Freuden des Lebens auskosten.

Liebe

Sie sind friedliebend und genügsam und lassen Ihren Partner nach seiner Fasson leben, ganz ohne Zwänge.

Geld/Beruf

Sie betrachten finanziellen Wohlstand als Erfüllung, nicht als Macht.

15. Dezember

Persönlichkeit

Sie handeln ein wenig zu oft unüberlegt, ohne die Folgen Ihrer Handlungen zu bedenken. Ihre Unbeständigkeit und die Fülle Ihrer spontanen Einfälle hinterlassen oft gebrochene Herzen. Wenn Sie Ihre Impulsivität gelegentlich zügeln würden, wäre es bestimmt von Vorteil für Sie. Sie sind ungestüm und ungeduldig und verschwenden oft maßlos Ihre Energie, was längerfristig verhängnisvolle Auswirkungen auf Ihr Nervensystem hat. Da Sie Sklave Ihrer Emotionen sind, haben Sie fast keine Kontrolle über Ihre Triebe. Esoterik und übersinnliche Phänomene ziehen Sie an, und gelegentlich werden Sie zum Spielball okkulter Kräfte, was Sie reizt und zugleich ein wenig ängstigt. Ihre eigene Vorstellung von Treue findet nicht unbedingt Widerhall bei Ihren Freunden und Ihrem Liebespartner.

Liebe

Sie wissen immer, wann es Zeit ist, Bilanz zu ziehen oder sich woanders umzusehen.

Geld/Beruf

Der Schlüssel zu Ihrem Erfolg liegt in den Lehren, die Sie aus vergangenen Erfahrungen ziehen.

16. Dezember

Persönlichkeit

Von widersprüchlichen Gefühlen beherrscht, sind Sie auf der Suche nach starken Empfindungen; zugleich möchten Sie aber, dass sich Ihre innere Unruhe legt. Sie fürchten weder die Prüfungen des Lebens noch Herausforderungen und haben keine Angst, alleine etwas zu wagen, egal welche Gefahren Ihnen drohen. Sie verfolgen Ihre Ziele mit einer positiven, konstruktiven Einstellung, erwecken aber den Eindruck, als müssten Sie stets jemandem etwas beweisen. Gewöhnlich lassen Sie in Ihren Anstrengungen nie nach, und Sie legen eine große Beharrlichkeit an den Tag. Sie neigen zur Maßlosigkeit und verspüren ständig das Bedürfnis, sich selbst zu übertreffen. Bei einer Niederlage fällt es Ihnen schwer, Ruhe zu bewahren. Seien Sie bescheiden und von Zeit zu Zeit auch ein guter Verlierer.

Liebe

Ihr Engagement hängt von der Motivation und der Begeisterung ab, die der Partner in Ihnen auslöst.

Geld/Beruf

Das Sparen fällt Ihnen sehr schwer, verschwenden Sie aber Ihr Geld nicht für Belanglosigkeiten.

17. Dezember

Persönlichkeit

Sie haben wirklich ein Talent für Freundschaft. Sie sind liebevoll und zärtlich und scheuen sich nicht davor, Ihren Gefühlen freien Lauf zu lassen. Sie erkennen sofort die Bedürfnisse und Erwartungen Ihrer Mitmenschen und sind bereit, immer nur das Beste von jedem anzunehmen. In allen Bereichen Ihres Lebens suchen Sie nach Ausgleich und Harmonie. Aufgrund Ihrer romantischen Ader werden Sie von den Künsten angezogen; die Seele und die Emotionalität eines Menschen ist für Sie wichtiger als sein Äußeres. Sie sind großzügig und verzeihen leicht unter der Bedingung, dass man Sie nicht absichtlich verletzt hat. Da Sie den Menschen immer großes Vertrauen entgegenbringen, leiden Sie umso mehr, wen man Ihnen mit Boshaftigkeit begegnet, aber es liegt Ihnen nicht, an der Ehrlichkeit der Absichten Ihrer Mitmenschen zu zweifeln. Sie neigen entschieden zur Träumerei.

Liebe

Sie wissen, wie Sie Ihren Partner dazu bringen, Ihren Bedarf an Zuneigung und Aufmerksamkeit zu stillen.

Geld/Beruf

Obwohl Sie nicht auf Dank und Ehre versessen sind, hoffen Sie doch, dass man Sie für Ihre Leistung gebührend anerkennt.

18. Dezember

Persönlichkeit

Sie respektieren Bräuche und Traditionen und lassen sich von
ihnen inspirieren; ihre Weisheit hilft Ihnen beim Übernehmen von Verantwortung. Es ist wichtig für Sie, zu wissen, woher Sie kommen, um zu wissen, wohin Sie gehen. Sie verfügen
über Kreativität und umgeben sich gern mit Menschen, die
ebenso kreativ und einfallsreich sind wie Sie. Obwohl Sie in
der Vergangenheit verwurzelt sind, sind Sie eher ein/e Visio-
när/in, wenn man Ihre ein wenig extravaganten Ideen bezüglich der Zukunft in Betracht zieht. Sie haben einen ausgeprägten Familiensinn, der Sie jedoch nicht daran hindert,
auch Kontakte außerhalb des Familienkreises zu benötigen.
Sie sind zwar ehrgeizig, gehen aber nicht über Leichen, um
Ihre Ziele zu erreichen. Für Sie ist das beste Stärkungsmittel
zweifellos die Wärme und die Gemütlichkeit Ihres Heims.

Liebe

Sie verfügen über große geistige Offenheit und viel Sinn für
Humor und sind ein unkomplizierter Mensch.

Geld/Beruf

Da Sie besser im Alleingang arbeiten, müssen Sie sich in einer
Tätigkeit gut auskennen, bevor Sie sie übernehmen.

19. Dezember

Persönlichkeit

Sie sind stark und verletzbar zugleich, und Ihre Lebensfreude ist ansteckend. Mit einer guten Portion Energie ausgestattet, sind Sie in der Lage, große Leistungen zu erbringen und starke Spannungen auszuhalten; dennoch haben Sie regelmäßig das Bedürfnis, sich zurückzuziehen und zu entspannen. Sie können kluge Ratschläge geben, und man befolgt sie gern. Im Beruf wie in Gesellschaft mögen Sie den Wettbewerb, müssen aber nicht um jeden Preis den Sieg davontragen. Dank Ihrer großen Anpassungsfähigkeit gelingt es Ihnen, Veränderungen leicht hinzunehmen. Sie lieben Abenteuer und unvorhergesehene Ereignisse und folgen stets der Stimme Ihres Herzens. Sie eignen sich bestens, um Dinge in die Wege zu leiten, weniger jedoch, um sie durchzuführen. Sie genießen das Leben und profitieren von den guten Momenten, die es Ihnen bietet.

Liebe

Sie können gut vermitteln und sind nicht besonders waghalsig; Sie forschen erst nach, bevor Sie sich längerfristig festlegen.

Geld/Beruf

Sie sind überzeugt, dass vier Augen mehr sehen als zwei, und zwar sowohl beim Schaffensprozess als auch bei der Durchführung.

20. Dezember

Persönlichkeit

Sie sind introvertiert und undurchschaubar, erzählen nicht gern von sich und verhindern höflich, aber bestimmt jede Einmischung in Ihr Privatleben. Da Sie zurückhaltend und schüchtern sind und das Bedürfnis haben, sich zu schützen, öffnen Sie sich sehr selten und nur Menschen, die Sie gut kennen, mit denen Sie sich wohl fühlen und denen Sie vertrauen. Sobald Sie aber Ihren Panzer ablegen, werden Sie zwar nicht besonders mitteilsam hinsichtlich Ihrer Gefühle, aber zumindest ein wenig offener, liebenswürdiger, herzlicher und gastfreundlicher gegenüber den Menschen, die Sie kennenlernen möchten. Um sich zu entfalten, müssen Sie etwas Abstand gewinnen und Zeit haben, um zu meditieren, nachzudenken und Ihrem Innenleben Nahrung zu geben.

Liebe

Eine reife, loyale, anregende Beziehung macht Sie glücklich.

Geld/Beruf

Sie sind ein guter Arbeiter, haben aber überhaupt keinen Geschäftssinn.

21. Dezember

Persönlichkeit

Sie mögen Arbeit und Aktivitäten, die es Ihnen ermöglichen, ein bewegtes, aktives, anspruchsvolles gesellschaftliches und mondänes Leben zu führen. Sie werden immer sehr umschwärmt und scheinen sich überall wohl zu fühlen. Sie sind eine elegante, gepflegte Erscheinung und haben eine Vorliebe für alles Schöne und Ästhetische. Sie sind charismatisch, höflich, diplomatisch und wortgewandt, haben ein Talent für zwischenmenschliche Beziehungen und üben einen gewissen Einfluss auf die Menschen in Ihrem Umfeld aus. Sie sind sanftmütig, ehrlich und geduldig und wissen, dass alles zur rechten Zeit kommt für den, der warten kann. Sie beobachten gern die Menschen und alles, was um Sie herum geschieht. Aus diesen Beobachtungen werden Ihre zahlreichen Meditationssitzungen gespeist. Aus ihnen ziehen Sie Ihre Schlüsse über das Leben, die Welt und die menschliche Natur.

Liebe

Da Sie unsicher sind, muss der Partner Sie ständig seiner Gefühle und seiner Anhänglichkeit versichern.

Geld/Beruf

Sie sind ein Perfektionist und verabscheuen Konfrontationen und Reibungen.

22. Dezember

Persönlichkeit

Sie haben viele gute Ideen, allerdings herrscht in Ihrem Kopf oft Chaos, da sie sich überstürzen und überkreuzen und Ihnen keine Ruhe lassen. Einige der Vorhaben, mit denen Sie liebäugeln, sind absolut realisierbar, während andere sich als reine Utopie erweisen. Treffen Sie regelmäßig eine Auswahl! Was die gediegenen Vorhaben betrifft, so hören Sie auf zu meinen, dass Sie alles allein machen können. Zögern Sie nicht, erfahrene Menschen um Rat zu fragen, ohne ständig zu befürchten, Ihr Image könnte darunter leiden. Trotz einer gewissen Angst vor dem Unbekannten, stürzen Sie sich immer kopfüber in ein Unternehmen, oft ohne die Folgen zu bedenken. Diese tragen Sie dann allerdings mit einem ausgeprägten Verantwortungsbewusstsein, ohne jedoch Ihre Fehler einzusehen.

Liebe

Sie sind empfindsam und eher gehemmt; die Liebe schüchtert Sie ein und vermag Sie manchmal sogar zu erschrecken.

Geld/Beruf

Sie erbringen Leistungen nur für sich selbst, um stolz auf sich zu sein und Ihr Selbstvertrauen zu stärken.

23. Dezember

Persönlichkeit

Sie neigen ein wenig zum Pessimismus und betrachten das Leben oft als eine riesige Rumpelkammer, in der die Menschen in heillosem Chaos eingeschlossen sind. Da Sie sich gut organisieren können und methodisch veranlagt sind, können Sie das Durcheinander nicht ausstehen. Ihr Leben spielt sich innerhalb eines festgelegten Rahmens ab, dessen Grenzen klar und deutlich umrissen sind. Sie sind mit einem ausgeprägten Pflichtbewusstsein ausgestattet und unerbittlich in Ihrem Urteil, wenn gegen etablierte Werte oder die herrschende Moral verstoßen wird. Sie legen zwar in manchen Bereichen eine große Unnachgiebigkeit an den Tag, sind aber ein grundehrlicher, objektiver, verantwortungsbewusster und zuverlässiger Mensch. Wenngleich Sie sich ziemlich spröde geben und manchmal kurz angebunden sind, geben Sie oft weise, vernünftige Ratschläge und übernehmen immer gern die Rolle des Psychologen, um anderen zu Hilfe zu kommen.

Liebe

Kritik schlägt Sie in die Flucht, und Sie geben dem Partner selten eine zweite Chance.

Geld/Beruf

Obwohl Sie genügsam sind, arbeiten Sie gern in einem straff organisierten Umfeld.

24. Dezember

Persönlichkeit

Obwohl Sie im Herzen und im Geist jung geblieben sind, fällt es Ihnen nicht leicht, Ihre Begeisterung für etwas zum Ausdruck zu bringen, das Ihnen wirklich Freude macht. Sie sind mutig, bestimmt und eigensinnig, strahlen eine ruhige Kraft aus und verfügen über ein bewundernswertes Pflichtbewusstsein. Aufgrund Ihres analytischen, überlegenen Geistes sind Sie imstande, in jeder Situation einen kühlen Kopf zu bewahren. Sie sind zwar nicht sehr gesprächig, lassen sich jedoch auf Diskussionen über interessante Themen ein. Sie weigern sich allerdings, sich an unnötigem, oberflächlichem Geschwätz zu beteiligen. Ihr Leben lang sind Sie damit beschäftigt, Bilanz zu ziehen und sich sowohl über Ihre Lücken als auch über Ihre Errungenschaften Rechenschaft abzulegen. Sie scheuen sich nicht davor, sich in Frage zu stellen und sich neue Ziele zu setzen.

Liebe

Da Sie gern den Augenblick leben, muss Ihr Partner flexibel und spontan sein.

Geld/Beruf

Bemühen Sie sich lieber um Stabilität und Profite, als Ihre Zeit in Träume und kurzfristige Erfolge zu investieren.

25. Dezember

Persönlichkeit

Als Führungspersönlichkeit sind Sie zwar gerecht, aber auch streng und anspruchsvoll. Sie sind ehrlich und schmücken sich nicht mit fremden Federn. Hinter Ihrer Siegeswut und einer gewissen Neigung zur Maßlosigkeit verbergen sich großes Verantwortungsbewusstsein und ein schöpferischer Geist. Selbst wenn Sie sich manchmal von negativen Gefühlen überwältigen lassen, dauert dieser Zustand nie besonders lange. Sie vertreiben diese Gefühle, indem Sie handeln und Ihre gesamte Lebenskraft mobilisieren. Ihr Sieges- und Freiheitsbedürfnis sind beispiellos. Sie organisieren und leiten gern, und alles muss immer nach Ihren Vorstellungen verlaufen. Sie misstrauen den Ratschlägen der anderen und vertrauen nur sich selbst und Ihrem Urteil.

Liebe

Da es Ihnen ein wenig schwerfällt, Ihre Gefühle auszudrücken, ziehen Sie eine Beziehung vor, die auf Vernunft basiert.

Geld/Beruf

Sie denken rational und mögen feste Regeln und gut abgesteckte Grenzen.

26. Dezember

Persönlichkeit

Sie sind eine nüchterne Persönlichkeit und lieben klare Aussagen, die keinen Zweifel aufkommen lassen. Sie wägen Ihre Worte sorgfältig ab, denn es ist Ihnen zuwider, Sachverhalte wiederholen zu müssen. Sie geben nur sachliche, ausgewogene Urteile ab. Sie sprechen weder gern von sich, noch möchten Sie bei einer Diskussion alle Fäden in der Hand haben. Sie geben kaum Ihre Überzeugungen und Gefühle preis, da Sie der Meinung sind, dass Ihre Taten für sich selbst sprechen. Wenn jemand Sie um Hilfe ersucht, so schenken Sie ihm bereitwillig Gehör, denn Sie sind aufopferungsvoll, hilfsbereit und sensibel. Da Sie wissen, dass Sie, wie jeder andere Mensch auch, Ihre Fehler haben, sind Sie bereit, Ihr Unrecht und Ihre Irrtümer zuzugeben, solange man sie Ihnen nicht öffentlich vorwirft, was Sie einem nie verzeihen würden.

Liebe

Ihr Partner muss seine Gefühle unaufdringlich zum Ausdruck bringen und gut zuhören können; außerdem darf er nicht über Sie richten.

Geld/Beruf

Sie mögen es, wenn man Ihre Arbeit gebührend anerkennt, und sind der Meinung, dass Sie Anspruch auf einen Anteil vom Kuchen haben.

27. Dezember

Persönlichkeit

Man verwechselt oft Ihre Weisheit, Schüchternheit und Vorsicht mit Kühle, Herablassung und Anmaßung. Doch dem ist überhaupt nicht so. Sie erlegen sich Diskretion und Zurückhaltung auf, lediglich um Ihre Intimsphäre Unbekannten gegenüber nicht preiszugeben. Da Sie sehr gewissenhaft sind und zu Perfektionismus neigen, sind Ihnen Inkompetenz und Schludrigkeit zuwider. Sie sind introvertiert, hinterfragen sich ständig und versuchen, den Sinn des Lebens zu ergründen. Sie sind nicht besonders kämpferisch veranlagt und verfügen über zu wenig Selbstvertrauen; Sie täten gut daran, an Ihrem Selbstwertgefühl zu arbeiten. Sie leben zurückgezogen und einsam wie ein Einsiedler und tanken neue Kräfte mittels Einsamkeit und Meditation. Sie sind anspruchslos und bescheiden: Sie haben keine Angst vor Not.

Liebe

Ein einfacher, spontaner Partner, der den Augenblick genießt, macht Sie glücklich.

Geld/Beruf

Sie arbeiten zwar lieber allein, sind aber durchaus auch in der Lage, um Rat zu fragen, falls nötig.

28. Dezember

Persönlichkeit

Da Sie die Gabe haben, jemanden für sich einzunehmen und zugleich einzuschüchtern, gelingt es Ihnen in der Regel, sich durchzusetzen. Wenn Sie etwas weniger kritisch wären, würden Sie sich bestimmt einige Enttäuschungen ersparen, denn Sie nutzen nicht immer sinnvoll Ihren kritischen Verstand. Sie besitzen viel Selbstvertrauen; lassen Sie sich also auf keinen Fall von Enttäuschungen aufreiben, die schließlich nur von kurzer Dauer sind. Sie haben das Bedürfnis, Verantwortung zu übernehmen, denn dadurch kommen Sie sich nützlich und unentbehrlich vor. Ehrgeizig und klarsichtig verfolgen Sie pausenlos Ihre Ziele und Ideale. Sie haben keine klare Vorstellung vom Leben und von der Zukunft; mal sind Sie sprunghaft und auf verblüffende Weise optimistisch, mal ernst, würdevoll und extrem pessimistisch.

Liebe

Gegenüber einem Partner, der Ihnen Freude und Glück beschert, sind Sie sehr großzügig.

Geld/Beruf

Gewissenhaft und vorausschauend, stricken Sie geduldig am Erfolg, um den Gipfel der Macht zu erreichen.

29. Dezember

Persönlichkeit

Sie sind furchtlos und legen gewöhnlich viel Selbstbewusstsein an den Tag. Wenn es Ihnen allerdings nicht gelingt, ein Vorhaben zu verwirklichen, oder wenn Sie eine Niederlage hinnehmen müssen, neigen Sie zur Selbstzerstörung. Sie müssen lernen, effektiver gegen jene Frustgefühle anzukämpfen, die Sie zu oft heimsuchen. Begierig nach Liebe und Aufmerksamkeit, müssen Sie Ihre Forderungen beherrschen und die Erwartungen zurückschrauben, die Sie an andere stellen. Sie verfügen über ein gewisses Charisma und haben gern Macht über die Menschen, denn Sie haben das Bedürfnis, ihren Widerstand zu brechen. Sie haben absolut gigantische Energiereserven, und es fällt Ihnen manchmal schwer, die Lebenskraft zu kanalisieren, die sich bisweilen Ihrer bemächtigt.

Liebe

Sie sind ein offener, eher realistisch als optimistisch gestimmter Mensch und haben den Mut, unangenehmen Situationen die Stirn zu bieten.

Geld/Beruf

In einer Aufgabe suchen Sie Erfüllung, der Wettbewerb ist für Sie nicht so wichtig.

30. Dezember

Persönlichkeit

Sie sind elegant, gepflegt, aber ein wenig eitel und stehen gern im Mittelpunkt des Geschehens. Sie sind idealistisch und haben eine Vorliebe für geisteswissenschaftliche und Lehrberufe. Mit analytischem Geist ausgestattet, bevorzugen Sie Forschung und wissenschaftliche Studien. Sie sind scharfsinnig, und nichts entkommt Ihrem scharfen Blick. Sie sind ein fesselndes Wesen, das sein Wort zu halten pflegt. Da Sie große Ausdauer bei der Arbeit haben, lassen Sie sich gern Zeit und bevorzugen übrigens längerfristige Unternehmungen. Was zwischenmenschliche Beziehungen betrifft, so würden Sie – wenn Sie die Wahl hätten – einen Abend mit philosophischen Diskussionen mit Freunden einem Kneipenbesuch mit hohlen, geistlosen Gesprächen vorziehen.

Liebe

Sie sind intelligent und gewandt im Ausdruck; Sie scheuen sich nicht, Ihre Gedanken und Gefühle zu äußern.

Geld/Beruf

Ihr einziges Ziel im Beruf ist die Sicherung Ihrer finanziellen Situation.

31. Dezember

Persönlichkeit

Sie glauben und verstehen nur das, was Sie sehen und anfassen können; Sie nehmen sich gern Zeit, um Dinge und Ereignisse genau unter die Lupe zu nehmen, bevor Sie darauf reagieren. Sie sind eigensinnig und ausdauernd und überspringen keine Etappen, um Ihre Ziele zu erreichen. Da Sie nicht besonders mitteilsam sind, drücken Sie sich mit wenigen, aber deutlichen Worten aus. Sie neigen kaum zum Träumen und verlassen sich nur auf sich selbst, um Ihre ehrgeizigen Pläne zu verwirklichen. Sie sind realistisch und zählen nur aufrichtige, natürliche und unverstellte Menschen zu Ihren Freunden. Sie sind mit einem eisernen Willen ausgestattet und zeichnen sich durch hohe sittliche Werte aus wie beispielsweise Respekt, Verantwortungsbewusstsein, Mut und Hilfsbereitschaft. Sobald es Ihnen möglich ist, ziehen Sie sich vor Lärm und Unruhe in die Stille und Einsamkeit zurück.

Liebe

Sie sind zwar liebevoll, fühlen sich aber bei großen Gefühlsäußerungen unwohl.

Geld/Beruf

Sie fühlen sich in einer strukturierten Umgebung wohl, die Ihnen viel Bewegungsfreiheit gewährt.

Inhalt

Penny McLean

Numerologie und Namen

Ihr Erfolg ist berechenbar

Lisa, Lukas, Marie, Fabian …? Welchen Namen soll Ihr
Kind tragen? Und war »twingo« ein Glücksgriff, »UHU«
ein Zufall? Penny McLean weiß, welchen Einfluss Namen auf Schicksal und Erfolg haben. Anhand von vielen Beispielen gibt sie einen umfassenden Einblick in
das Gebiet der Namensgebung und entschlüsselt die
numerologischen Botschaften, die sich dahinter verbergen.

Knaur
MensSana

Penny McLean

Numerologie und Schicksal

Ihr Leben ist berechenbar

Geburtsdaten, Hausnummern, Tagesdaten – die vielen
Zahlen in unserem Leben haben eine tiefere Bedeutung
für unser Schicksal. Penny McLean hat die Zusammenhänge entschlüsselt und mit beispielhaften Lebensläu-
fen in Verbindung gebracht. Sie stellt ein aufschluss-
reiches System vor, mit dem die sichtbaren Strukturen
wie auch die Wurzeln und Ur-Programme des persön-
lichen Schicksalsablaufs erkannt werden können.

Knaur
MensSana

Christopher A. Weidner

Der Aszendent – Quelle der Kraft

Neben dem individuellen Sternzeichen eines Menschen gehört auch der Aszendent in der Zwischenzeit zum allgemeinen Repertoire. Christopher A. Weidner beschreibt in diesem Buch auch für Laien verständlich den Aszendenten in seinen zwölf möglichen Ausprägungen. Er zeigt, wie wir diese »Quelle der Kraft« nutzen können, um die Herausforderungen des Lebens zu meistern und an ihnen zu wachsen.

Knaur
MensSana

Adelheid Ohlig

Das Wunschbuch

Wie man erlangt,
was man ersehnt

Das effektive Handbuch zur Wunscherfüllung zeigt, wie
man seine eigentlichen Bedürfnisse und tiefsten Wünsche kennenlernen kann. Adelheid Ohlig beschreibt,
wie man mit seinem Inneren in Kontakt kommen und
die sieben Quellen für Wünsche aufspüren kann, denen
wiederum sieben Chakren im Körper zugeordnet sind.
Diese Kraftfelder sind mit ganz speziellen Wunsch-
themen verbunden und durch einfache Körperübungen
aus dem Yoga erfahrbar.

Knaur
MensSana

Anna Haebler • Anna E. Röcker

Der Mond im Geburtshoroskop

Mit Mondtabellen von 1940 bis 2010

Der Mond gibt durch seine Position im Geburtshoroskop aussagekräftige Hinweise auf ganz persönliche emotionale Bedürfnisse. Die Autorinnen geben einen Überblick über alle Mondstellungen und zeigen anhand von speziellen Yoga- und Atemübungen, aber auch mit Hilfe individueller Heilmethoden, was etwa dem Menschen mit Mond in der Jungfrau guttut oder wie sich ein Mond im Zeichen Fische stärken kann.

Knaur
MensSana